U0589215

名师名校名校长

凝聚名师共识
回应名师关怀
打造名师品牌
培育名师群体

名师名校名校长书系

聚焦课堂教学

魏国良 著

——中学数学教师的实践与研究

吉林人民出版社

图书在版编目（CIP）数据

聚焦课堂教学：中学数学教师的实践与研究 / 魏国良著. — 长春：吉林人民出版社，2019.6

ISBN 978-7-206-16155-1

Ⅰ．①聚… Ⅱ．①魏… Ⅲ．①中学数学课—课堂教学—教学研究—初中 Ⅳ．①G633.602

中国版本图书馆CIP数据核字（2019）第137118号

聚焦课堂教学——中学数学教师的实践与研究
JUJIAO KETANG JIAOXUE ZHONGXUE SHUXUE JIAOSHI DE SHIJIAN YU YANJIU

著　　者：魏国良　　　　　封面设计：姜　龙

责任编辑：郝晨宇　崔剑昆

吉林人民出版社出版发行（长春市人民大街7548号　　邮政编码：130022）

印　　刷：北京虎彩文化传播有限公司

开　　本：787mm×1092mm　　1/16

印　　张：16.5　　　　　　字　　数：297千字

标准书号：ISBN 978-7-206-16155-1

版　　次：2022年6月第1版　　印　　次：2022年6月第1次印刷

定　　价：45.00元

如发现印装质量问题，影响阅读，请与出版社联系调换。

手捧《聚焦课堂教学——中学数学教师的实践与研究》一书，心潮澎湃。这本书凝聚着父亲魏国良献身教育，思考数学课堂教学之心血和汗水。细细品味，仿佛感受到了父亲在教学工作中的初心与使命，重温了父亲在研究状态下工作，孜孜不倦伏案钻研的情境。

　　本书用自然朴实的文字，记载了父亲从教生涯的历程。没有空洞的说教，不用高深的理论，有的只是父亲对数学课堂教学的真情实感和执着反思。书中鲜活的案例，独到的见解，都源自父亲在数学课堂教学中的现实问题。如何把握初中数学六类课型教学设计，如何将教材中的问题探究拓展，如何改进教材教法，如何将现实问题转化成科研课题，寻求解决现实问题的一般规律与方法，并把这种研究成为一种习惯与常态，用以改进课堂教学，提升教学质量，这是新时代数学教育改革所提倡的一种研究。

　　父亲魏国良也是我的初中数学老师，本书所思所言，是在课堂教学中师生互动、探索发现、思维冲突中产生、发展和解决的过程；是问题解决、成果分享的过程，此类以知识为载体激发智慧与创造力的过程，正是新课程、新课堂所倡导的。我相信，读者能在阅读本书中体会到良师益友的情感。

　　父亲魏国良酷爱阅读。他阅读的书涵盖：文（学）、（历）史、哲（学）、经（济）、法（律）、军（事）、数（学）、（物）理、化（学）、生（物）、地（理）、医（学）。我小时候经常听父亲讲孔子的《论语》，《礼记》中的《学记》，夸美纽斯的《大教学论》，赫尔巴特的《普通教育学》，杜威的《民本主义与教育》，凯洛夫的《教育学》。他尤其对苏联大教育家苏霍姆斯基特别崇拜；对中国的教育改革家魏书生的"六步教学法"、邱学华的"小学数学尝试教学法"、卢仲衡的"中学数学自学辅导教学模式"、黎世法的"异步教学模式"（六步学习法、五步指导法）、段力佩的"语文八字教学法"（读读、议议、练练、

1

讲讲）、顾泠沅的"上海青浦县数学教育改革实验"等著名人物的教学方法如数家珍。也许是父亲受了这些教育专家的影响，为了有效帮助学习数学有困难的学生提升对数学的兴趣与思维能力，他与同事们创立了"数学小步教学法"，成为了深圳龙岗数学教育的一张名片。因为实在、有效、可操作，父亲受邀赴上海、内蒙古、湖北、浙江、江苏、福建、河北、辽宁、青海、云南、贵州、广东等地学校做学术讲座、上示范课近百场。

近日得知父亲准备整理出版《聚焦课堂教学——中学数学教师的实践与研究》一书，希望我写序。我建议他找数学教育专家写以壮声势，父亲说草根文章，不好烦劳他人，聊以自我欣赏。

父亲为人师勤奋钻研，儿时记忆中最常见的画面便是他在深夜伏案写讲义的背影。本人才疏学浅，本着对父亲工作热情的感动，带着对父亲的爱戴之情，粗略成文，勉以为序。

魏柏斯特

2018 年 7 月于广州

目录
CONTENTS

第二篇　让教研论文为课堂教学探新路

第三篇 让课题研究为课堂教学增智慧

第一篇

让课型设计为课堂教学定航标

第一章 概念课教学设计

布鲁纳认为，掌握一门学科就是要掌握这门学科的核心。数学概念教学是数学基础知识和基本技能教学的核心。从教的角度看，概念教学的核心是引导学生开展概括活动，启发学生在数学概念中的数学思维，以若干典型具体事例为载体，引导学生分析各事例的属性，抽象概括共同的本质属性，并归纳出数学概念。数学概念教学设计要"讲背景，讲思想方法，讲应用"，强调让学生经历概念的概括过程。从学的角度看，概念的获得和概念的发展是两种基本方式。概念的获得的实质是抽象出一类对象的共同本质属性的过程，其思维活动的核心是概括；概念的发展是学生利用已有认知结构中的相关知识理解新概念，理解过程是新旧知识的相互作用过程，是将新知识纳入已有认知结构的过程，思维活动的信息仍然是概括。根据美国的杜宾斯基等人创立的数学概念学习的APOS理论模型，构建概念课教学的一般模式。

1. 概念的获得教学设计

step 1：以北师大版教材九年级下册 §1.1 "锐角的正切"引入，要求学生现场设计《学讲练》（30 分钟）。

step 2：学生之间以合作学习小组为单位互相交流（20 分钟）。

step 3：各小组推荐一名代表汇报本小组的交流成果（20 分钟）。

step 4：观摩"正切"的课例视频（或 ppt 演示）（30 分钟）。

step 5：授课教师结合课例，讲解概念的获得教学的一般模式（60 分钟）：

（1）创设至少三个具体的问题情境，

（2）学生观察，独立思考，概括归纳，提炼概念后再合作交流，

> 过程由老师引导，学生独立思考完成

（3）概念的表述与明晰→教师主导：通过选择正反两方面的例子提出质疑、建议，

（4）概念的应用→不应作为重点，根据课时的多少安排练习量。

2. 概念的发展教学设计

step 1：以北师大版教材九年级上册§5.1"反比例函数"引入，要求学生现场设计《学讲练》（30 分钟）。

step 2：学生之间以合作小组为单位互相交流（20 分钟）。

step 3：各小组推荐一名代表汇报本小组的交流成果（20 分钟）。

step 4：观摩"反比例函数"的课例视频（或 PPT 演示）（30 分钟）。

step 5：授课教师结合课例，讲解概念的发展教学的一般模式：

（1）根据已有认知结构中的相关知识，提出复习已有概念→教师创设三个问题情境。

（2）让学生丰富和发展先前的知识，形成新概念→教师给出演变，由学生观察、思考、发现、归纳、提炼新的概念。

（3）概念的辨析→教师主导，与原有的知识作比较和辨析。

（4）概念的应用→不作为重点，根据课时的多少安排练习量。

设计案例一：正 切

九（　　）班

年级：九年级　　内容：1.1 正切　　课型：概念课

执笔：朱际生　　审核：魏国良　　时间：_____年____月____日

【学习目标】

1. 理解正切的含义及正切与现实生活的联系，能运用正切解决与直角三角形有关的简单问题。

2. 经历探索物体的倾斜程度，形成正切的概念的过程，培养创造性解决问题的能力。

【学习重点】

理解正切的含义，会将某些实际问题转化为解直角三角形的问题。

【学习难点】

让学生意识到可以用直角边的比值来计算一个角的大小以及如何理解正切的概念。

【学习过程】

一、情境创设

问题1：PPT 展示一组生活中的图片，学生观察后回答。

问题2：回答：如图1所示，各组图中的两个台阶 AB 和 EF 哪个更陡？你是怎么判断的？

第一组：

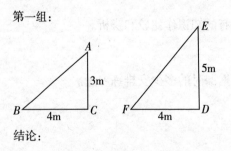

结论：

第二组：

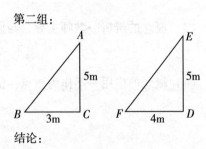

结论：

第三组：

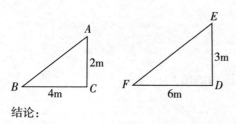

结论：

第四组：

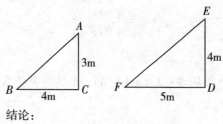

结论：

图 1

二、概念获得

1. 探究活动

活动 1：

如图 2 所示，除了用台阶的倾斜角度描述外，还可以如何描述台阶的倾斜程度？

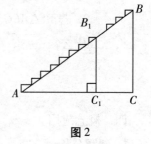

图 2

活动 2：

一般地，如果锐角 A 的大小确定，我们可以作出无数个以 A 为一个锐角的直角三角形（见图 3）。

那么图中：$\dfrac{BC}{AC} = \dfrac{B_1C_1}{AC_1} = \dfrac{B_2C_2}{AC_2}$ 成立吗？

（1）∠A 变化时，上面等式仍然成立吗？

（2）上面等式的比值随∠A 的变化而变化吗？

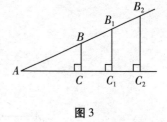

图 3

结论： 如果直角三角形的一个锐角的大小确定，那么这个锐角的对边与这个角的邻边的比值也随之_____。这个比值反映了斜边相对于这个角的邻边的_____，它与这个锐角的大小有着密切的关系。

思考： 如图 4 所示，在 Rt △ABC 中，$\dfrac{\angle A\text{ 的对边}}{\angle A\text{ 的邻边}}$ 成立吗？

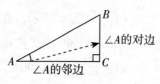

图 4

2. 归纳

正切的定义：在直角三角形中，我们将∠A 的对边与它的邻边的比称为∠A的正切，记作_____。

即，$\tan A = \dfrac{\angle A \text{的对边}}{\angle A \text{的邻边}} = \dfrac{a}{b}.$

三、概念辨析

思考：1. $\tan A$ 中的∠A是一个什么范围内的角？

2. $\tan A$ 的单位是什么呢？

3. 若 Rt△ABC 的每条边长扩大 n 倍，则 $\tan A$ 的值有什么变化？为什么？

四、概念应用

1. 例题分析

例题1：如图5所示，根据图中所给条件分别求出图中∠A、∠B的正切值。

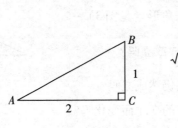

图5

通过上述计算，你有什么发现？_____。

2. 巩固练习

（1）如图6所示，在 Rt△ABC 中，∠C = 90°，AB = 5，AC = 3. 求 $\tan B$ 和 $\tan A$ 的值。（请注意书写格式）

解：∵ _____ = 90°，AB = _____，AC = _____，

∴ BC = _____。

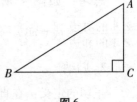

图6

$$\therefore \tan B = \frac{AC}{(\quad)} = \underline{\hspace{2cm}}$$

$$\tan A = \underline{\hspace{2cm}} = \underline{\hspace{2cm}}$$

（2）如图 7 所示，在 $\triangle ABC$ 中，$\tan A = \dfrac{BC}{AB}$，这个说法对吗？为什么？

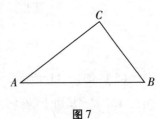

图 7

（3）如图 8 所示，分别求 30°角、45°角、60°角的正切值，并填写好下表：

$\angle A$	30°	45°	60°
$\tan A$ 的值			

归纳总结：$\angle A$ 越大，$\tan A$ 的值越_____，梯子越来越_____；

$\angle A$ 越小，$\tan A$ 的值越_____，梯子越来越_____。

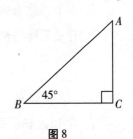

图 8

几何语言：如图 9 所示，若 $\angle A < \angle A'$，则 $\tan A$ _____ $\tan A'$；

反之，若 $\tan A < \tan A'$，则 $\angle A$ _____ $\angle A'$.

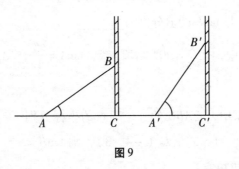

图 9

（4）如图 10 所示，甲、乙表示两个自动扶梯，请通过计算，判断哪一个自动扶梯比较陡？

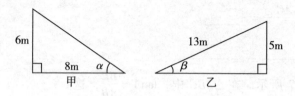

图 10

（5）如图 11 所示，在 Rt△ABC 中，∠ACB = 90°，CD 是 AB 边上的高，AC = 3，AB = 5，求∠ACD、∠BCD 的正切值。

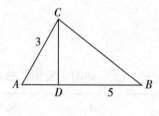

图 11

五、学后反思

1. 本节课你有哪些收获？

2. 你还有哪些疑惑？

六、自我检测

1. 在 Rt△ABC 中，∠C = 90°，AC = 1，AB = 3，则 $\tan A = $ _____，$\tan B = $ _____。

2. 如图 12 所示，在 Rt△ABC 中，∠C = 90°，AB = 5，BC = $\sqrt{5}$，则 $\tan A$ 与 $\tan B$ 的值分别为 _____。

3. 在 Rt△ABC 中，∠C = 90°，BC = 5，$\tan A = \dfrac{5}{12}$，则 $AB = $ _____。

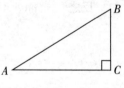

图 12

4. 在直角坐标系中，△ABC 的三个顶点的坐标分别为 A（-4，1），B（-1，3），C（-4，3），则 $\tan B = $ _____。（先画图再填空）

5. 如图 13 所示，等腰三角形 ABC 的腰长 AB、AC 为 5，底边长为 6，求 $\tan C$.

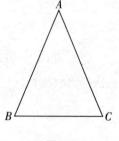

图 13

6. 如图 14 所示，在 △ABC 中，$AB = 6$，$AC = 5$，$BC = \sqrt{13}$，且 $S_{\triangle ABC} = 9$，求 $\tan A$ 与 $\tan B$ 的值。

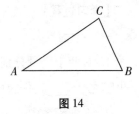

图 14

7. 如图 15 所示，已知 Rt△ABC 中，$\angle ACB = 90°$，$CD \perp AB$ 于点 D，$BC = 3$，$AB = 5$，求 $\tan \angle BCD$ 的值。

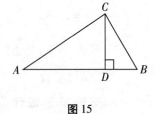

图 15

设计案例二： 反比例函数

九（　　）班

年级：九年级	内容：6.1 反比例函数	课型：概念课
执笔：杨　静	审核：魏国良	时间：_____年___月___日

【学习目标】

1. 从具体情境和已有经验出发，讨论两个变量之间的相互关系，加深对函数概念的理解。

2. 经历抽象反比例函数概念的过程，领会反比例函数的意义，理解反比例函数的概念。

【学习重点】

反比例函数的概念及应用。

【学习难点】

正确理解反比例函数的含义。

【学习过程】

一、学前准备

1. 有两个变量分别为 x、y，当变量 x 变化时，y 也随之变化；当 x 确定时，y 也随之_____。我们称 y 是 x 的函数，其中 x 叫做_____量，y 叫做_____量。

2. 下列函数中，一次函数有：_____（填序号），正比例函数有：_____。

（1）$y = -3x + 7$　　　（2）$y = 6x^2 - 3x$　　　（3）$y = 8x$

（4）$y = 1 + 9x$　　　（5）$y = \dfrac{1}{x}$

3. 当 m _____时，函数 $y = (m+2)\, x^{m-2} + 2 - m$ 是 x 的一次函数。

二、情境创设

1. 某种服装每件盈利 x 元，每天可销售 y 件，总利润为 m 元，则 $m = $ _____。

（1）当 y 为定值时，若 $y = 20$，则 $m = $ _____，m 随着 x 的增大而_____，m 与 x 成_____比，m 是_____的_____函数。

（2）当 m 为定值时，若 $m = 100$，则 $x = $ _____，或 $y = $ _____，y 随着 x 的增大而_____，y 与 x 成_____比，y 是关于 x 的函数吗？答：_____。

2. 汽车在公路上行驶，行驶路程为 s 千米，时间为 t 小时，速度为 v 千米每小时，则 $s = $ _____。

（1）当 v 为定值时，若 $v = 60$，则 $s = $ _____，s 随着 t 的增大而_____，s 与 t 成_____比，s 是_____的_____函数。

（2）当 s 为定值时，若 $s = 100$，则 $t = $ _____，或 $v = $ _____，v 随着 t 的增大而_____，v 与 t 成_____比，v 是关于 t 的函数吗？答：_____。

3. 长方形的长为 a，宽为 b，则其面积公式为_____。

（1）当 a 为定值时，若 $a = 10$，则 $s = $ _____，s 随着 b 的增大而_____，s 与 b 成_____比，s 是_____的_____函数。

（2）当 s 为定值时，若 $s = 50$，则 $b = $ _____，或 $a = $ _____，a 随着 b 的增大而_____，a 与 b 成_____比．a 是关于 b 的函数吗？答：_____。

4. 电流为 I，电阻为 R，电压为 U，则电压公式为 $U = $ _____，

（1）当 I 为定值时，若 $I = 10$，则 $U = $ _____，U 随着 R 的增大而_____，U 与 R 成_____比，U 是_____的_____函数；

（2）当 U 为定值时，若 $U=220$，则 $R=$ _____ ，或 $I=$ _____ ，I 随着 R 的增大而_____ ，I 与 R 成_____比，I 是关于 R 的函数吗？答：_____。

5. 请你根据对上面几题的理解，再举一个正比例函数与反比例函数的例子。

三、归纳概念

观察所得到的函数关系式，每个函数关系式都有_____个变量，_____个常量；如果两个变量用 x、y 表示，常量用 k 表示，则上面几个函数可以表示为_____或_____。

> 一般地，如果两个变量 x、y 之间的关系可以表示成：_____（k 为常数，k____ 0）的形式，那么称 y 是 x 的反比例函数。

四、辨析概念

1. 下列式子中，是反比例函数的有_____ （填序号）。

（1）$y=\dfrac{x}{10}$ （2）$xy=1$ （3）$y=\dfrac{-1}{x}$ （4）$\dfrac{y}{x}=10$

（5）$y=\dfrac{k}{x}$ （6）$y=\dfrac{1}{\pi}$ （7）$y=\dfrac{1}{3x}$ （8）$y=\dfrac{3}{x+2}$

2. 思辨：若 $y=3x^{-1}$，y 是关于 x 的反比函数吗？

答：_____，因为_____。

3. 若 $y=5x^{n}$ 是反比例函数，则 $n=$ _____；若 $y=-2x^{n+1}$ 是反比例函数，则 $n=$ _____。

若 $y=-2x^{n+1}$ 是正比例函数，则 $n=$ _____。

小结：反比例函数有_____种表达式形式，分别为_____。

五、概念应用

1. 下列关系式中，表示 y 是 x 的反比例函数的是（   ）。

A. $y=\dfrac{k}{x}$ B. $y=\dfrac{5}{x^{2}}$ C. $y=\dfrac{1}{2x+1}$ D. $-2xy=1$

2. 在下列函数表达式中，x 表示自变量，哪些是反比例函数？若是反比例函数，请写出每个反比例函数相应的 k 值。

（1）$y=\dfrac{5}{x}$ （2）$y=\dfrac{0.4}{x}$ （3）$y=\dfrac{x}{2}$ （4）$xy=2$

答：(1) _____，(2) _____，(3) _____，(4) _____。

3. 若函数 $y = \dfrac{a+2}{x}$ 是反比例函数，则 a 满足_____。

4. 若 $y = (k-3)\,x^{k^2-10}$ 是反比例函数，则 $k =$ _____。

六、概念拓展

1. 已知反比例函数 $y = \dfrac{k}{x}$，当 $x = -2$ 时，$y = 4$，则 $k =$ _____，所以反比例函数的关系式为 $y =$ _____；若 $x = -4$，则 $y =$ _____；若 $y = -1$，则 $x =$ _____。

2. 已知 y 与 x 成反比例，且当 $x = 3$ 时，$y = -4$.

（1）求 y 与 x 之间的函数关系式。（注意书写格式）

解：∵ y 与 x 成反比例

∴ 设 $y =$ _____

（2）当 $x = -2$ 时，求 y 的值。

（3）当 $y = 12$ 时，求 x 的值。

3. 已知 y 与 $x-1$ 成反比例，且 $x = 3$ 时，$y = 2$. 求 y 与 x 之间的函数关系式。

解：∵ y 与_____成反比例

∴ 设 $y =$ _____

第二章 公式定理课教学设计

抽象出来的数学概念并非零散、杂乱地储存在人们的头脑中，而是以一定的方式彼此联系。公式定理（命题）正是反映概念之间相互联系的一种思维形式。

本章选择反映数学基本事实且具有一定认识功能、逻辑功能、实用功能的真命题。如"公式、定理、原理或法则"等。运用萨其曼（Suchman）的探究理论，让学生体验公式定理（命题）教学设计的策略。

step 1：以北师大版教材九年级上册 §2.5 "一元二次方程的根与系数的关系"引入，要求学生现场设计《学讲练》（30分钟）。

step 2：学生之间以合作学习小组为单位互相交流（20分钟）。

step 3：各小组推荐一名代表汇报本小组的交流成果（20分钟）。

step 4：观摩"一元二次方程的根与系数的关系"的课例视频（或ppt演示）时间？

step 5：授课教师结合课例讲解命题教学的一般模式：

（1）通过创设情境、类比、变式活动引入。 } 此过程由老师引导，学生独立完成

（2）学生观察、感受、提出有假设的猜想。

（3）学生独立思考、归纳整理形成结论尝试证明→强调学生独立完成。

（4）小组合作交流、确认结论、代表展示。

（5）老师明确条件，完善结论。

设计案例三： 一元二次方程的根与系数的关系

九（　　）班

年级：九年级　　　　　内容：2.5　一元二次方程的根与系数的关系

课型：公式定理课　　　执笔：魏国良　　　　审核：杨静

时间：＿＿＿＿年＿＿月＿＿日

【学习目标】

1. 通过探索，发现方程 $ax^2 + bx + c = 0$（$a \neq 0$）的两个根 x_1、x_2，分别有 $x_1 + x_2 = -\dfrac{b}{a}$，$x_1 \cdot x_2 = \dfrac{c}{a}$.

2. 已知一元二次方程，不解方程就能正确熟练地求出两根之和与两根之积。

3. 应用两根之和与积的关系，由已知一元二次方程的一个根求出另一个根及未知系数。

4. 用转化思想求一元二次方程两个根的倒数和与平方和。

【学习重点】

韦达定理的探究推导过程。

【学习难点】

启发引导学生发现韦达定理。

【教学活动】

一、问题情境、观察猜想

观察一： 先解方程，再计算 $x_1 + x_2$ 和 $x_1 \cdot x_2$ 的值（填入下表）。

方程	两个根		两根的和	两根的积
	x_1	x_2	$x_1 + x_2$	$x_1 \cdot x_2$
$x^2 - 5x + 6 = 0$				
$x^2 + 2x - 3 = 0$				
$x^2 - 3x - 18 = 0$				
$x^2 + 4x + 4 = 0$				

猜想一：根据已知方程 $x^2 + px + q = 0$，可得 $x_1 + x_2 = $ _____，$x_1 \cdot x_2$ = _____。

观察二：先解方程，再计算 $x_1 + x_2$ 和 $x_1 \cdot x_2$ 的值（填入下表）。

方程	两个根		两根的和	两根的积
	x_1	x_2	$x_1 + x_2$	$x_1 \cdot x_2$
$2x_2 - 5x + 2 = 0$				
$4x^2 + 3x - 1 = 0$				
$2x^2 - 5x - 3 = 0$				
$3x^2 + 7x + 2 = 0$				

猜想二：根据已知方程 $ax^2 + bx + c = 0$（$a \neq 0$ 且 $a \neq 1$），可得 $x_1 + x_2 = $ _____，$x_1 \cdot x_2 = $ _____。

二、合作探究、证明猜想

从特例中得出的猜想一、猜想二，是否具有普遍性？你能对猜想二加以证明吗？

三、运用定理、解决问题

问题1：

（1）已知方程 $x^2 + 3x + 2 = 0$，两根之和是_____，两根之积是_____。

（2）已知方程 $x^2 - 5x + 4 = 0$，两根之和是_____，两根之积是_____。

（3）已知方程 $4x^2 - 8x + 3 = 0$，两根之和是_____，两根之积是_____。

（4）已知方程 $5x^2 - 7x - 6 = 0$，两根之和是_____，两根之积是_____。

（5）已知方程 $2x^2 + 3x - 1 = 0$，两根之和是_____，两根之积是_____。

（6）已知方程 $6x^2 + 5x - 50 = 0$，两根之和是_____，两根之积是_____。

问题2：

已知方程 $2x^2 + 3x - 1 = 0$ 的两根是 x_1、x_2，求：

（1）$\dfrac{1}{x_1}$ 　　　　　　　　（2）$x_1^2 x_2 + x_1 x_2^2$

（3）$x_1^2 + x_2^2$ 　　　　　　　　（4）$\dfrac{1}{x_1^2} + \dfrac{1}{x_2^2}$

（5）$(x_1 - x_2)^2$ 　　　　　　　　（6）$|x_1 - x_2|$

问题 3：

（1）已知方程 $x^2 + kx - 6 = 0$ 的一个根是 2，求它的另一个根及 k 的值。

（2）已知方程 $5x^2 + kx - 6 = 0$ 的一个根是 2，求它的另一个根及 k 的值。

问题 4：

（1）写一个一元二次方程，使它的两根分别是 2 和 3。

（2）已知两数和为 8，两数积为 -9，求这两个数。

四、课外拓展、迁移创新

1. 已知：关于 x 的一元二次方程 $x^2 - mx + 2m - 1 = 0$ 的两个实数根的平方和为 23，求 m 的值。

2. 若 a，b 都是质数，且 $a^2 - 12a + m = 0$，$b^2 - 12b + m = 0$，那么 $\dfrac{b}{a} + \dfrac{a}{b}$ 的值是多少？

3. 已知：$\triangle ABC$ 的两边 AB、AC 的长是关于 x 的一元二次方程 $x^2 - (2k + 3)x + k^2 + 3k + 2 = 0$ 的两个实数根，BC 长为 5.

（1）k 为何值时，$\triangle ABC$ 是以 BC 为斜边的直角三角形？

（2）k 为何值时，$\triangle ABC$ 是等腰三角形？并求 $\triangle ABC$ 的周长。

设计案例四：平行线分线段成比例 1

九（　　）班

年级：九年级　　　　　内容：4.2　平行线分线段成比例

课型：命题探究课　　　　执笔：魏国良　　　审核：杨静

时间：_____年___月___日

【学习目标】

1. 类比相似多边形的定义和性质，掌握相似三角形的定义、表示法、基本性质。

2. 会找相似三角形的对应边及对应角。

3. 经历实验操作的过程，掌握基本事实：三条平行线截两条直线，所得的对应线段的比相等。

4. 理解平行线分线段成比例定理应用到三角形中的两个几何模型。

【学习重点】

平行线分线段成比例定理，两个几何模型的识别（简单应用）。

【学习难点】

成比例的线段中对应线段的确认。

【教学活动】

一、温故知新

1. 对应角_____，对应边的比_____的两个多边形叫作相似多边形。

相似多边形_____的比叫作相似比。

2. 相似三角形的定义及记法：

三个角对应_____，三条对应边的比_____的两个三角形叫作相似三角形。

如图 1 所示，若 $\triangle ABC$ 与 $\triangle DEF$ 相似，记作 $\triangle ABC$ _____ $\triangle DEF.$

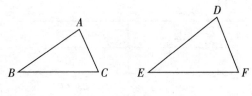

图1

用几何语言表达相似三角形的定义： 反之，相似三角形的基本性质：

∵ $A = D$，$B = E$，$C = F$

$\dfrac{AB}{ED} = \dfrac{BC}{EF} = \dfrac{AC}{DF} = k$ ∴ _____

（三个角对应相等，三条对应边的比相等的两个三角形是_____）

∵ △$ABC \backsim$ △DEF

得 $A =$ _____，$B =$ _____，_____ $= F$，

$\dfrac{AB}{(\ \ )} = \dfrac{(\ \ )}{EF} = \dfrac{AC}{DF} = k$

（相似三角形对应角_____，对应边的比_____）

△ABC 与 △DEF 的相似比为_____。

△DEF 与 △ABC 的相似比为_____。

3. 如图1所示，△$ABC \backsim$ △DEF，且 $AB = 4$cm，$BC = 6$cm，$EF = 9$cm，∠$A = 80°$，∠$E = 30°$.

求：（1）∠$B =$ _____，∠$C =$ _____；

（2）$DE =$ _____；

（3）△ABC 与 △DEF 的相似比为_____。

4. 回忆三角形全等的判定方法有哪几种？

5. 预习疑难摘要。

二、探究活动

探究1：

1. 实验操作，合作填表

如图2所示，任意画两条直线 l_1、l_2，再画三条与 l_1、l_2 相交的一组平行线 l_3、l_4、l_5. 分别度量 l_3、l_4、l_5 在 l_1 上截得的两条线段 AB、BC 和在 l_2 上截得的两条线段 DE、EF 的长度（单位 cm）。

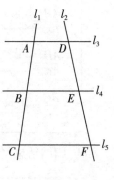

图2

填写实验报告单（1）

线段	长度	线段	长度
AB		DE	
BC		EF	

填写实验报告单（2）

线段	长度	线段	长度
AB		DE	
AC		DF	

计算两条线段的比值（1）

线段比	比值	线段比	比值
$\dfrac{AB}{BC}$		$\dfrac{DE}{EF}$	

计算两条线段的比值（2）

线段比	比值	线段比	比值
$\dfrac{AB}{AC}$		$\dfrac{DE}{DF}$	

2. 观察图 3，发现规律（用数学符号表示）

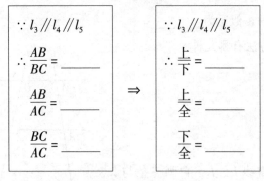

$\because l_3 \mathbin{/\mkern-4mu/} l_4 \mathbin{/\mkern-4mu/} l_5$

$\therefore \dfrac{AB}{BC} = $ _____

$\dfrac{AB}{AC} = $ _____

$\dfrac{BC}{AC} = $ _____

$\Rightarrow$

$\because l_3 \mathbin{/\mkern-4mu/} l_4 \mathbin{/\mkern-4mu/} l_5$

$\therefore \dfrac{上}{下} = $ _____

$\dfrac{上}{全} = $ _____

$\dfrac{下}{全} = $ _____

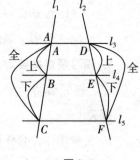

图 3

3. 归纳猜想（用汉语文字叙述）

平行线分线段成比例定理：三条平行线截两条直线，所得的 _____ 线段的比 _____ 。

练一练：

1. 已知：如图 4 所示，$l_1 /\!/ l_2 /\!/ l_3$，$AB = 3$，$DE = 2$，$EF = 4$. 求 BC.

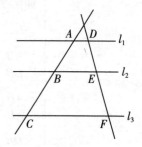

图 4

解：$\because l_1 /\!/ l_2 /\!/ l_3$

$\therefore \dfrac{AB}{BC} = $ _____，即 $\dfrac{3}{BC} = $ _____

$\therefore BC = $ _____。

2. 已知：如图 5 所示，$l_3 /\!/ l_4 /\!/ l_5$.

求证：$\dfrac{AB}{DE} = \dfrac{BC}{EF} = \dfrac{AC}{DF}$，即 $\dfrac{左}{右} = \dfrac{左}{右} = \dfrac{左}{右}$。

证明：

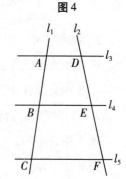

图 5

3. 已知：如图 6 所示，$l_1 /\!/ l_2 /\!/ l_3$，下列各式不成立的是（ ）。

A. $\dfrac{EC}{CA} = \dfrac{FD}{DB}$

B. $\dfrac{EC}{FD} = \dfrac{CA}{DB}$

C. $\dfrac{FD}{FB} = \dfrac{CD}{AB}$

D. $\dfrac{EA}{FB} = \dfrac{EC}{FD}$

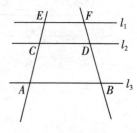

图 6

探究 2：

1. 将图 2 进行变式，建构三角形。

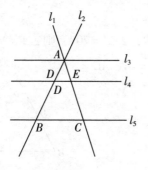

图 7

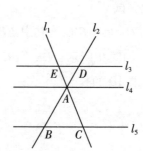

图 8

21

如图 7 所示

∵ $l_3 /\!/ l_4 /\!/ l_5$

∴ $\dfrac{AD}{DB}$ = ＿＿＿＿

$\dfrac{AD}{AB}$ = ＿＿＿＿

$\dfrac{DB}{AB}$ = ＿＿＿＿

如图 8 所示

∵ $l_3 /\!/ l_4 /\!/ l_5$

∴ $\dfrac{AB}{AD}$ = ＿＿＿＿

$\dfrac{AB}{BD}$ = ＿＿＿＿

$\dfrac{AD}{BD}$ = ＿＿＿＿

2. 观察思考，识别模型。

图 7 中有哪几个三角形：＿＿＿＿＿＿；图形类似哪个字母：＿＿＿＿＿。

图 8 中有哪几个三角形：＿＿＿＿＿＿；图形类似哪个字母：＿＿＿＿＿。

3. 结合模型，合情转化。

图 7 中，$l_4 /\!/ l_5$，可看成 $DE /\!/$ ＿＿＿＿；简化图形为＿＿＿＿＿＿＿＿。

图 8 中，$l_3 /\!/ l_5$，可看成 $ED /\!/$ ＿＿＿＿；简化图形为＿＿＿＿＿＿＿＿。

> 归纳推论：平行于＿＿＿＿一边的直线截其他两边（或两边的延长线），所得的＿＿＿＿线段的比＿＿＿＿。

三、学习体会

1. 本节课你有哪些收获？你还有哪些疑惑？

2. 你认为老师在上课过程中还有哪些需要改进的地方？

四、自我测试

1. 若 $\triangle ABC \backsim \triangle A'B'C'$，其中 $\angle B = 60°$，$\angle C' = 70°$，则 $\angle A =$ ＿＿＿＿。

2. 已知：如图 9 所示，$DE /\!/ BC$，$AB = 14$，$AC = 18$，$AE = 10$. 求 AD 的长。

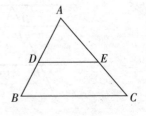

图 9

3. 已知：如图 10 所示，$DE \parallel BC$，$AB = 5$，$AC = 7$，$AD = 2$. 求 EC 的长。

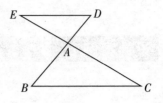

图 10

4. 已知：如图 11 所示，OP 是 $\angle AOP$ 内的一条射线，P_1C、P_2D、P_3E，分别垂直 OA 于 C、D、E；P_1F、P_2G、P_3H 分别垂直 OB 于 F、G、H. 求证：$CD : DE = FG : GH$.

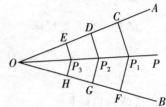

图 11

5. 已知：如图 12 所示，在 $\triangle ABC$ 中，$DE \parallel BC$，$DF \parallel AC$，$AE = 3$cm，$AC = 5$cm，$BC = 10$cm. 求 BF 和 CF 的长。

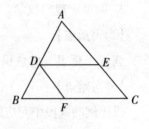

图 12

6. 已知：如图 13 所示，在 $\triangle ABC$ 中，$DE \parallel BC$，$EF \parallel DC$. 求证：AD 是 AF 和 AB 的比例中项。

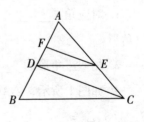

图 13

7. 已知：如图 14 所示，在 $\triangle ABC$ 中，AD 为 BC 边中线，过 C 点任意作一直线交 AD 于 E，交 AB 于 F. 求证：$AE : ED = 2AF : FB$.

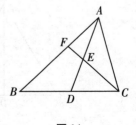

图 14

设计案例五： **平行线分线段成比例 2**

年级：九年级　　　　　内容：4.2　平行线分线段成比例

课型：公式定理课　　　执笔：朱际生　　　审核：魏国良

时间：＿＿＿＿年＿＿月＿＿日

【学习目标】

1. 理解平行线分线段成比例定理及其初步证明。

2. 初步熟悉平行线分线段成比例定理的用途、用法。

3. 通过定理的教学，培养学生的联想能力、概括能力。

【学习重点】

获得"猜想"的认识过程，以及论证思路的寻求过程。

【学习难点】

成比例的线段中对应线段的确认。

【教学活动】

一、学前准备

1. 对应角＿＿＿＿＿＿，对应边的＿＿＿＿＿＿＿＿的两个三角形，叫作相似三角形。

2. 相似三角形的＿＿＿＿＿＿＿＿，各对应边的＿＿＿＿＿＿＿＿＿＿＿。

3. 如图 1 所示，$\triangle ABC$ 中，若 D 是 BC 的中点，则 $S_{\triangle ABD} : S_{\triangle ACD} = $ ＿＿＿＿＿＿，$S_{\triangle ABD} : S_{\triangle ABC} = $ ＿＿＿＿＿＿，若 D 是 BC 上的点，则 $S_{\triangle ABD} : S_{\triangle ACD} = $ ＿＿＿＿＿＿。

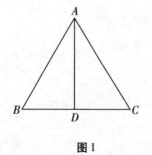

图 1

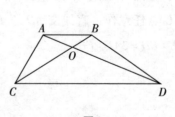

图 2

4. 如图 2 所示，在梯形 $ABCD$ 中，$AB /\!/ CD$，找出面积相等的三角形。

5. 求出下列各式中的 $x:y$ 的值。

（1）$3x = 5y$　　　　　　　　（2）$3:x = 5:y$

6. 已知 $\dfrac{x}{y} = \dfrac{7}{2}$，求 $\dfrac{x}{x+y}$

7. 预习疑难摘要：_____

_____。

二、探究活动

探究 1：

如图 3 所示，在正 $\triangle ABC$ 中，点 D 为 AB 中点，过点 D 作 $DE /\!/ BC$ 交 AC 于点 E，则 AE 与 EC 的比值是多少？

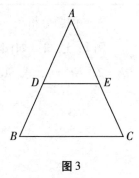

图 3

思考：

（1）若 AD 与 DB 的比值不是 $1:1$，而是 $3:2$，那 AE 与 EC 的比值呢？

（2）是否还有包含线段的比为 $1:1$ 的图形特例呢？

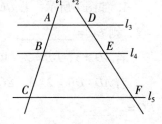

探究 2：

如图 4 所示，任意画两条直线 l_1、l_2，再画三条

图 4

与 l_1、l_2 相交的平行线 l_3、l_4、l_5. 分别度量 l_3、l_4、l_5 在 l_1 上截得的两条线段 AB、BC 和在 l_2 上截得的两条线段 DE、EF 的长度。$AB:BC$ 与 $DE:EF$ 相等吗？任意平移 l_5，再度量 AB、BC、DE、EF 的长度，$AB:BC$ 与 $DE:EF$ 相等吗？

证法 1：（提示：过 A 作 DF 的平行线）

证法 2：（提示：可借助面积证明，如图 5 所示）

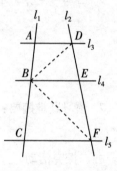

还可以得到哪些比例式：_____。

归纳定理：由学生类比平行线等分线段定理的叙述归纳所得结论，平行线分线段成比例定理：_____

_____。

三、例题分析

例 1：已知：如图 6 所示，$l_1 /\!/ l_2 /\!/ l_3$，$AB = 3$，$DE = 2$，$EF = 4$，求 BC.

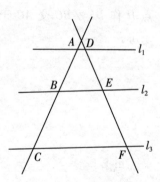

图 6

对点练习：

1. 如图 7 所示，若 $DE /\!/ BC$，$AB = 7$，$AD = 3$，$AE = 2$，则 $EC = $ _____。

若 $AD = 3$，$DB = 7$，$AC = 8$，则 $EC = $ _____；

若 $AD:DB = 2:3$，$EC - AE = 2$，$AE = $ _____，$EC = $ _____。

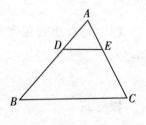

图 7

2. 如图 8 所示，在梯形 $ABCD$ 中，$AB /\!/ CD$，E 是 AC 上一点，$EF /\!/ CD$ 交 BD 于 F，若 $AE = 2$，$BD = 6$，$CD = 7$，求 FC、DF 的长度。

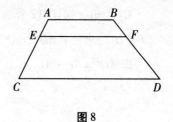

图 8

3. 已知：如图 9 所示，$l_1 /\!/ l_2 /\!/ l_3$，$AB = 3$，$BC = 5$，$DF = 6$，求 BF.

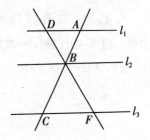

四、学习体会

图 9

1. 本节课你有哪些收获？你还有哪些疑惑？

2. 你认为老师上课过程中还有哪些需要注意或改进的地方？预习时的疑难问题解决了吗？

五、自我测试

1. 已知：如图 10 所示，OP 是 $\angle AOB$ 内的一条射线，P_1C、P_2D、P_3E，分别垂直 OA 于 C、D、E；P_1F、P_2G、P_3H 分别垂直 OB 于 F、G、H. 求证：$CD : DE = FG : GH$.

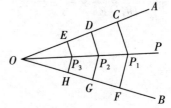

图 10

2. 已知：如图 11 所示，在 $\triangle ABC$ 中，$DE /\!/ BC$，$DF /\!/ AC$，$AE = 3\text{cm}$，$AC = 5\text{cm}$，$BC = 10\text{cm}$. 求 BF 和 CF 的长。

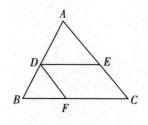

图 11

3. 已知：如图 12 所示，在 $\triangle ABC$ 中，$DE /\!/ BC$，$EF /\!/ DC$. 求证：AD 是 AF 和 AB 的比例中项。

即 $AD^2 = AF \cdot AB$.

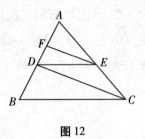

图 12

4. 已知：如图 13 所示，在 $\triangle ABC$ 中，AD 为 BC 边中线，过 C 点任意作一直线交 AD 于 E，交 AB 于 F. 求证：$AE : ED = 2AF : FB$.

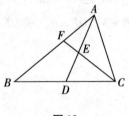

图 13

六、知识拓展（梅内劳斯定理）

已知：如图 14 所示，一条直线与 $\triangle ABC$ 的三边 BC、CA、AB（或其延长线）分别交于 D、E、F. 求证：$\dfrac{BD}{DC} \times \dfrac{CE}{EA} \times \dfrac{AF}{FB} = 1$

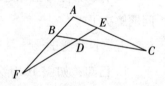

图 14

第三章　解题课教学设计

例题是帮助学生理解、掌握和运用数学概念、定理、公式和法则的数学问题，是教师用作示范的具有代表性的典型数学问题；习题则是教师有意识地设计的，交由学生完成的，希望通过学生的完成促进学生知识理解的一些数学问题。美国波利亚和陕西师大罗增儒教授的解题学理论告诉我们，数学家解题是发现和创造的过程，教学解题是师生再发现与再创造的过程。要把习题看作精密研究的对象，而把解答问题看作设计和发明的目标，解题也是获取数学新知识和数学新技能的学习过程（不仅仅是熟练和巩固）。

解题活动是一种思维活动，解题教学不仅要教解题活动的结果（答案），而且要呈现解题活动的必要过程——暴露数学解题的思维活动（仅仅满足于获得答案意味着理解的死亡）。

暴露数学解题的思维活动有两个关键的过程。其一是"从没有思路到获得初步思路"的认知过程，其二是对初步思路反思的元认知过程，解题教学不仅要有第一过程的暴露（已引起重视），还要有第二过程的暴露（想知道很多又有很多不知道）。

科学的解题习惯有四个步骤：理解题意、思路探求、书写表达、回顾反思。

学会解题要经历四个阶段：记忆模仿、变式练习、自发领悟、自觉分析。

step 1：以平行四边形性质和判定例题引入，要求学生现场设计《学讲练》（30 分钟）。

step 2：学生之间以学习小组为单位互相交流（20 分钟）。

step 3：小组推荐一名代表汇报本小组的交流成果（20 分钟）。

step 4：观摩平行四边形性质和判定练习题的课例视频（或 ppt 演示）（30 分钟）。

step 5：授课教师结合课例讲解例题教学的一般模式：

（1）课前四基演练→与例题相关基础。

（2）提示课题，典型例题解析。

（3）教师设计题组，学生自主解答"一题多变、一题多问"或"小步训练"的对点练习。

（4）小组合作交流，派代表展示成果。

（5）教师针对考点、热点、疑点、盲点进行典型问题的深入剖析，总结解题规律。

（6）追加同类型补偿性习题，加以提高巩固。

设计案例六： 平行四边形性质和判定

八（　　）班

年级：八年级　　　　内容：平行四边形的性质和判定

课型：解题课　　　　执笔：朱际生　　　　审核：魏国良

时间：＿＿＿＿年＿＿月＿＿日

【教学重难点】

1. 熟练掌握平行四边形的定义、性质及判定定理，并运用它们进行有关的证明和计算。

2. 通过练习回忆已学过的知识，提高逻辑思维能力、合情推理能力和归纳概括能力，训练思维的灵活性，领悟数学思想。

【教学活动】

一、导入

一位饱经沧桑的老人，经过一辈子的辛勤劳动，到晚年的时候，终于拥有了一块平行四边形的土地。由于年迈体弱，他决定把这块土地分给他的四个孩子，他是这样分的（见图1）：

当四个孩子看到时，争论不休，都认为自己的地少。同学们，你认为老人这样分合理吗？为什么呢？

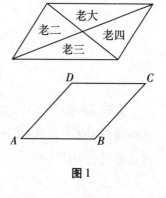

图1

二、课前热身

1. 已知 $\square ABCD$，若 $AB = 15\text{cm}$，$BC = 10\text{cm}$，则 $AD =$ _____ cm，周长 = _____ cm.

2. 已知 $\square ABCD$，$\angle A = 50$ 度，则 $\angle C =$ _____ 度，$\angle B =$ _____ 度。

3. 如图2所示，$\square ABCD$ 的对角线 AC、BD 长度之和为 20cm，若 $\triangle OAD$ 的周长为 17cm，则 $AD =$ _____ cm.

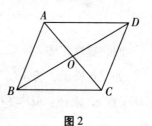

图2

4. 在 $\square ABCD$ 中，$AC = 6$，$BD = 8$，则边 AB 的取值范围为 _____。

5. 如图2所示，在四边形 $ABCD$ 中，若分别给出六个条件：①$AB /\!/ CD$；②$AD = BC$；③$OA = OC$；④$AD /\!/ BC$；⑤$AB = CD$；⑥$OB = OD$. 现在，以其中的两个为一组，能直接确定四边形 $ABCD$ 为平行四边形的条件是 _____（只填序号）。

三、中考链接

（2013年深圳）已知：如图3所示，在 $\square ABCD$ 中，连结对角线 BD，作 $AE \perp BD$ 于 E，$CF \perp BD$ 于 F. 求证：$\triangle AED \cong \triangle CFB$.

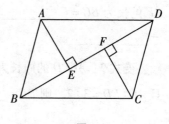

图3

变式1：如图4所示，在上题条件中，连结 CE、AF. 求证：四边形 $AECF$ 是平行四边形。

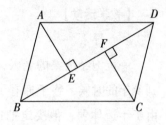

图4

变式2：如图5所示，在 $\square ABCD$ 中，点 E、F 在对角线 BD 上，且 $BE = DF$. 四边形 $AECF$ 是平行四边形吗？为什么？

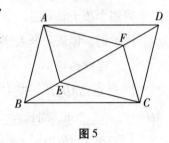

图5

四、提高拓展

如图6所示，若 $AB \parallel CD$，$\angle BAD$ 的平分线 AE 交 CD 于点 E. 求证：$AD = ED$.

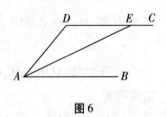

图6

变式1：如图7所示，在 $\square ABCD$ 中，AE 是 $\angle BAD$ 的平分线，若 $AB = 8$，$CE = 3$，则 $BC =$ _____

若加上：BF 平分 $\angle ABC$，且与 CD 交于 F 点，则 EF 的长为 $BC =$ _____. BF 与 AE 的关系是 $BC =$ _____。

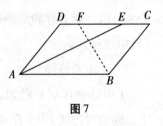

图7

变式2：$ABCD$ 的周长为32cm，$\angle ABC$ 的角平分线交边 DA 所在直线于点 E，且 $AE : ED = 3 : 2$，则 $DC =$ _____。

变式 3：如图 8 所示，已知：AD 为 $\triangle ABC$ 的角平分线，$DE \parallel AB$，在 AB 上截取 $BF = AE$. 求证：$EF = BD$.

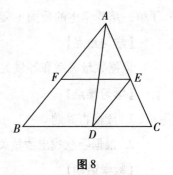

图 8

五、大显身手

如图 9 所示，$Rt\triangle OAB$ 的两条直角边在坐标轴上，已知点 A（0，2），点 B（3，0），则以点 O、A、B 为其中三个顶点的平行四边形的第四个顶点 C 的坐标为_____。

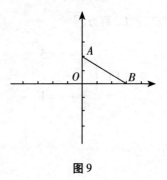

图 9

设计案例七：应用二元一次方程组——鸡兔同笼

八（　）班

年级：八年级　　　　内容：5.3 应用二元一次方程组——鸡兔同笼
课型：解题课　　　　执笔：魏国良　　　审核：李云珠
时间：_____年___月___日

【学习目标】

1. 在具体问题的解决过程中提高学生解二元一次方程组的能力。

2. 让学生掌握运用方程组解决实际问题的一般步骤。

3. 通过"鸡兔同笼"的探究活动，把同学们带入古代的数学问题情境，学生体会到数学中的"趣"；进一步强调课堂与生活的联系，通过对祖国文明史的了解，培养学生的爱国主义精神。

【学习重点】

根据数量关系和等量关系列二元一次方程组解应用题。

【学习难点】

1. 读懂古算题。

2. 根据题意找出数量关系和等量关系，列出方程。

【教学活动】

一、双基演练

1. 解方程.

(1) $\begin{cases} \dfrac{x}{3} - y = 5 \\ \dfrac{x}{4} - y = 1 \end{cases}$ (2) $\begin{cases} x + y = 35 \\ 2x + 4y = 94 \end{cases}$

2. 根据语句，用文字写出相等关系。

（1）现有鸡和兔子若干，它们共有 35 只头：_____。

（2）现有鸡和兔子若干，它们共有 94 条腿：_____。

（3）一长方形的周长是 20 米：_____。

（4）绳长比井深多 2 尺：_____。

二、探究活动

活动 1：

问题 1： 今有鸡兔同笼，上有三十五头，下有九十四足，问鸡兔各几只？

分析 1： 找数量关系

头	每只的头的数量（个）	只数（只）	总头数（个）
鸡			
兔			

足	每只的足的数量（个）	只数（只）	总足数（个）
鸡			
兔			

分析 2：找相等关系（画出关键语句）

① _____ + _____ ＝35 个

② _____ + _____ ＝94 只

解：设_____，根据题意，得：

> 总结：
> 用方程的思想解决实际问题的步骤是：
> 1.
> 2.
> 3.
> 4.
> 5.

答：_____。

反馈 1：小试牛刀（不解方程组）

今有牛五、羊二，值金十两．牛二、羊五，值金八两牛、羊各值金几何？

分析 1：找数量关系

第一组	单价（两）	数量（只）	总价（两）
牛			
羊			

第二组	单价（两）	数量（只）	总价（两）
牛			
羊			

分析 2：找相等关系（画出关键语句）

① _____

② _____

解：设_____，得 $\begin{cases} \underline{\hspace{4cm}} \\ \underline{\hspace{4cm}} \end{cases}$

问题2：以绳测井。若将绳三折测之，绳多五尺；若将绳四折测之，绳多一尺。问绳长、井深各几何？

题目大意：用绳子测量水井的深度，如果将绳子折成_____等份，一份绳长比井深多_____；如果将绳子折成_____等份，一份绳长比井深多_____。绳长、井深各是_____尺？

活动2：

分析1：找数量关系

	绳子长度	折后绳子长度	井的深度
第一组测量（三折）			
第一组测量（四折）			

分析2：找相等关系（画出关键语句）

① _____ － _____ =5尺

② _____ － _____ =1尺

解：设_____，得 $\begin{cases} \underline{\hspace{4cm}} \\ \underline{\hspace{4cm}} \end{cases}$

解得：_____

答：_____。

反馈2：小试牛刀（解方程组）

用一根绳子环绕一棵大树，若环绕大树3周，则绳子还多4尺；若环绕大树4周，则绳子又少了3尺。这根绳子有多长？环绕大树一周需要多少尺？（绳子粗细忽略不计）

分析1：找数量关系

	绕树一周所需绳长	绕树的周数	绕树几周后所需绳长（尺）	绳子总长（尺）
第一次测量				
第二次测量				

分析2：找相等关系（画出关键语句）

① _____ － _____ =4尺

② _____ － _____ =3尺

解：设＿＿＿＿＿＿＿＿＿＿＿＿＿＿＿＿＿，得$\left\{\begin{array}{l}\underline{\hspace{4cm}} \\ \underline{\hspace{4cm}}\end{array}\right.$

三、自我测试

1. 已知甲库存粮 x 吨，乙库存粮 y 吨。若从甲库调出 10 吨给乙库，乙库的存粮数是甲库存粮数的 2 倍，则以上用等式表示为＿＿＿＿＿＿＿。

2. 现有兄弟两人，弟弟五年后的年龄与哥哥五年前的年龄相等，3 年后兄弟两人的年龄和是他们年龄之差的 3 倍，则兄弟两人今年的岁数分别是＿＿＿＿＿＿。

3. 两地相距 300 千米，一艘船航行于两地之间。若顺流需 15 小时，逆流需用＿＿＿＿＿＿小时，则船在静水中速度和水流速度分别是＿＿＿＿＿＿＿。

4. 现有面值总和为 570 元的 50 元和 20 元人民币共 15 张，问其中 50 元人民币和 20 元人民币分别有＿＿＿＿＿＿＿张。

5. 一张试卷有 25 道题，做对一题得 4 分，做错一题扣 1 分，小明做完全部试题得 70 分，则他做对的题数是(　　　)。

A. 16　　　　　　　B. 17　　　　　　　C. 18　　　　　　　D. 19

6. 某校 150 名学生参加数学考试，平均分 55 分，其中及格学生平均 77 分，不及格学生平均 47 分，则不及格的学生人数为(　　　)。

A. 49　　　　　　　B. 101　　　　　　　C. 110　　　　　　　D. 40

7. 某校办工厂有工人 60 名，生产某种由一个螺栓套两个螺母的配套产品，每人每天平均生产螺栓 14 个或螺母 20 个，应分配多少人生产螺栓，多少人生产螺母，才能使生产出的螺栓和螺母刚好配套？（列方程解应用题）

8. 六一儿童节，某动物园的成人门票 8 元，儿童门票半价（即每张 4 元），全天共售出门票 3000 张，共收入 15600 元，问这天售出成人票和儿童票多少张？（列方程解应用题）

"鸡兔同笼"——知多少？

鸡兔同笼是我国古代著名趣题之一。大约在 1 500 年前，《孙子算经》中就记载了这个有趣的问题。书中是这样叙述的："今有雉兔同笼，上有三十五头，下有九十四足，问雉兔各几何？"这四句话的意思是：有若干只鸡兔同在一个笼子里，从上面数，有 35 个头；从下面数，有 94 只脚。问笼中各有几只鸡和兔？

解决这个问题可以有多种方法，下面介绍几种常用方法。

一、假设法

题目中给出了鸡兔共有 35 只，如果把兔子的 2 只前脚用绳子捆起来，看作是 1 只脚，2 只后脚也用绳子捆起来，看作是 1 只脚，那么，兔子就成了 2 只脚，即把兔子都先当作 2 只脚的鸡。鸡兔总的脚数是 $35 \times 2 = 70$（只），比题中所说的 94 只要少 $94 - 70 = 24$（只）。

现在，我们松开 1 只兔子脚上的绳子，总的脚数就会增加 2 只，即 $70 + 2 = 72$（只），再松开 1 只兔子脚上的绳子，总的脚数又增加 2，一直继续下去，2，2，2，……，直至增加 24，因此得出兔子数：$24 \div 2 = 12$（只），从而鸡有 $35 - 12 = 23$（只）。

我们来总结一下这道题的解题思路：如果先假设它们全是鸡，于是根据鸡兔的总数可以算出在假设下共有几只脚，把这样得到的脚数与题中给出的脚数相比较，看看差多少，每差 2 只脚就说明有 1 只兔，将所差的脚数除以 2，就可以算出共有多少只兔。概括起来，解鸡兔同笼题的基本关系式是，

兔数 =（实际脚数 - 每只鸡脚数 × 鸡兔总数）÷（每只兔子脚数 - 每只鸡脚数）。

类似地，也可以假设全是兔子。

假设全是鸡：$2 \times 35 = 70$（只），比总脚数少的数量：$94 - 70 = 24$（只）

兔：$24 \div (4 - 2) = 12$（只）　鸡：$35 - 12 = 23$（只）

二、金鸡独立法——假设法（通俗）

假设鸡和兔子都听指挥。

那么，让所有动物抬起 1 只脚，笼中站立的脚：

$94 - 35 = 59$（只）

然后再抬起 1 只脚，这时候鸡 2 只脚都抬起来就摔倒了，只剩下用 2 只脚站立的兔子，笼中站立的脚：

$59 - 35 = 24$（只）

由此得出，兔：$24 \div 2 = 12$（只）

鸡：$35 - 12 = 23$（只）

"鸡兔同笼"问题是集题型的趣味性、解法的多样性、应用的广泛性于一体，在激趣上、知识上、思维上、应用上都有其独到的价值。

你还知道有哪些方法可以解决"鸡兔同笼"问题吗？如果你对这个问题感兴趣，可以跟同学一起课下交流你的想法吧……待续……由你谱写……

设计案例八： 再探实际问题与二元一次方程组（一）

七（　　）班

年级：七年级　　内容：再探实际问题与二元一次方程组（一）

课型：解题课　　执笔：魏国良　　审核：李云珠

时间：_____ 年 ____ 月 ____ 日

___

【学习目标】

1. 在运用二元一次方程组解决实际问题过程中，进一步体会数学建模思想，培养学生的数学应用意识。

2. 能根据具体问题列出二元一次方程组，清楚地表达解决问题的过程，并解释解的合理性。

3. 在用方程组解决实际问题的过程中，体验数学的实用性，提高学习数学的兴趣。

4. 在探讨解决问题的过程中，敢于发表自己的见解，理解他人的看法并与他人交流。

【学习重点】

让学生经历和体验把实际问题转化为二元一次方程组的过程，根据数量关系和等量关系，列二元一次方程组解应用题。

【学习难点】

如何把实际问题转化为二元一次方程组，根据题意找出数量关系和等量关系，列出方程。

【学习过程】

一、双基演练

解二元一次方程组：

(1) $\begin{cases} 3x + 2y = 2 \\ y = -2x \end{cases}$　　　　　(2) $\begin{cases} 2x - 3y = 7 \\ x - 3y = 7 \end{cases}$

(3) $\begin{cases} 30x + 15y = 675 \\ 42x + 20y = 940 \end{cases}$　　　　(4) $\begin{cases} x + y = 200 \\ 100x : (1.5 \times 100y) = 3 : 4 \end{cases}$

二、探究活动

活动1：

养牛场原有 30 只母牛和 15 只小牛，1 天约需用饲料 675kg；一周后又购进 12 只母牛和 5 只小牛，这时 1 天约需用饲料 940kg. 饲料员李大叔估计每只母牛 1 天约需用饲料 18～20kg，每只小牛 1 天约需用饲料 7～8kg，你能否通过计算检验他的估计？

分析1：找数量关系

一周后	数量	每头牛每天约需饲料	饲料量
母牛			
小牛			

原来	数量	每头牛每天约需饲料	饲料量
母牛			
小牛			

分析 2：找相等关系

① _____ + _____ ＝675kg

② _____ + _____ ＝940kg

解：设平均每头母牛每天约需饲料_____kg，平均每头小牛每天约需饲

料_____kg，依题意，得 $\left\{\begin{array}{l}\underline{\hspace{4cm}}\\ \underline{\hspace{4cm}}\end{array}\right.$

解这个方程组，得 $\left\{\begin{array}{l}\underline{\hspace{3cm}}\\ \underline{\hspace{3cm}}\end{array}\right.$

答：平均每头母牛每天约需饲料____kg，每头小牛每天约需饲料____kg，

饲养员李大叔对母牛食量估计_____kg，对小牛食量估计_____kg.

活动 2：

根据以往的统计资料，甲乙两种作物的单位面积的产量比是 1∶1.5，现要在一块长 200m、宽 100m 的长方形土地上种植这两种作物，怎样使这两块地分为两个长方形，使甲乙两种作物的总产量的比是 3∶4（结果取整数）？

方案 A：

分析 1：找数量关系

	面积	单位面积产量	总产量
甲			
乙			

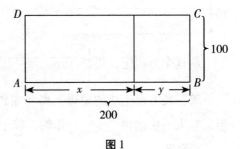

图 1

分析 2：找相等关系

① _____ + _____ ＝200

② _____ ∶ _____ ＝3∶4

解：如图 1 所示，设长方形土地的长边上离一端约_____m 处，把这块

地分为两个长方形，较大一块地种_____作物，较小一块地种_____作物，

依题意，得$\left\{\begin{array}{l}\underline{\hspace{5cm}} \\ \underline{\hspace{5cm}}\end{array}\right.$

解这个方程组，得$\left\{\begin{array}{l}\underline{\hspace{4cm}} \\ \underline{\hspace{4cm}}\end{array}\right.$

答：长方形土地的长边上离一端约_____m 处，把这块地分为两个长方形，较大一块地种_____种作物，较小一块地种_____种作物。

方案 B：

分析 1：找数量关系

	面积	单位面积产量	总产量
甲			
乙			

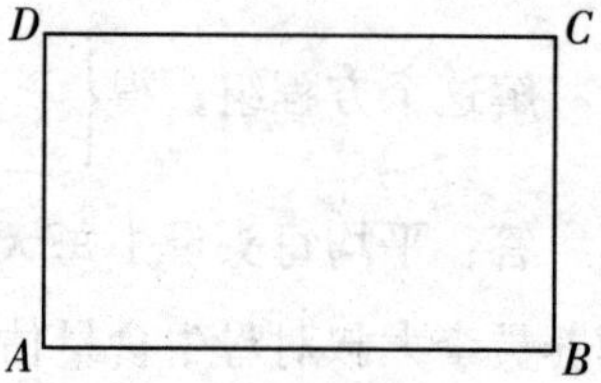

图 2

分析 2：找相等关系

① _____ + _____ = 200

② _____ : _____ = 3 : 4

解：设长方形土地的短边上离一端约_____m 处，把这块地分为两个长方形，较大一块地种_____作物，较小一块地_____作物，依题意，

得$\left\{\begin{array}{l}\underline{\hspace{5cm}} \\ \underline{\hspace{5cm}}\end{array}\right.$

解这个方程组，得$\left\{\begin{array}{l}\underline{\hspace{4cm}} \\ \underline{\hspace{4cm}}\end{array}\right.$

答：长方形土地的短边上离一端约_____m 处，把这块地分为两个长方形，较大一块地种_____作物，较小一块地种_____作物。

活动 3：

你能谈谈自己的收获吗？

（1）用二元一次方程组解决实际问题的步骤是什么？

（2）用二元一次方程组解决实际问题的关键是什么？

三、学以致用

（一）复习巩固题

A 市至 B 市的航线长 1200km，一架飞机从 A 市顺风飞往 B 市需 2 小时 30 分，从 B 市逆风飞往 A 市需 3 小时 20 分，求飞机的平均速度与风速。

分析1：找数量关系

	时间	速度	路程
顺风			
逆风			

分析2：找相等关系

$$\begin{cases} \underline{\hspace{2cm}} \times \underline{\hspace{2cm}} = 1200 \\ \underline{\hspace{2cm}} \times \underline{\hspace{2cm}} = 1200 \end{cases}$$

解：设_____，依题意，得

$$\begin{cases} \underline{\hspace{2cm}} \times \underline{\hspace{1.5cm}} = 1200 \\ \underline{\hspace{2cm}} \times \underline{\hspace{1.5cm}} = 1200 \end{cases}$$

解这个方程组，得

$$\begin{cases} \underline{\hspace{3cm}} \\ \underline{\hspace{3cm}} \end{cases}$$

答：_____。

（二）拓广探索题

1. 打折前，买 60 件 A 商品和 30 件 B 商品用了 1080 元，买 50 元 A 商品和 10 件 B 商品用了 840 元．打折后，买 500 件 A 商品和 500 件 B 商品用了 9600 元，打折比不打折少花多少钱？

（1）打折前：

分析1：找数量关系

	数量	单价	金额
A 商品			
B 商品			

分析 2：找相等关系

_____ + _____ = 1080

_____ + _____ = 840

解：设_____，依题意，得 $\begin{cases} \underline{\hspace{4cm}} \\ \underline{\hspace{4cm}} \end{cases}$

解这个方程组，得 $\begin{cases} \underline{\hspace{3cm}} \\ \underline{\hspace{3cm}} \end{cases}$

解这个方程组，先求出打折前两种商品的单价。

（2）打折后：根据两种商品的总额，求题中要求的数据。

2. 根据一家商店的账面记录，某天卖出 39 支牙刷和 21 盒牙膏，收入为 396 元，另一天，以同样的价格卖出同样的 52 支牙刷和 28 盒牙膏，收入为 518 元。这个记录是否有误？如果有误，请说明理由。

第四章　复习课教学设计

根据艾宾浩斯的"遗忘曲线"规律，通过复习思维导图将知识条理化、综合化、系统化，使学生自主建构学科知识体系，揭示知识之间内在的本质和必然的联系，从纵横两方面加深对知识的理解。牢固掌握，灵活运用。弥补学习上的缺陷，减少记忆负担，防止遗忘，促进学生认知结构的形成，提高学生对知识的梳理能力。根据教学进度，可分成单元复习、期中复习、期末综合复习、中考总复习。

step 1：以"等腰三角形"的复习课引入，要求学生现场设计《讲学练》（30 分钟）。

step 2：学生之间以合作学习小组为单位互相交流（20 分钟）。

step 3：各小组推荐一名代表汇报本小组的交流成果（20 分钟）。

step 4：观摩"等腰三角形"复习题例视频（或 ppt 演示）。

step 5：授课教师结合课例讲解复习课教学的一般模式：

（1）知识体系梳理 $\begin{cases} 七年级教师示范梳理 \\ 八年级学生在教师指导下梳理 \\ 九年级学生自主建构与梳理 \end{cases}$

（2）教师设计小步题组，简单运用。

（3）教师根据考点与重难点设计大、小综合类型微专题题组演练，题目按题型分类，突出解题规律，进行知识归类。

（4）每天 1~2 道压轴题提供给 A 层学生；　　　　分层次练习

3~5 道中档题提供给 B、C 层学生；1 组　　　　分类指导

基础题提供给 D 层学生。　　　　　　　　　　因材施教

设计案例九：平行四边形

九（　　）班

年级：九年级　　　内容：平行四边形　　　课型：中考单元复习课

执笔：熊丽　　　审核：杨静　　　时间：_____年____月____日

【中考考情播报】

1. 课标要求

（1）掌握平行四边形的概念、性质和判定及平行四边形是中心对称图形。

（2）能运用平行四边形的性质和判定进行计算和证明。

2. 近 5 年来，深圳中考有关四边形的分值

	2013 年	2012 年	2011 年	2010 年	2009 年
考点	梯形 + 平行四边形	正方形 + 矩形、菱形	矩形折叠	平行四边形	矩形 + 正方形
分值	6 + 7	3 + 8	8	3	3 + 8

【学习过程】

一、知识建构

1. 请画出四边形知识的思维导图。

2. 请说出平行四边形的性质和判定。

二、牛刀小试

（2013 年深圳）已知：如图 1 所示，在 $\square ABCD$ 中，连结对角线 BD，作 $AE \perp BD$ 于 E，$CF \perp BD$ 于 F. 求证：$\triangle AED \cong \triangle CFB$.

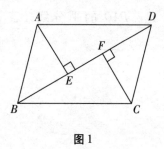

图 1

变式 1：如图 2 所示，在上题条件中，连结 CE、AF. 求证：四边形 $AECF$ 是平行四边形。

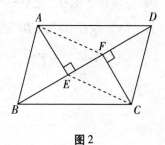

图 2

变式 2：如图 3 所示，在四边形 $ABCD$ 中，点 E、F 在对角线 BD 上，且 $BE = DF$. 请问四边形 $AECF$ 是平行四边形吗？为什么？

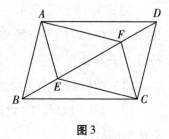

图 3

三、提高拓展

如图 4 所示，若 $AB /\!/ CD$，AE 是 $\angle BAD$ 的平分线，交 CD 于点 E. 求证：$AD = ED$.

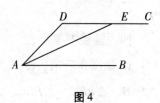

图 4

变式 1：如图 5 所示，在四边形 $ABCD$ 中，AE 是 $\angle BAD$ 的平分线，若 $AB = 8$，$CE = 3$，则 BC = _____。

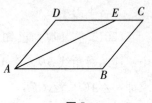

图 5

变式 2：如图 6 所示，在四边形 $ABCD$ 中，AE、DF 分别是 $\angle BAD$、$\angle ADC$ 的平分线。

（1）求证：$CE = BF$.

（2）求证：$\angle AGD = 90°$.

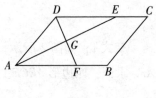

图 6

变式 3：如图 7 所示，在四边形 $ABCD$ 中，$AB > BC$，$\angle A$ 与 $\angle D$ 的平分线交于点 G，$\angle B$ 与 $\angle C$ 的平分线交于点 H.

（1）GH 与 AB 有怎样的位置关系？请说明理由。

（2）GH、BC 与 AB 之间有怎样的数量关系？请证明你的结论。

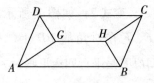

图 7

四、链接中考

1. 如图 8 所示，设 P 为四边形 $ABCD$ 内的一点，$\triangle PAB$、$\triangle PBC$、$\triangle PDC$、$\triangle PDA$ 的面积分别记为 S_1、S_2、S_3、S_4，则有（　　）

A. $S_1 = S_4$

B. $S_1 + S_2 = S_3 + S_4$

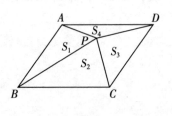

图 8

C. $S_1 + S_3 = S_2 + S_4$ D. 以上都不对

2. 如图 9 所示，在 Rt△ABC 中，∠ACB = 90°，点 E 为 AB 中点，连结 CE，过点 E 作 ED⊥BC 于点 D，在 DE 的延长线上取一点 F，使 AF = CE. 求证：四边形 ACEF 是平行四边形。

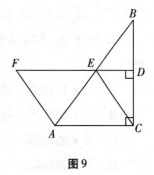

图 9

设计案例十：直线与圆的位置关系

九（　　）班

年级：九年级   内容：直线与圆的位置关系

课型：中考单元复习课   执笔：杨子廷

审核：赖海燕　魏国良   时间：_____年____月____日

【学习目标】

通过对直线和圆的位置关系的复习，巩固和掌握直线和圆的位置关系的判断方法及切线的判定和性质，切线长定理的运用以及三角形内切圆相关知识，并灵活运用所学知识解决实际问题。

【学习重点】

直线和圆的位置关系的判断方法及切线的判断和性质。

【学习难点】

能运用切线的判断和性质解决问题。

【复习过程】

一、课前小测

1. 已知⊙O 的半径为 5cm，圆心 O 与直线 AB 的距离为 d，根据条件填写 d 的范围：

（1）若 AB 和⊙O 相离，则_____；

（2）若 AB 和 $\odot O$ 相切，则_____；

（3）若 AB 和 $\odot O$ 有交点，则_____。

2. 在平面直角坐标系 xOy 中，以点（-3，4）为圆心，4 为半径的圆（　　）。

    A. 与 x 轴相交，与 y 轴相切于点

    B. 与 x 轴相离，与 y 轴相交

    C. 与 x 轴相切，与 y 轴相交于点

    D. 与 x 轴相切，与 y 轴相离

3. 如图 1 所示，PA 为 $\odot O$ 的切线，A 为切点，PO 交 $\odot O$ 于点 P，$PA = 4$，$PO = 5$，则 $\tan \angle APO$ 等于_____。

4. 如图 2 所示，AE、AD、BC 分别切 $\odot O$ 于点 E、D、F，若 $AD = 20$，则 $\triangle ABC$ 的周长为_____。

5. 如图 3 所示，已知 $\odot I$ 是 $\triangle ABC$ 的内切圆，$\angle A = 80°$，则 $\angle BIC$ 为_____°。

6. 如图 3 所示，已知 $\odot I$ 是 $\triangle ABC$ 的内切圆，半径是 1，$AB = 3$，$AC = 2$，$BC = 4$，则 $\triangle ABC$ 的面积为_____。

7. 如图 3 所示，已知 $\odot I$ 是 $\triangle ABC$ 的内切圆，$\angle A = 90°$，$AB = 4$，$AC = 3$，则 $\odot I$ 的半径为_____。

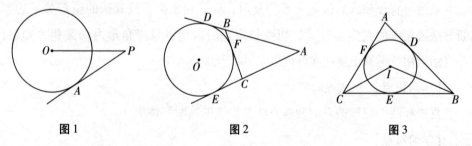

    图 1   图 2   图 3

二、知识梳理

考点1：直线与圆的位置关系有三种，分别是相交、相切、相离。设圆 O 的半径是 r，圆心 O 到直线 AB 的距离是 d，则

（1）直线与圆相离⇔_____（直线与圆没有交点）；

（2）直线与圆相切⇔_____（直线与圆只有一个交点）；

（3）直线与圆相交⇔_____（直线与圆有两个交点）。

考点2：切线的性质：

（1）切线与圆有_____个交点；

（2）圆心到切线的距离等于圆的_____；

（3）圆的切线_____过切点的半径。

考点3：切线的判定：

（1）圆心到切线的距离等于圆的_____，则此直线是圆的切线；

方法：_____。

题目特征：_____。

（2）经过半径的外端，并且垂直于这条半径的直线是圆的切线。

方法：_____。

题目特征：_____。

考点4：切线长定理： 从圆外一点可以引圆的两条切线，它们的_____相等。（这一点和圆心的连线会平分两条切线的夹角）

考点5：三角形的外心、内心（见图4）：

（1）三角形的外接圆的圆心叫作三角形的_____，它是三角形的三条_____的交点，外心到三角形的_____的距离相等。

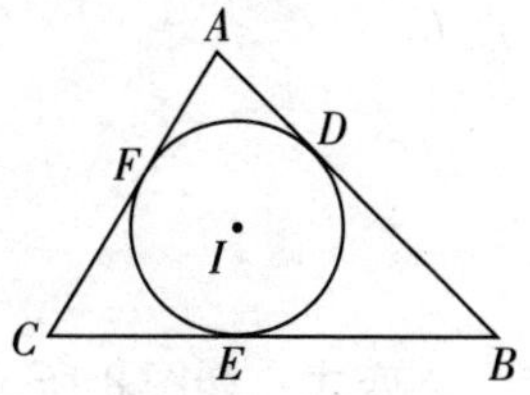

（2）三角形的内切圆的圆心叫作三角形的_____，它是三角形的三条_____的交点，内心到三角形的_____的距离相等。

图4

（3）规律清单：若⊙I 内切于△ABC，切点分别为 D、E、F，如图4所示。

① $\angle BIC = 90° + \dfrac{1}{2}\angle BAC.$

② △ABC 三边长分别为 a、b、c，⊙I 的半径 r，则有 $S_{\triangle ABC} = \dfrac{1}{2}r\ (a+b+c)$.

③ 在△ABC 中，若 $\angle ACB = 90°$，$AC = b$，$BC = a$，$AB = c$，则内切圆半径 $r = \dfrac{a+b-c}{2}$.

三、课堂练习

例1： 如图5所示，$OA = OB$，$\angle A = 30°$，$AO = 4$cm，若⊙O 的半径为2cm，那么直线 AB 是⊙O 的切线

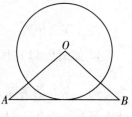

图5

吗？为什么？

变式：如图 6 所示，已知直线 AB 经过⊙O 上的点 C，并且 $OA = OB$，$CA = CB$，那么直线 AB 是⊙O 的切线吗？为什么？

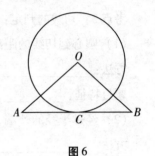

图6

例 2：如图 7 所示，过⊙O 外一点 P 引直线 PA 通过点 O，交⊙O 于 A、B 两点，点 C 在圆上，连结 BC、AC，$\angle PCA = \angle B$. 求证：PC 与⊙O 相切于点 C.

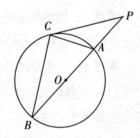

图7

变式：如图 8 所示，过⊙O 外一点 P 引直线 PA 交⊙O 于点 A、B，点 C 在圆上，交⊙O 于 A、B 两点，连结 BC、AC，$\angle PCA = \angle B$. 求证：PC 与⊙O 相切于点 C.

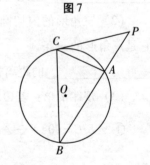

图8

四、探索拓展

1. 如图 9（1）所示，半圆 O 的外接半圆以 AC 为直径，点 D 为劣弧 $\overset{\frown}{BC}$ 上一动点，点 P 在 CB 延长线上且有 $\angle BAP = \angle BDA$.

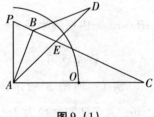

图9（1）

（1）求证：AP 为半圆 O 的切线。

（2）如图 9（2）所示，当其他条件不变，问添加一个什么条件后，有 $BD^2 = BE \cdot BC$ 成立？请说明理由。

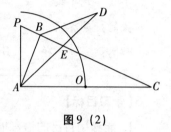

图 9（2）

（3）如图 9（3）所示，在满足（2）问的前提下，若 $OD \perp BC$ 于点 H，$BE = 2$，$EC = 4$，连结 PD，请探究四边形 $ABDO$ 是哪种特殊的四边形，并求 $\tan \angle DPC$ 的值。

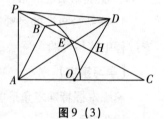

图 9（3）

五、课后小结

1. 这节课我学到了什么内容？

2. 本节课后我还有什么疑问？

设计案例十一： 等腰三角形

九（　　）班

年级：九年级　　　　内容：等腰三角形　　　课型：中考单元复习课

执笔：苏蔡丽　　　审核：林日福　魏国良

时间：_____年___月___日

【学习目标】

1. 能够用自己的语言描述特殊三角形的性质和判定，并在此基础上较全面地了解本节所学知识及数学思想方法。

2. 能根据给定的条件和特殊三角形的性质与判定得出正确的结论。

3. 能结合自己的经验，提出合适的数学问题，并在独立思考及与同伴的交流过程中获得经验。

【学习重点】

熟练掌握特殊三角形的性质与判定。

【学习难点】

灵活运用特殊三角形的相关性质与判定解决实际问题，以及对分类讨论、转化、面积法等思想方法的领悟、提炼。

【学习过程】

一、请画出等腰三角形的思维导图

二、学习小组合作交流

讨论自主复习中存在的障碍，解决自主学习中出现的问题。

1. 根据教材 P95 的第 5 题，如何求出 $\angle \alpha$ 的度数？

2. 根据教材 P96 的第 6 题，怎样证明 $\triangle DEF$ 是等边三角形？

3. 根据教材 P96 的例 1 的分类，讨论应按什么分类？

三、微专题

例1：在△ABC 中，AB = AC，

（1）如图1所示，若 AD 是△ABC 底边 BC 上的中线，你能得出什么结论？请写下来。

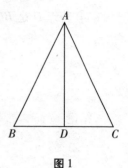

图1

（2）如图2所示，AD 是△ABC 底边 BC 上的中线，过点 D 作 DG∥AC，交 AB 于点 G，则：

① 图中共有_____个等腰三角形？

② 求证：△ADG 是等腰三角形。

证明：

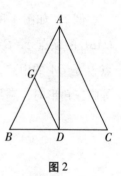

图2

③ 若 AB = 13，BC = 10，则△BDG 的周长是_____。

结论：

（3）如图3所示，①和③AD 是△ABC 底边 BC 上的中线，若过点 D 作 DE⊥ AB 于点 E，若 AB = 13，BC = 10.

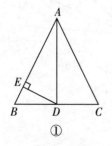
①

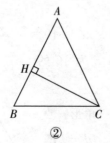
②

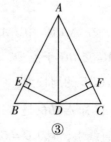
③

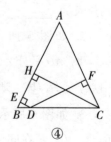
④

图3

① DE = _____；

②过点 C 作 $CH \perp AB$ 于点 H，则 $CH =$ _____；

③若再过点 D 作 $DF \perp AC$ 于点 F，则 $DE + DF =$ _____。

④若点 D 是 BC 上的动点，线段 DE 与 DF 的和与线段 CH 在长度上有什么关系？

结论：

例2：如图4所示，在平面直角坐标系中，矩形 $OABC$ 的顶点 A，C 的坐标分别为（10，0），（0，4），点 D 是 OA 的中点，点 P 在 BC 上运动。当 $\triangle ODP$ 是等腰三角形时，满足条件的 P 点有多少个？

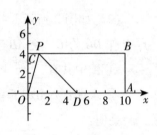

图4

四、谈谈你的收获

通过本节课的学习，你学到了什么？

五、课堂小测

1. 一个等腰三角形的两边长分别是 3 和 7，则它的周长为_____。

2. 如图 5 所示，在 $\triangle ABC$ 中，$AB = AC = 10$，$BC = 8$，AD 平分 $\angle BAC$ 交 BC 于点 D，点 E 为 AC 的中点，连结 DE，则 $\triangle CDE$ 的周长为_____。

3. 如图 6 所示，已知 $\triangle ABC$ 是等边三角形，点 B、C、D、E 在同一直线上，且 $CG = CD$，$DF = DE$，则 $\angle E =$ _____。

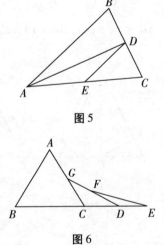

图5

图6

4. 如图 7 所示，在 △ABC 中，∠ABC 和 ∠ACB 的平分线交于点 E，过点 E 作 MN∥BC 交 AB 于点 M，交 AC 于点 N，若 BM + CN = 9，则线段 MN 的长为_____。

5. 如图 8 所示，在 Rt△ABC 中，∠C = 90°，以斜边 AB 为边向外作正方形 ABDE，且正方形对角线交于点 O，连结 OC，已知 AC = 5，OC = 6√2，则另一直角边 BC 的长为_____。

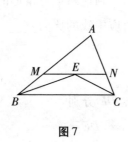
图 7

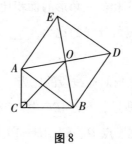
图 8

设计案例十二： 相似三角形

九（　　）班

年级：九年级　　内容：相似三角形　　课型：中考单元复习课
执笔：杨静　　审核：魏国良　　时间：_____年___月___日

【学习目标】

通过对相似三角形的复习，巩固和掌握相似三角形的判定定理和性质定理，并灵活运用所学知识解决实践问题。

【学习重点】

相似三角形的判定定理和性质定理的灵活运用。

【学习难点】

运用相似三角形的基本图形灵活解决问题。

【学习过程】

一、请画出相似三角形的思维导图

二、学习小组合作交流

讨论自主复习中存在的障碍，解决自主学习中出现的问题。

知识点1：相似三角形的性质

1. 如果两个相似三角形的面积比为 $1:4$，则这两个三角形的对应高的比为_____，对应角分线的比为_____，对应中线的比为_____，周长的比为_____。

即相似三角形对应线段的比为_____。

2. 如图1所示，在 $\triangle ABC$ 中，$DE\parallel BC$，DE 分别与 AB、AC 相交于点 D、E，$AD:AB=1:3$. 若 $DE=2$，则 $BC=$ _____。

3. 若 $\triangle ABC$ 的周长为 20cm，点 D，E，F 分别是 $\triangle ABC$ 三边的中点，则 $\triangle DEF$ 的周长为（　　）

 A. 5cm   B. 10cm

 C. 15cm   D. $\dfrac{20}{3}$cm

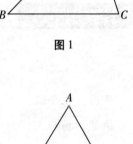

图1

4. 如图2所示，已知 $DE\parallel BC$，CD 和 BE 相交于点 O，$S_{\triangle DOE}:S_{\triangle COB}=4:9$，则 $AE:EC$ 为（　　）

 A. $2:1$ B. $2:3$

 C. $4:9$ D. $5:4$

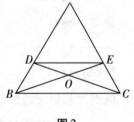

图2

5. 如图3所示，点 M 是 $\triangle ABC$ 内一点，过点 M 分别作直线平行于 $\triangle ABC$ 的各边，所形成的三个小三角形 $\triangle_1$、$\triangle_2$、$\triangle_3$（图中阴影部分）的面积分别是 4、9、49，则 $\triangle ABC$ 的面积是_____。

知识点2：相似三角形的判定

1. 下面说法错误的是（　　）

 A. 两角对应相等的两个三角形相似

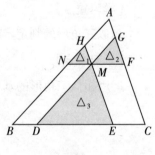

图3

B. 一锐角对应相等的两个直角三角形相似

C. 三边对应成比例的两个三角形相似

D. 两边对应成比例及一角相等的两个三角形相似

2. 如图 4 所示，_____或_____，

_____或_____，可得 △CDE 与 △CAB 相似。

3. 如图 5 所示，在 △ABC 中，∠ACB = 90°，CD ⊥ AB 于点 D，则图中相似的三角形共有_____对。

4. 如图 6 所示，AB // CD // EF，AB = 4，CD = 3，则 EF = _____。

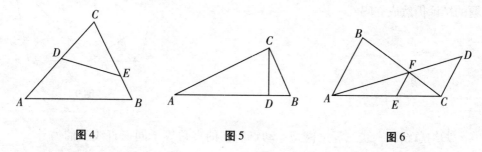

图 4　　　　　　　　　图 5　　　　　　　　　图 6

5. 请画出你所知道的所有相似三角形的基本图形，在哪些图中你可以加上圆。

（1）A 型图　　　　　（2）　　　　　（3）　　　　　（4）

（5）　　　　　（6）　　　　　（7）　　　　　（8）

三、微专题

（一）几何原型：K 字型相似基本图形

如图 7 所示，条件：B、C、E 三点共线，∠B = ∠AED = ∠C = 90°. 结论：△ABE ∽ △ECD.

证明：

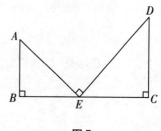

图 7

变式 1：

（1）如图 8 所示，B、C、E 三点共线，$\angle B = \angle AED = \angle C = 60°$. 求证：$\triangle ABE \backsim \triangle ECD$.

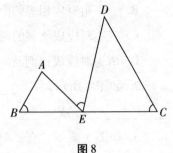

图 8

（2）如图 9 所示，$\angle B = \angle AED = \angle C$，上一问题的结论仍然成立吗？

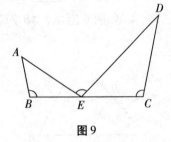

图 9

归纳总结： 一线三等角模型：动点所在的夹角等于同一直线上的另外____ ____个角，从而证得两个三角形_____。其中根据_____证明两个三角形的第 2 对角相等。

（二）基本模型应用

1. 如图 10 所示，已知等边 $\triangle ABC$ 的边长为 6，点 E 是 BC 上一动点，点 D 是 AC 上一点，且 $\angle AED = 60°$.

（1）当 $BE = 2$ 时，$DC =$ _____。

（2）设 BE 为 x，DC 为 y，求 y 与 x 的函数关系式，并写出自变量的取值范围。

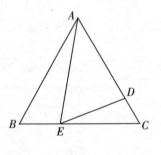

图 10

（3）在问题（2）中，当 $x =$ _____时，y 有最大值_____。

2. 如图 11 所示，已知 A (0, 2)，B (-2.0)，C (2, 0)，E 是 BC 上一动点，D 是 AC 上一点，且 $\angle AED = 45°$. 请问 E 的坐标为何值时，CD 的长度有最大值？并求 CD 的最大值。

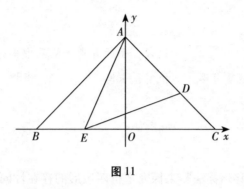

图 11

四、思维再提升

1. 如图 12 (1) 所示，点 B 为坐标原点，BC 在 x 轴上，点 A 的坐标为 (0, $2\sqrt{3}$) 且 $AD \parallel BC$，$\angle ADC = 120°$，$AD = 12$. 点 E 是 AD 上一动点，点 F 是 BC 上一点，且 $\angle BEF = 120°$.

(1) 当 E 是 AD 的中点时，求 F 的坐标；

(2) 如图 12 (2) 所示，当点 F 与点 C 重合时，求 E 的坐标。

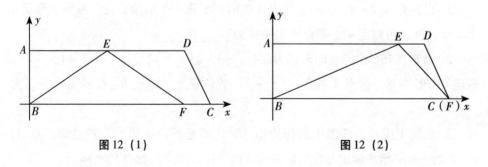

图 12 (1)　　　　　　　　　　图 12 (2)

五、课后反思

1. 这节课你有什么收获？

2. 你还有什么疑惑？

设计案例十三： 平面直角坐标系中平行四边形的存在性

九（　　）班

年级：九年级　　　　　内容：平面直角坐标系中平行四边形的存在性

课型：中考专题复习课　　执笔：朱际生　　　审核：魏国良

时间：_____年____月____日

【学习目标】

1. 学会用"平移坐标法"来探究平行四边形的存在性问题，并能用坐标表示相应的点。

2. 学会用代数的方法研究几何问题，领会转化、数形结合、分类讨论的数学思想在函数问题中的应用。

【学习重点】

学会用代数的方法研究几何问题，领会数形之间的联系。

【学习难点】

用"平移坐标法"求点的坐标。

【学习过程】

一、学前准备

1. 已知点 A（-4，-6），将点 A 先向右平移 4 个单位长度，再向上平移 6 个单位长度，得到点 A'，则点 A' 的坐标为_____。

2. 已知 $\triangle ABC$ 中三点的坐标为，A（-3，2），B（1，1），C（-1，-2），现将 $\triangle ABC$ 平移，使点 A 到点（1，-2）的位置上，则点 B，C 的坐标分别为_____，_____。

3. 如图 1 所示，各图中的四边形 $ABCD$ 都是平行四边形，若已知三点 A、B、C 的坐标，请先画出相应的辅助线，然后标出相应的点 D 的坐标。

4. 存在性问题定性分类为_____和_____。定量分类为_____和_____等。

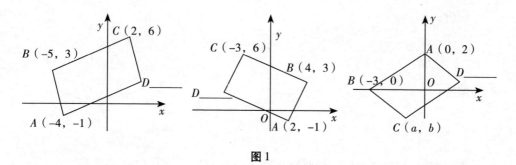

图1

二、交流互动、探求新知

导入：如图2所示，已知三点 A、B、C，在平面内是否存在一点 P，使得以 A、B、C、P 为顶点的四边形为平行四边形？

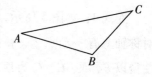

图2

变式1：已知 A、B、C 三点在平面直角坐标系中的坐标如图3所示，在平面内是否存在一点 P，使得以 A、B、C、P 为顶点的四边形为平行四边形？若存在，求出点 P 的坐标。

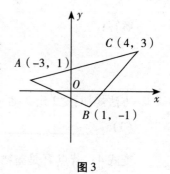

图3

变式2：如图4所示，已知抛物线 $y = x^2 - 2x - 3$ 与 x 轴交于 A、B 两点，与 y 轴交于点 C，抛物线的顶点为 M，经过点 M、C 两点作直线与 x 轴交于点 N.

在抛物线上是否存在一点 P，使得以点 P、A、C、N 为顶点的四边形为平行四边形？若存在，求出点 P 的坐标；若不存在，请说明理由。

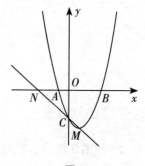

图4

解析:

解答:

方法规律:"3定1动"型解题步骤:(1) _____;(2) _____;
(3) _____。

变式3:如图5所示,若抛物线 $y = x^2 - 2x - 3$ 的
对称轴上有一动点 G,在抛物线上是否存在一点 P,
使得以 P、N、C、G 为顶点的四边形为平行四边形?
若存在,求出点 P 的坐标,若不存在,请说明理由。

解析:

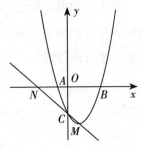

图5

解答:

方法规律:"2定2动"型解题步骤:(1) _____;(2) _____;
(3) _____;(4) _____。

变式4:若点 P 是抛物线 $y = x^2 - 2x - 3$ 上的动点,在抛物线 $y = -\dfrac{1}{2}x^2 + 1$

上是否存在点 F,使得以 B、C、P、F 为顶点的四边形为平行四边形?

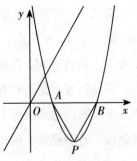

三、当堂训练

1. 如图6所示,已知抛物线 $y = \dfrac{\sqrt{3}}{2}x^2 + bx + 6\sqrt{3}$ 经

过点 A(2,0),设顶点为点 P,与 x 轴的另一交点为

图6

点 B.

（1）求 b 的值和点 P、点 B 的坐标；

（2）如图 6 所示，在直线 $y = \sqrt{3}x$ 上是否存在点 D，使得以 O、P、B、D 为顶点的四边形是平行四边形？若存在，求出点 D 的坐标；若不存在，请说明理由。

四、学后反思

用"平移坐标法"解平行四边形存在性问题回避了对复杂图形的相互关系的分析。用平移直线的方法求出第四个点的坐标，跨越了复杂的推理过程，而且无论动点在哪几条曲线上，都可以进行探索，这是以不变应万变。

五、自我检测

1. 如图 7 所示，已知二次函数 $y = x^2 + x - 2$ 的图象与 x 轴交于点 A 和点 B，与 y 轴交于点 C.

探究：在直线 $y = x + 3$ 上是否存在一点 P，使得以 P、A、C、B 为顶点的四边形是平行四边形？若存在，求出点 P 的坐标；若不存在，请说明理由。

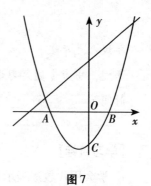

图7

2. 如图 8 所示，在直角坐标系中，已知矩形 AB-CD 的三个顶点 B（1，0），C（3，0），D（3，4）. 以 A 为顶点的抛物线 $y = ax^2 + bx + c$ 过点 C，动点 P 从点 A 出发，沿线段 AB 向点 B 运动。同时动点 Q 从点 C 出发，沿线段 CD 向点 D 运动。点 P、Q 的运动速度均为每秒 1 个单位。运动时间为 t 秒，过点 P 作 PE⊥AB 交 AC 于点 E.

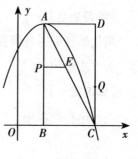

图8

（1）点 A 的坐标为_____，求出抛物线的解析式；

（2）在动点 P、Q 运动的过程中，当 t 为何值时，在矩形 $ABCD$ 内（包括边界）存在点 H，使以 C、Q、E、H 为顶点的四边形为菱形？请写出 t 的值。答：$t=$_____。

六、反思回顾

1. 这节课你学到了什么？

2. 有什么收获？对于"平行四边形的存在性"问题，你还有什么疑惑吗？

设计案例十四： 函数图像中动点与图形面积

九（ ）班

年级：九年级　　　　　　　　内容：函数图像中动点与图形面积

课型：中考专题复习课　　　　执笔：朱际生　　　审核：魏国良

时间：_____年____月____日

【学习目标】

1. 学会用代数法表示与函数图像相关的几何图形的面积，并能用函数图像的性质解决相关问题。

2. 领会转化数形结合、分类讨论的数学思想在函数问题中的应用。

【学习重点】

用代数法表示与函数图像相关的几何图形的面积及解决"动点面积"问题的一般方法规律。

【学习难点】

点的坐标的求法。

【学习过程】

一、学前准备

1. 有关几何图形的面积计算公式

三角形的面积计算公式：_____

长方形的面积计算公式：_____

平行四边形的面积计算公式：_____

梯形的面积计算公式：_____

2. 已知：直线 L_1 : $y = k_1 x + b_1$ ，直线 L_2 : $y = k_2 x + b_2$.

若 $L_1 /\!/ L_2$ ，则 k_1 ，k_2 的关系为_____。

若 $L_1 \perp L_2$ ，则 k_1 ，k_2 的关系为_____。

3. 函数

（1）二次函数的一般式：_____；顶点式：_____；交点式：_____。

（2）二次函数 $y = ax^2 + bx + c$ 的顶点坐标：_____；与 x 轴、y 轴的交点坐标分别是_____。

（3）已知 $A\,(x_1，y_1)$，$B\,(x_2，y_2)$，则 A，B 两点间的距离 $|AB| = $_____。

4. 基础演练

（1）如图 1 所示，直线 $y = -3x + 6$ 的图像与坐标轴交于 A、B 两点，则 $S_{\triangle ABO}$ 是_____。

（2）如图 2 所示，二次函数 $y = -x^2 + 2x + 3$ 的图像交 x 轴于 A、B 两点，交 y 轴于点 C，则 $S_{\triangle ABC}$ 为_____。

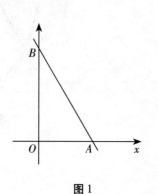

图 1

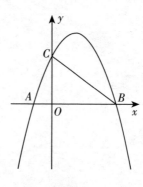

图 2

二、"函数中动点与图形面积"试题解析

例题：如图 3 所示，已知抛物线 $y = x^2 + 3x - 4$ 与 x 轴交于 A、B 两点，与 y 轴交于点 C，直线 $y = 2x + 2$ 与抛物线交于 D、E.

（1）求 D、E 两点的坐标；

（2）连结 DC，CE，求 $S_{\triangle CDE}$.

解析：

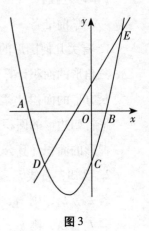

图 3

解答：

方法规律：

变式 1：如图 4 所示，若抛物线的顶点为 P，求 $S_{\triangle PDE}$.

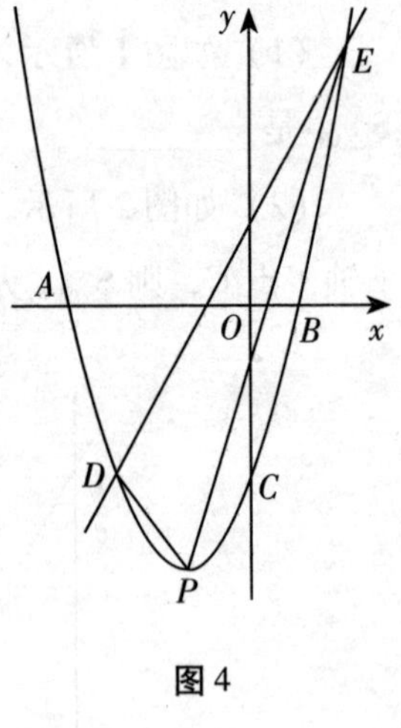

解析：

解答：

方法规律：

图 4

变式2：如图5所示，若 P 是线段 DE 上的一点，且使得 $S_{\triangle PCD} : S_{\triangle PCE} = 2 : 3$，求此时 P 点的坐标。

解析：

解答：

方法规律：

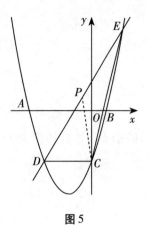

图5

变式3：如图6所示，直线 DE 上方抛物线上是否存在一点 P，使得 $S_{\triangle PDE} = \dfrac{8}{5} S_{\triangle DEC}$？若存在，求出点 P 的坐标，若不存在，请说明理由。

解析：

解答：

方法规律：

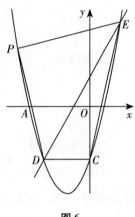

图6

变式4：如图7所示，若 P 是直线 DE 下方抛物线上的动点，求 $S_{\triangle PDE}$ 的最大值及点 P 的坐标。

解析：

解答：

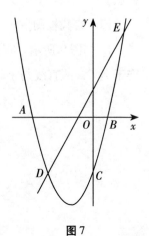

图7

方法规律：

变式 5：如图 8 所示，若 P 是直线 DE 下方抛物线上的动点，求四边形 $PDAE$ 面积的最大值及点 P 的坐标。

解析：

解答：

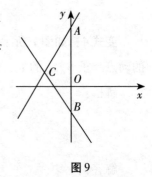

图 8

方法规律：

三、学后反思

归纳"函数中动点与图形面积"试题解析的一般规律：这类问题的解题特征是以静代动。首先找出面积关系的函数解析式，然后用代数式表示出相关的线段的长度，若是规则图形则套用公式或用割补法，若为不规则图形则用割补法。

四、自我检测

1. 如图 9 所示，直线 $y = 2x + 3$ 与直线 $y = -2x - 1$ 交于点 C，两直线与 y 轴分别交于 A、B 两点．则 $S_{\triangle ABC}$ = _____。

图 9

2. 如图 10 所示，经过 x 轴正半轴上的任意一点 P，作 y 轴的平行线，分别与反比例函数 $y = -\dfrac{6}{x}$ 和 $y = \dfrac{4}{x}$ 的图像交于 A、B 两点，若点 C 是 y 轴上任意一点，连结 AC、BC，则 $S_{\triangle ABC} = $ _____。

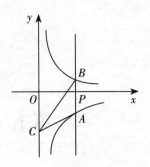

图 10

3. 如图 11 所示，抛物线 $y = \dfrac{1}{2}x^2 - \dfrac{3}{2}x - 2$ 的图像与 x 轴交于 A、B 两点，与 y 轴交于 C 点，若点 M 是线段 BC 下方的抛物线上一点，求 $S_{\triangle ABC}$ 的最大值，并求出此时 M 点的坐标。

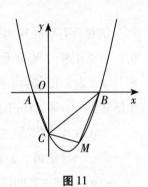

图 11

五、反思回顾

1. 这节课你学到了什么？

2. 有什么收获吗？对于"函数中动点与图形面积"问题，你还有什么疑惑吗？

第五章　试卷讲评课教学设计

　　试卷具有巩固知识技能，检测教与学状况，调整教学进度等功能，而试卷讲评着重于复习巩固所学知识，加深学生的理解，澄清学生的模糊认识，以查漏补缺；着力拓宽学生问题解决的思路，揭示内蕴于问题中的思想方法，提升学生解题能力。试卷评讲主要落实两个环节：典型错误的分析，典型试题的拓展。

　　step 1：以测试学生的真答题卷引入，学生每人 20 份，要求学生现场设计《学讲练》（30 分钟）。

　　step 2：学生之间以合作学习小组为单位互相交流（20 分钟）。

　　step 3：各小组推荐一名代表汇报本小组的交流成果（20 分钟）。

　　step 4：观摩试卷讲评课例视频（或 ppt 课件演示）（30 分钟）。

　　step 5：授课教师结合课例讲解试卷讲评课教学的一般模式（60 分钟）：

　　（1）前期准备：收集试题（错误典型的题，矫正多次的题，教学盲区的题，独特解法的题）；分析错误原因并归类，研究试题拓展（一题多解、一题多变、多题归一）。⎫可借助评卷系统平台获取相关数据

　　（2）课前分发试卷、考情通报→数据分析、评价重在表扬优生，激励进步生，让学生树立自信心。

　　（3）学生自己阅卷，找出错误，小组自评纠错⎧个别问题个别解决。⎨小型问题小型解决。⎩得分率在 71%～80%。

（4）典型问题归类讲解（得分率在 50% 左右的题）$\begin{cases} \text{错在哪里？} \\ \text{为什么错？} \\ \text{正确思想。} \end{cases}$

（5）将典型问题分类，并追加补偿练习。

（6）典型试题的解析与延伸$\begin{cases} \text{形成解题经验、方法。} \\ \text{得分率在 20% 以下的难题让优生尝试解决。} \\ \text{利用参考答案解决。} \end{cases}$

设计案例十五： 折叠问题、"羊吃草"问题、平行线与角平分线、动态问题

九（　　）班

年级：九年级　　　内容：期中试卷讲评　　　课型：试卷讲评课

执笔：李瑛　　　审核：魏国良　　时间：_____年____月___日

【学习目标】

1. 复习巩固所学知识，加深学生对试卷中知识的理解，澄清学生的模糊认识，查漏补缺。

2. 着力拓宽问题解决的思路，揭示内蕴于问题中的思想方法，提升解题能力。

【学习重点】

典型错误的分析，典型试题的追加补偿练习。

【学习难点】

折叠问题、"羊吃草"问题、平行线与角平分线、动态问题的拓展。

【学习过程】

一、你做错的题目和错的原因分析

_____

_____

二、小组自评纠错

三、教师点评

四、典型问题归类精讲

1. 折叠问题

（1）如图 1 所示，矩形纸片 *ABCD*，*M* 为 *AD* 边的中点，将纸片沿 *BM*、*CM* 折叠，使 *A* 点落在 A_1 处，*D* 点落在 D_1 处，若 $\angle BMA_1 = 40°$，则 $\angle BMC$ = （　　）。

A. 135°   B. 120°

C. 100°   D. 110°

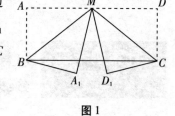

图 1

（2）（2009 年衡阳市）如图 2 所示，矩形纸片 *ABCD* 中，*AB* = 4，*AD* = 3，折叠纸片使 *AD* 边与对角线 *BD* 重合，折痕为 *DG*，则 *AG* 的长为（　　）。

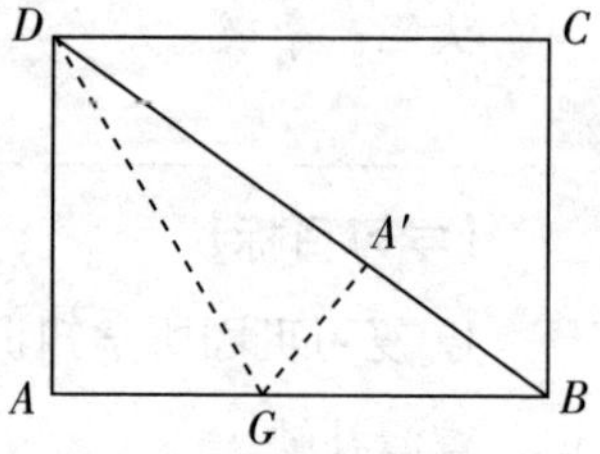

A. 1   B. $\dfrac{4}{3}$

C. $\dfrac{3}{2}$ D. 2

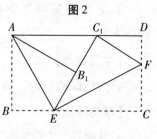

图 2

（3）（2009 年仙桃）如图 3 所示，将矩形纸片 *ABCD* 按如图所示的方式折叠，*AE*、*EF* 为折痕，$\angle BAE = 30°$，$AB = \sqrt{3}$，折叠后，点 *C* 落在 *AD* 边上的 C_1 处，并且点 *B* 落在 EC_1 边上的 B_1 处，则 *BC* 的长为（　　）。

A. $\sqrt{3}$ B. 2

图 3

C. 3   D. $2\sqrt{3}$

方法归纳：_____。

2. "羊吃草"问题

（1）（2008 年深圳中考）如图 4 所示，要在街道旁修建一个奶站，向居民区 A、B 提供牛奶，奶站应建在什么地方，才能使从 A、B 到它的距离之和最短？小聪根据实际情况，以街道旁为 x 轴，建立了如图 4 所示的平面直角坐标系，测得 A 点的坐标为（0，3），B 点的坐标为（6，5），则从 A、B 两点到奶站距离之和的最小值是_____。

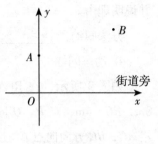

图 4

（2）如图 5 所示，若正方形 $ABCD$ 的边长为 4，$BE = 1$，在 AC 上找一点 P，使 $PE + PB$ 的值最小，最小值是（   ）。

A. 3   B. 24

C. 5   D. 6

方法归纳：_____。

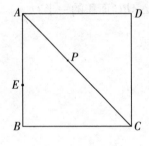

图 5

3. 平行线与角平分线

（1）如图 6 所示，$\triangle ABC$ 中，$AB = 10$cm，$AC = 8$cm，$\angle ABC$ 和 $\angle ACB$ 的角平分线交于点 O，过点 O 作 BC 的平行线 MN 交 AB 于点 M，交 AC 于点 N，则 $\triangle AMN$ 的周长为（   ）。

A. 10cm   B. 28cm

C. 20cm   D. 18cm

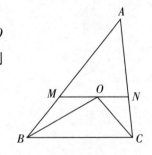

图 6

（2）如图 7 所示，$\square ABCD$ 中，$\angle B$ 的平分线 BE 交 AD 于 E，若 $AE = 3$cm，$ED = 2$cm，则 $\square ABCD$ 的周长为_____。

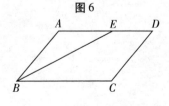

图 7

（3）（2008 年恩施州）如图 8 所示，在 $\Box ABCD$ 中，$\angle ABC$ 的平分线 BE 交 CD 于点 E，$\angle ADC$ 的平分线 DF 交 AB 于点 F. 试判断 AF 与 CE 是否相等，并说明理由。

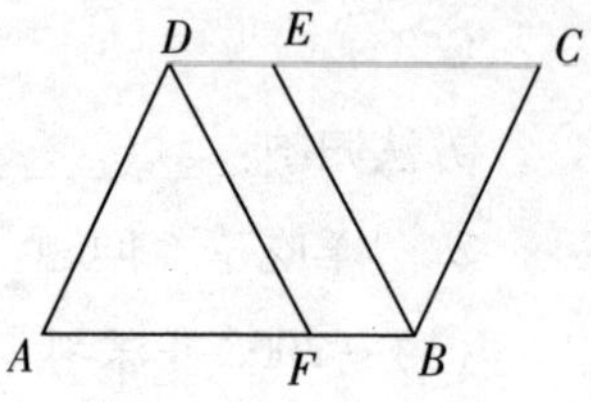

方法归纳：_____。

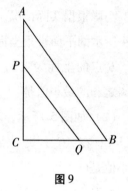

图 8

4. 动态问题

如图 9 所示，在 Rt△ABC 中，$\angle C = 90°$，$AC = 8m$，$BC = 6m$，点 P、Q 同时分别从 A、B 两点出发，沿 AC，BC 方向向点 C 匀速运动（到点 C 为止），他们的速度都是 1m/s，经过几秒后 Rt△PCQ 的面积是 △ABC 面积的一半？

图 9

第六章　活动课教学设计

　　教学活动课是教材中的"综合与实践"，是以学生的兴趣和需要为主要依据，在教师指导下，学生通过自主活动，以获得直接经验和实践能力为主的课程。活动课程强调"做"的体验，让学生在"做"中学，在"做"中发现问题，提出问题假设，并进行实验证明，最后形成结论。

　　数学活动课的教学组织形式有以下七种：数学兴趣小组、数学讲座、数学游戏、数学故事、数学探究、课外阅读、数学竞赛，每种形式都应有独具特色的教学设计。

　　step 1：以"利用几何画板探究距离最短问题"引入，要求学生现场设计"距离最短问题"，如水泵站问题、将军牵马饮水问题、法格勒格问题、费马点问题等（30分钟）。

　　step 2：学生之间以合作学习小组为单位互相交流（20分钟）。

　　step 3：各小组推荐一名代表汇报本小组的交流成果（20分钟）。

　　step 4：观摩"距离最短问题"的课例视频（或ppt演示）（30分钟）。

　　step 5：授课教师结合课例讲解活动课教学设计的一般模式（60分钟）：

（1）宣布活动课题。

（2）以小组为单位获得活动任务→老师准备任务单、工作纸或实验报告单。

（3）学生之间以小组自主活动，完成任务。

（4）小组派代表展示活动成果。

（5）教师进行活动总结，提炼方法、规律，推广优秀成果。

四、考核要求

学生根据教材中的"综合与实践"材料，设计一节数学活动课《学讲练》（电子版），附上 PPT 演示课件。

设计案例十六：九年级上册《猜想、证明与拓广》

步骤	内容
一、学习价值分析	1. 让学生体会分类讨论思想，由一般到特殊、特殊到一般，数形结合的思想； 2. 培养学生的推理能力和探究能力。
二、学习内容分析	本节课设计了五个教学环节，第一环节：提出问题，猜想探究；第二环节：思维拓广，证明猜想；第三环节：问题拓广，自主探究；第四环节：总结反思，方法提炼；第五环节：布置作业，巩固所学。
三、学习任务分析	通过一系列具体的问题逐渐展开猜想、证明与拓广，引导学生分类研究，先考察一些简单的、特殊的情形，发现一些规律后再讨论一般情况。在此过程中让学生不断体会由一般到特殊的探究问题的思想，寻求一般性的解决方法，培养学生直观"判断"和正确"猜想"，并配合一定的形式说理，在交流个人想法中拓展思维。猜想要"检验是否存在"，接着由"特殊到一般"给出一般性的证明，再由"倍增"到"减半"的"拓广"，总结获得的数学知识和策略性的经验，发展学生的推理能力和探究能力。教学突出学生的自主探索、合作交流，协助学生自行找到解决问题的方法。
四、学习者分析	学生的知识技能基础：学生在经历了证明一、证明二以及特殊四边形的学习后，积累了一定的经验思想和方法，具备了几何证明及探究的能力；在九年级上册的第二章学习了一元二次方程后，学生会利用根的判别式判断根的情况，并且积累了运用一元二次方程解决几何问题的实际经验。

步骤	内容
五、学习目标精准描述	1. 通过创设问题情境，让学生经历猜想、证明、拓广的过程，增强问题意识和自主探索意识，获得探索和发现的体验； 2. 在探究过程中，感受由特殊到一般、数形结合的思想方法，了解知识之间的内在联系，理解证明的必要性； 3. 在合作交流中扩展思路，提高学生的推理能力。
六、课堂评估	1. 通过巡视、小组展示，评估学生是否能根据问题情境，猜想探究； 2. 学生独立证明猜想。通过每组批改一人升级为小老师，组内互批、互教，完成组内人人过关的方式评估学生是否有思维上的拓广； 3. 通过全班交流归纳评估学生对证明猜想的理解情况，通过对子互说的方式固化，通过抽查检查固化猜想证明。
七、教学过程整体设计	第一环节：提出问题，猜想探究。 问题（1）：任意给定一个正方形，是否存在另一个正方形，它的周长和面积分别是已知正方形周长和面积的2倍？ 教学策略：提出问题后引导学生思考，学生会出现三种解决问题的思路：① 先从具体情况入手研究，得到一个猜想，然后再拓展到一般情况进行证明；② 因为问题比较简单，有的学生可能直接进行一般情况的证明；③ 由于任意两个正方形都是相似的，周长比等于相似比，面积比等于相似比的平方，所以周长比和面积比不可能同时为2，因此这样的正方形不存在。这三种解决问题的方法都应该给予肯定和表扬。 解：设给定的正方形的边长为 a，则其周长为 $4a$，面积为 a^2，周长扩大两倍后为 $8a$，则其边长应为 $2a$，此时面积应为 $4a^2$，它不是已知给定的正方形面积的2倍，所以不存在这样的正方形。或是先设面积扩大为原来的两倍为 $2a^2$，则边长应为 $\sqrt{2}a$，此时周长应为 $4\sqrt{2}a$，不是 $4a$ 的两倍，所以无论从哪个角度考虑，都不存在这样的正方形。 问题（2）：任意给定一个矩形，是否存在另一个矩形，它的周长和面积分别是已知矩形周长和面积的2倍？ 教学策略：由问题（1）的研究中，学生能够顺理成章地从两个角度进行思考，一个是从特殊到一般的思想，一个是直接对一般情况进行证明的思想，但是问题（2）较问题（1）直接证明难度大，所以要引导学生先从特殊情况入手，得到一个猜想后，再进行一般情况的证明，这样在具体问题的解决过程中，会给学生一些启示，有助于学生在一般情况下的证明思路的形成。

步骤	内容
七、教学过程整体设计	先给学生一组特例进行研究： 如果已知矩形的长和宽分别为 2 和 1，结论会怎样呢？你是怎么做的？有三种思路可以选择：① 先固定所求矩形的周长，设另一个矩形的长为 x，将问题化为方程 $x(6-x)=4$ 是否有解的问题；② 先固定所求矩形的面积，设另一个矩形的长为 x，将问题转化为方程 $x+4/x=6$ 是否有解的问题；③ 根据已知矩形的长和宽分别为 2 和 1，可知其周长和面积分别为 6 和 2，所求矩形的周长和面积同时扩大 2 倍后应分别为 12 和 4，设其长和宽分别为 x 和 y，则得方程组 $x+y=6$，$xy=4$，接着讨论它的解是否符合题意。 然后引导学生再通过几组特例的研究，发现存在这样的矩形，于是得到一个猜想，从而将探究活动推向第二环节，将学生的思维逐渐推向高潮。 第二环节：拓展思维，证明猜想。 当已知矩形的长和宽分别为 n 和 m 时，是否仍然有相同的结论？ 解：当已知矩形的长和宽分别为 n 和 m 时，可知其周长和面积分别为 $2(m+n)$ 和 mn，所求的矩形周长和面积为 $4(m+n)$ 和 $2mn$. 设所求矩形的长为 x，那么宽为 $2(m+n)-x$，根据题意，得 $x[2(m+n)-x]=2mn$. 整理得 $x^2-2(m+n)x+2mn=0$，解得 $x_1=n+m+\sqrt{n^2+m^2}$，$x_2=n+m-\sqrt{n^2+m^2}$，经检验，x_1，x_2 符合题意，所以存在这样一个矩形。 于是得到结论：任意给定一个矩形，一定存在另一个矩形，它的周长和面积分别是已知矩形周长和面积的 2 倍。 引导学生继续将问题向纵深拓展：既然存在倍增关系的矩形，那么是否存在减半的矩形呢？ 第三环节：问题拓广，自主探究。 问题（3）（由学生提供）：任意给定一个矩形，是否一定存在另一个矩形，它的周长和面积分别是已知矩形周长和面积的一半？ 教学策略：此问题提出后，学生也会有两种解决问题的思想，一种就是顺承上面问题的解决思路完成此题的探究过程，另一种也可能会有小明一样的想法。若是学生中未出现小明的思路，则让学生阅读课本，然后判断小明的想法是否正确。此问题要求学生在自主探究的基础上，小组合作细化完成解答过程。 学生通过对如上问题的探究：发现当已知矩形的长和宽为 2 和 1，3 和 1，4 和 1，5 和 1 时，都不存在周长和面积是已知矩形的周长和面积的一半的矩形。

续 表

步骤	内容
七、教学过程整体设计	于是就可能会得到一个猜想：一定不存在这样减半的矩形。 下面进行一般情况下的对猜想的证明．设已知矩形的长和宽分别为 n，m，所求矩形的长为 x，那么有 $x\left(\dfrac{1}{2}(n+m)\right)=\dfrac{1}{2}mn$，得到一元二次方程的根的判别式 $b^2-4ac=\dfrac{1}{2}n^2+\dfrac{1}{4}m^2-\dfrac{3}{2}mn=\dfrac{1}{4}(n^2+m^2-6mn)$．而此时 n^2+m^2-6mn 不总是大于 0 的，也不总是小于 0 的，于是此题的结论：这样的矩形不是一定不存在，而是有选择性的存在；当 $n^2+m^2-6mn\geq 0$ 时，这样的矩形存在，而当 $n^2+m^2-6mn\leq 0$ 时，这样的矩形不存在。 并请学生举几个存在的特例，让学生更直观的感受一下这个结论。 第四环节：总结反思，方法提炼。 （1）本节课的问题解决综合运用了所学知识，了解了知识之间的内在联系。 （2）本节课学习的数学方法：猜想、证明、拓广，感受由特殊到一般、数形结合的思想方法，体会证明的必要性。 （3）一个几何存在性问题，可以转化为方程是否有解的问题，两种列方程的思路源于优先"固定"所求矩形的周长或优先"固定"所求矩形的面积，同时也让学生知道同一个问题存在不同的解决方法，有助于开阔学生的视野。
八、知识点微设计	主要介绍重点难点和创新设计。 重点：经历猜想、证明、拓广的"数学化"的过程，获得探索和发现的体验，体现归纳、综合和拓展，掌握处理问题的策略和方法。 难点：在问题解决过程中的策略和方法。
九、成品	问题（1）：任意给定一个正方形，是否存在另一个正方形，它的周长和面积分别是已知正方形周长和面积的 2 倍？（不存在） 问题（2）：任意给定一个矩形，是否存在另一个矩形，它的周长和面积分别是已知矩形周长和面积的 2 倍？（存在） 问题（3）：任意给定一个矩形，是否一定存在另一个矩形，它的周长和面积分别是已知矩形周长和面积的一半？（有选择性存在）
十、课后作业	1. 181 页 1，2，3. 2. 写篇小论文，把课题学习探索的过程和探索得到的结果及你的感受体验整理成数学小论文。

参考文献

[1] ［美］Bruce Joyce，Marsha Well，Emily Calhoun. *Model of Teaching*［M］. 北京：中国轻工业出版社，2011.

[2] 罗增儒. 中学数学解题的理论与实践［M］. 南宁：广西教育出版社，2008.

[3] 马明. 马明数学教育文集［M］. 北京：首都师范大学出版社，1994.

[4] 张奠宙. 数学素质教育教案精编［M］. 北京：中国青年出版社，2000.

[5] 陈宏伯. 初中数学典型课示例［M］. 北京：教育科学出版社，2001.

[6] 邱卫平. 解小题亦须深究［M］. 贵阳：贵州科技出版社，2012.

[7] 章飞. 数学教学设计的理论与实践［M］. 南京：南京大学出版社，2009.

[8] 张顺燕. 数学的源与流［M］. 北京：高等教育出版社，2003.

[9] 马复. 义务教育教科书七、八、九年级《数学》［M］. 北京：北京师范大学出版社，2013.

第二篇

让教研论文为课堂教学探新路

第一章　教材问题探究

一道数学应用问题的多种解法（初一、初二、初三）

人教版九年义务教育初中代数课本中有这样一个问题：一个两位数，十位上的数比个位上的数小1，十位与个位上的数的和是这个两位数的 $\dfrac{1}{5}$，求这个两位数。

这是一个十分有趣的数字问题，我们先介绍课本上的分析。

这道题含有这样一个相等关系：

$$十位上的数 + 个位上的数 = \dfrac{1}{5} \times 两位数 \tag{1}$$

设十位上的数为 x，再分析上述相等关系便可得到下表：

左边	右边
设十位上的数为 x，个位上的数为 $x+1$，它们的和为 $x+(x+1)$	这个两位数为 $10x+(x+1)$，它的 $\dfrac{1}{5}$ 等于 $x+(x+1)$

由此我们得到：

解法1：设十位上的数为 x，由题意可得 $x+(x+1) = \dfrac{1}{5}\left[10x+(x+1)\right]$，解这个方程，得 $x=4$. 于是个位上的数是 $x+1=5$，所以两位数为45.

解法2：设个位上的数为 x，由题意可得 $x+(x-1) = \dfrac{1}{5}\left[10(x-1)+x\right]$，解这个方程，得 $x=5$. 于是十位上的数是 $x-1=4$，所以两位数为45.

当然，我们可以直接设这个两位数为 x，同样利用（1）来列方程。

解法3：设这个两位数为 x，由题意可知 $x-1$ 仍是一个两位数，且个位上的数与十位上的数相同，$\dfrac{x-1}{11}$ 为所求两位数十位上的数，$\dfrac{x-1}{11}+1$ 是它在个位上的

数，所以 $\dfrac{x-1}{11}+\left(\dfrac{x-1}{11}+1\right)=\dfrac{1}{5}x.$

解这个方程，得 $x=45$，即所求两位数为 45.

类似的解法，有：

解法 4：设这个两位数为 x，由题意可得 $\dfrac{x+10}{11}+\left(\dfrac{x+10}{11}-1\right)=\dfrac{1}{5}x$，解得

$x=45.$

下面的解法则更简捷：

解法 5：设这个两位数为 x，由于十位上的数比个位上的数小 1，那么它的

十位数字为 $\dfrac{1}{2}\left(\dfrac{1}{5}x-1\right)$，个位数字为 $\dfrac{1}{2}\left(\dfrac{1}{5}x+1\right)$，则 $10\times\dfrac{1}{2}\left(\dfrac{1}{5}x-1\right)+\dfrac{1}{2}$

$(x+1)=x$，解得 $x=45.$

我们还可以视个位数与十位数的和为未知数来求解。

解法 6：设这个两位数的个位数和十位数的和为 x，由题意可得 $x=\dfrac{1}{5}$

$\left[10\dfrac{(x-1)}{2}\dfrac{(x+1)}{2}\right].$

解这个方程，得 $x=9$，故所求两位数为 $5x=45.$

前面的几种解法都是利用（1）来列方程求解的．而下面的解法 7 和解法 8 则从整数本身的内在规律出发，其思路更为广阔。

解法 7：由条件可知：十位与个位上的数之和是这个两位数的 $\dfrac{1}{5}$，即这个两

位数能被 5 整除，而被 5 整除的两位数的末尾只能是 0 或 5，显然末尾（个位

数）不等于 0，故个位数字为 5，从而得出十位数字为 4，即所求两位数为 45.

解法 8：我们从分类思想出发，显然符合题设第一个条件的两位数有 12，
23，34，45，56，67，78，89，而同时符合题设第二个条件的两位数只有 45，
故所求两位数只有 45.

上述数字问题，由于整数本身的内在规律或思考途径不同，我们得到了许
多不同的解法。通过探求一题多解，不但使我们的"双基"得到了训练和落实，
而且也使我们从中提高了能力，开发了智力。

练习：

（1）一个两位数，个位上的数是十位上的数的 2 倍，如果把个位与十位上的数对调，那么所得到的两位数比原来的两位数大 36，求原来的两位数。

（2）一个三位数，三个数位上的数的和是 17，百位上的数比十位上的数大 7，个位上的数是十位上的数的 3 倍，求这个三位数。

（本文发表于《数理天地》1998.3）

中考题中的抛物线与三角形

将抛物线与三角形结合是一类综合性较强的问题，它在中考数学试题中常常出现。本文试归纳这类试题的基本类型。

一、交点三角形

如图 1 所示，设 A 为 $(x_1, 0)$，B 为 $(x_2, 0)$，C 为 $(0, c)$，设抛物线为 $y = ax^2 + by + c$.

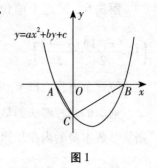

图 1

$a \underline{\hspace{2cm}} 0$

$b \underline{\hspace{2cm}} 0$

$c \underline{\hspace{2cm}} 0$

$\Delta \underline{\hspace{2cm}} 0$

$$\begin{cases} x_1 + x_2 = -\dfrac{b}{a} \underline{\hspace{2cm}} 0 \\ x_1 \cdot x_2 = \dfrac{c}{a} \underline{\hspace{2cm}} 0 \end{cases}$$

$$|AB| = |x_1 - x_2| = \sqrt{(x_1 + x_2)^2 - 4x_1 x_2} = \frac{\sqrt{b^2 - 4ac}}{|a|} \quad |OC| = \underline{\hspace{2cm}}$$

$$S_{\triangle ABC} = \frac{1}{2}|AB| \cdot |OC|$$

$$= \underline{\hspace{3cm}}$$

$$= \underline{\hspace{3cm}}$$

若 $\angle ACB = 90°$，且 $\triangle ABC$ 中 $OC \perp AB$，可运用射影定理 $\underline{\hspace{3cm}}$。

例1：如图 2 所示，已知一个二次函数的对称轴是直线 $x = 1$，图象上最低点 P 的纵坐标是 -8，图象经过点（-2，10）且与 x 轴交于点 A、B，与 y 轴交于点 C，求 $\triangle ABC$ 的面积。

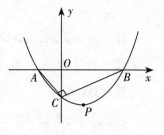

图 2

解：设二次函数解析式是 $y = a(x-1)^2 - 8$

据题意，得

$\left. \begin{array}{l} y = a\ (x-1)^2 - 8 \\ x = -2\ 时，y = 10 \end{array} \right\} \Rightarrow 10 = a(-2-1)^2 - 8 \Rightarrow a = 2$

$\therefore\ y = 2(x-1)^2 - 8 = 2x^2 - 4x - 6$

设 A 为（x_1，0），B 为（x_2，0），C 为（0，c），$x_1 + x_2 = 2$，$x_1 \cdot x_2 = -3$

$|AB| = |x_1 - x_2| = \sqrt{(x_1 + x_2)^2 - 4x_1 x_2} = \sqrt{(2)^2 - 4 \times (-3)} = 4$

如图 2 所示，已知抛物线 $y = 2x^2 - 4x - 6$ 与 x 轴交于 A、B 两点，交 y 轴负半轴于 C 点，$\angle ACB = 90°$，且 $\dfrac{1}{|OA|} - \dfrac{1}{|OB|} = \dfrac{2}{|OC|}$，求 $\triangle ABC$ 外接圆的面积。

$x = 0$ 时，$|OC| = |C| = |-6| = 6$

$\therefore\ S_{\triangle ABC} = \dfrac{1}{2}|AB| \cdot |OC|$

$\qquad\qquad = \dfrac{1}{2} \times 4 \times 6$

$\qquad\qquad = 12$

$\therefore\ \triangle ABC$ 的面积为 12

例2：已知抛物线 $y = (m-1)x^2 + (m-2)x - 1$（$m$ 为实数）。

（1）当 m 为何值时，抛物线与 x 轴有两个交点。

（2）若抛物线与 x 轴相交于 A、B 两点，与 y 轴相交于点 C 且 $\triangle ABC$ 的面积等于 2，请确定 m 的值。

解：（1）$y = (m-1)x^2 + (m-2)x - 1$

$a = (m-1)$，$b = m-2$，$c = -1$

据题意，得

$\begin{cases} m - 1 \neq 0 \\ \Delta = b^2 - 4ac > 0 \end{cases} \Rightarrow \begin{cases} m \neq 1 & ① \\ (m-2)^2 - 4\ (m-1)\ (-1)\ > 0 & ② \end{cases}$

由②得 $m^2 > 0$

∴ $m \neq 0$

即：当 $m \neq 0$ 且 $m \neq 1$ 时，抛物线与 x 轴有两个交点。

（2）设 A 为 $(x_1, 0)$，B 为 $(x_2, 0)$

据题意，得

$$x_1 + x_2 = -\frac{m-2}{m-1}$$

$$x_1 x_2 = \frac{-1}{m-1}$$

$$|AB| = |x_1 - x_2|$$

$$= \sqrt{(x_1+x_2)^2 - 4x_1x_2}$$

$$= \frac{\sqrt{b^2-4ac}}{|m-1|}$$

$$= \frac{\sqrt{m^2}}{|m-1|}$$

$$= \frac{|m|}{|m-1|}$$

$\left. \right\} \Rightarrow \frac{1}{2} \times \frac{|m|}{|m-1|} \times 1 = 2$

$x=0$ 时，$|OC| = |-1| = 1$

$S_{\triangle ABC} = \frac{1}{2}|AB| \cdot |OC| = 2$

∴ $|m| = 4|m-1|$

∴ $m = \pm 4(m-1)$

解得 $m_1 = \frac{4}{3}$，$m_2 = \frac{4}{5}$

∴ m 的值 $\frac{4}{3}$ 或 $\frac{4}{5}$

例3：如图3所示，已知抛物线 $y = ax^2 + bx + c$ 经过点 $(-3, 4)$、$(3, -4)$。

（1）求证：抛物线一定与 x 轴有两个不同的交点。

（2）设抛物线与 x 轴的两个交点为 A、B，与 y 轴交点为 C，连结 AC、BC，设 $\angle CBA = \alpha$，$\angle CAB = \beta$.

求证：$\angle \alpha$，$\angle \beta$ 一定均为锐角。

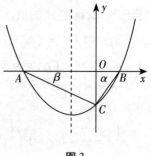

图3

（3）问是否有满足附加条件 $\text{tg}\alpha = \text{tg}\beta$ 的抛物线存在。如果有，写出它的解析式；如果没有，请加以证明。

解：据题意，得

$$y = ax^2 + bx + c$$

（1）$\left.\begin{array}{l} x = -3 \text{ 时}, \ y = 4 \\ x = 3 \text{ 时}, \ y = -4 \end{array}\right\} \Rightarrow \left.\begin{array}{l} 4 = 9a - 3b + c \\ -4 = 9a + 3b + c \end{array}\right\} \Rightarrow \left\{\begin{array}{l} b = -\dfrac{4}{3} \\ c = -9a \end{array}\right.$

$\therefore$ 解析式为 $y = ax^2 - \dfrac{4}{c}x - 9a$

$\because \Delta = b^2 - 4ac^2$

$\quad = \left(-\dfrac{4}{3}\right)^2 - 4 \times a \times (-9a)$

$\quad = \dfrac{16}{9} + 36a^2 > 0$

$\therefore$ 抛物线一定与 x 轴有两个不同的交点

（2）设 $A (x_1, 0)$，$B (x_2, 0)$，$C (0, c)$

$\therefore \left\{\begin{array}{l} x_1 + x_2 = \dfrac{4}{3a} \\ x_1 \cdot x_2 = -9 < 0 \end{array}\right.$

$\therefore A$，B 两点在原点两侧 $\angle\alpha$，$\angle\beta$ 一定均为锐角

（3）假设满足条件的抛物线存在

据题意：

$$\left.\begin{array}{l} \text{tg}\alpha = \dfrac{|OC|}{|OB|} \\ \text{tg}\beta = \dfrac{|OC|}{|OA|} \\ \text{tg}\alpha = \text{tg}\beta \end{array}\right\} \Rightarrow \dfrac{|OC|}{|OB|} = \dfrac{|OC|}{|OA|} \Rightarrow \left.\begin{array}{l} |OA| = |OB| \\ A，B \text{ 在原点两侧} \end{array}\right\} \Rightarrow x_1 + x_2 = 0$$

$\Rightarrow \dfrac{4}{3a} \Rightarrow 0$，这不可能。

$\therefore$ 假设不成立。

$\therefore$ 满足条件的抛物线不存在。

二、顶点三角形

如图 4 所示，设 A 为 $(x_1, 0)$，B 为 $(x_2, 0)$，点 P 在抛物线 $y = ax^2 +$

$bx + c$ 的顶点，连结 AP 与 BP，作点 D 在抛物线的对称轴与 x 轴的交点。

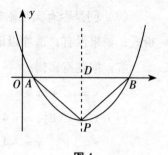

图 4

（1）若 $\triangle APB$ 是直角三角形，则 $|PD|$ 为多少？

（2）若 $\triangle APB$ 是等边三角形，$|PD|$ 为多少？

解：依题意，得

$$\therefore x_1 + x_2 = -\frac{b}{a}$$

$$x_1 \cdot x_2 = \frac{c}{a}$$

$$|AB| = |x_1 - x_2|$$

$$= \sqrt{(x_1 + x_2)^2 - 4x_1 x_2}$$

$$= \underline{\hspace{3cm}}$$

$$= \underline{\hspace{3cm}}$$

$$= \underline{\hspace{3cm}}$$

$$|PD| = \left| \frac{4ac - b^2}{4a} \right|$$

$$\therefore S_{\triangle APB} = \frac{1}{2} |AB| \cdot |PD|$$

$$= \underline{\hspace{3cm}}$$

（1）若 $\triangle APB$ 是 $\mathrm{Rt}_\triangle$，则 $|PD| = \frac{1}{2}|AB| \Rightarrow \left| \frac{4ac - b^2}{4a} \right| = \frac{1}{2}|x_1 - x_2| \Rightarrow \cdots \Rightarrow \triangle = 4$

（2）若 $\triangle APB$ 是等边 $\triangle$，则 $|PD| = \frac{\sqrt{3}}{2}|AB| \Rightarrow \left| \frac{4ac - b^2}{4a} \right| = \frac{\sqrt{3}}{2}|x_1 - x_2| \Rightarrow \cdots \Rightarrow \triangle = 12$

例 4：如图 5 所示，已知抛物线 $y = x^2 + kx + 1$ 与 x 轴的两个交点 A、B 都在原点右侧，顶点是 C，$\triangle ABC$ 是等腰直角三角形。

求证：（1）$|AB| = \sqrt{k^2 - 4}$.

（2）求 k 的值。

解：（1）设 $A(x_1, 0)$，$B(x_2, 0)$

据题意，得

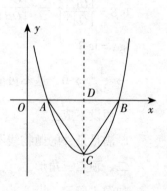

图 5

$$x_1 + x_2 = -k$$

$$x_1 x_2 = 1$$

$$\therefore \ |AB| = |x_1 - x_2|$$

$$= \sqrt{(x_1 + x_2)^2 - 4x_1 x_2}$$

$$= \sqrt{k^2 - 4}$$

（2）过点 C 作 $CD \perp AB$ 于 D

$\because \triangle ABC$ 是等腰直角三角形

$$\therefore \ |CD| = \frac{1}{2}|AB|$$

$$\therefore \ \left| \frac{4 - k^2}{4} \right| = \frac{1}{2}\sqrt{k^2 - 4}$$

解得 $k = \pm 2\sqrt{2}$

又 $\because x_1 + x_2 = -k > 0$

$\therefore k = -2\sqrt{2}.$

例5： 如图6所示，已知抛物线为 $y = x^2 - (m + 1)x + m - 1$.

（1）求证：对于任意实数 m，抛物线必与 x 轴交于两点。

（2）设抛物线与 x 轴的两个交点为 A，B，抛物线的顶点为 P，当 m 取什么值时，$\triangle APB$ 是直角三角形？它的面积是多少？

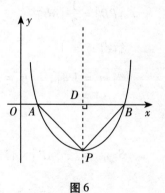

图6

证明：（1）$y = x^2 - (m + 1)x + m - 1$，$a = 1$，$b = -(m + 1)$，$c = m - 1$

$$\Delta = b^2 - 4ac$$

$$= [-(m + 1)]^2 - 4 \times 1 \times (m - 1)$$

$$= m^2 - 2m + 5$$

$$= (m - 1)^2 + 4 > 0$$

$\because (m - 1)^2 \geqslant 0$

$\therefore (m - 1)^2 + 4 > 0$

$\therefore$ 对于任意实数的抛物线必与 x 轴交于两点。

(2) 设 $A(x_1, 0)$，$B(x_2, 0)$，顶点 $P\left(-\dfrac{b}{2a}, \dfrac{4ac - b^2}{4a}\right)$

∵ $\triangle APB$ 为 $Rt_\triangle$，

由抛物线的对称性，易知 $\triangle APB$ 为等腰 $Rt_\triangle$. 过点 P 作 $PD \perp AB$ 于点 D.

据题意，得

$$\left.\begin{aligned}
& x_1 + x_2 = m + 1 \\
& x_1 - x_2 = m - 1 \\
& |AB| = |x_1 - x_2| \\
& \quad\;\; = \sqrt{(x_1 + x_2)^2 - 4x_1 x_2} \\
& \quad\;\; = \sqrt{(m+1)^2 - 4(m-1)} \\
& \quad\;\; = \sqrt{m^2 - 2m + 5} \\
& |PD| = \left|\dfrac{4 \times 1 \times (m-1) - (m+1)^2}{4}\right| \\
& |PD| = \dfrac{1}{2}|AB|
\end{aligned}\right\} \Rightarrow \dfrac{|m^2 - 2m + 5|}{4} = \dfrac{1}{2}\sqrt{m^2 - 2m + 5}$$

解得 $m = 1$

当 $m = 1$ 时，$|AB| = \sqrt{m^2 - 2m + 5} = 2$

$$|PD| = \left|\dfrac{4 \times 1 \times (1-1) - (1+1)^2}{4}\right| = 1$$

$$S_{\triangle APB} = \dfrac{1}{2}|AB| \times |PD|$$

$$= \dfrac{1}{2} \times 2 \times 1$$

$$= 1$$

∴ 当 m 取 1 时，$\triangle APB$ 是直角三角形，面积为 1

例 6：已知 $y = x^2 - (m-3)x - m$ 的图象是抛物线 C.

(1) 试求：m 为何值时，抛物线 C 与 x 轴的两个交点间的距离是 3.

(2) 当 m 为何值时，方程 $x^2 - (m-3)x - m = c$ 的两个根同为负。

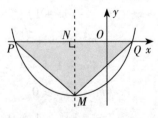

图 7

（3）设抛物线 C 的顶点为 M，与 x 轴的交点为 P、Q，如图 7 所示，求 $|PQ|$ 最短时，$\triangle MPQ$ 的面积。

解：（1）设与 x 轴的两个交点为 P $(x_1, 0)$，Q $(x_2, 0)$

据题意，得

$$x_1 + x_2 = m - 3$$

$$x_1 \cdot x_2 = -m$$

$$\left. \begin{array}{l} |PQ| = \sqrt{(x_1 + x_2)^2 - 4x_1 x_2} \\ \quad = \sqrt{(m-3)^2 - 4x\ (-3)} \\ \quad = \sqrt{m^2 - 2m + 9} \end{array} \right\} \Rightarrow \sqrt{m^2 - 2m + 9} = 3$$

$$|PQ| = 3$$

解得 $m = 0$ 或 $m = 2$ 时。

∴ $m = 0$ 或 $m = 2$ 时，抛物线 C 与 x 轴的两个交点间的距离是 3.

（2）据题意，得

$$\left. \begin{array}{l} \Delta = b^2 - 4ac > 0 \qquad m^2 - 2m + 9 = (m-1)^2 + 8 > 0 \Rightarrow m\ 以为全体实数 \\ x_1 + x_2 < 0 \\ x_1 \cdot x_2 > 0 \qquad\qquad -m > 0 \Rightarrow m < 0 \end{array} \right\} \Rightarrow m - 3 < 0 \Rightarrow m < 3$$

∴ 即当 $m < 0$ 时，主程 $x^2 - (m-3)x - m = c$ 的两个根同为负.

（3）设 P $(x_1, 0)$，Q $(x_2, 0)$

$$|PQ| = |x_1 - x_2|$$

$$\quad = \sqrt{(x_1 + x_2)^2 - 4x_1 x_2}$$

$$\quad = \sqrt{m^2 - 2m + 9}$$

∵ $|PQ| = \sqrt{(m-1)^2 + 8}$，可知 $m = 1$，$|PQ|_{min} = 2\sqrt{2}$

∴ $y = x^2 + 2x - 1$

过点 M 作 $MN \perp PQ$ 于点 N

$$S_{\triangle MPQ} = \frac{1}{2} |PQ| \cdot |MN|$$

$$\quad = \frac{1}{2} \times 2\sqrt{2} \times \left| \frac{4 \times 1 \times (-1) - 4}{4 \times 1} \right|$$

$$\quad = \frac{1}{2} \times 2\sqrt{2} \times 2$$

$$= 2\sqrt{2}$$

$\therefore$ 当 PQ 取最小值 $2\sqrt{2}$ 时，$S_{\triangle MPQ} = 2\sqrt{2}$

三、动点三角形

如图 8 所示，设 A $(x_1, 0)$，B $(x_2, 0)$，Q (x_0, y_0)，求 $\triangle AQB$ 的面积。

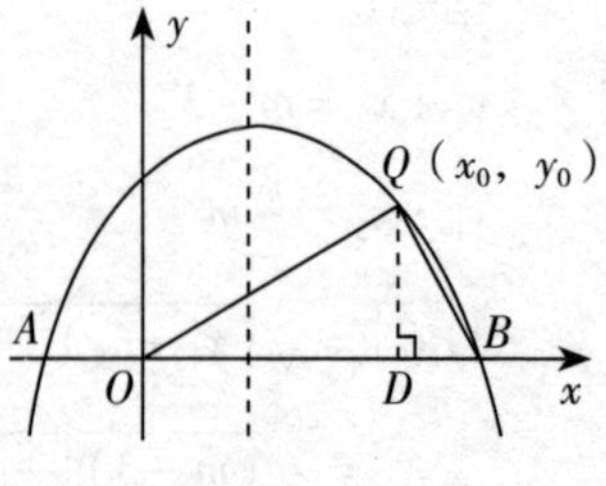

$$x_1 + x_2 = -\frac{b}{a}$$

$$x_1 \cdot x_2 = \frac{c}{a}$$

$$|AB| = |x_1 \cdot x_2| = \underline{\hspace{3cm}} = \frac{\sqrt{\Delta}}{|a|}$$

过点 Q 作 $QD \perp AB$ 于点 D

$$|QD| = \underline{\hspace{3cm}}$$

$$S_{\triangle AQB} = \frac{1}{2}|AB| \cdot |QD|$$

$$= \frac{1}{2}|x_1 - x_2| \cdot |y_0|$$

$$= \underline{\hspace{3cm}}$$

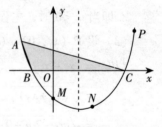

图 8

例 7：如图 9 所示，已知抛物线 $y = ax^2 + bx + c$ $(a \neq 0)$ 过 M $(0, -3)$，N $(2, -3)$，P $(4, 5)$ 三点，在第二象限内抛物上有一点 A 到两坐标轴的距离相等，且抛物线与 x 轴交于 B、C 两点，求 $\triangle ABC$ 的面积。

解：依题意，得

$$\begin{cases} 16a + 4b + c = 5 \\ 4a + 2b + c = -3 \\ c = -3 \end{cases} \quad 解得 \quad \begin{cases} a = 1 \\ b = -2 \\ c = -3 \end{cases}$$

$\therefore y = x^2 - 2x - 3$

设 A $(-m, m)$，B $(x_1, 0)$，C $(x_2, 0)$

依题意，得

图 9

$$\begin{cases} m = m^2 + 2m - 3 \\ x_1 + x_2 = 2 \\ x_1 \cdot x_2 = -3 \\ |BC| = |x_1 - x_2| \\ \quad = \sqrt{(x_1 + x_2)^2 - 4x_1 x_2} \\ \quad = \sqrt{4 - 4 \times (-3)} \\ \quad = 4 \end{cases} \Rightarrow m^2 + m - 3 = 0$$

解得 $m_1 = \dfrac{-1 + \sqrt{13}}{2}$，$m_2 = \dfrac{-1 - \sqrt{13}}{2}$

∵ 点 A 在第二象限

∴ $m > 0$，A 点坐标为 $\left(\dfrac{-1 - \sqrt{13}}{2}, \dfrac{-1 + \sqrt{13}}{2} \right)$

$$S_{\triangle ABC} = \frac{1}{2}|BC| \cdot |m|$$

$$= \frac{1}{2} \times 4 \times \frac{-1 + \sqrt{13}}{2}$$

$$= \sqrt{13} - 1$$

例 8： 已知二次函数 $y = x^2 - (m-2)x + m$ 的图象经过（-1，15），设此二次函数的图象与 x 轴的交点是 A、B，在图象上有点 C，使△ABC 的面积等于 1，求点 C 的坐标。

解：依题意，得

$$\left. \begin{array}{l} y = x^2 - (m-2)\,x + m \\ x = -1 \text{ 时}，y = 15 \end{array} \right\} \Rightarrow 15 = 1 + (m-2) + m \Rightarrow m = 8$$

∴ 二次函数解析式为 $y = x^2 - 6x + 8$

设 $A\,(x_1，0)$，$B\,(x_2，0)$，$C\,(x_0，y_0)$

$$x_1 + x_2 = 6$$

$$x_1 \cdot x_2 = 8$$

$$|AB| = |x_1 - x_2|$$

$$= \sqrt{(x_1 + x_2)^2 - 4x_1 x_2}$$

$$= \sqrt{36 - 32}$$

$$= 2$$

$$S_{\triangle ABC} = 1$$

$$S_{\triangle ABC} = \frac{1}{2} |AB| \cdot |y_0|$$

$$\Rightarrow \frac{1}{2} \times 2 \times |y_0| = 1$$

$$\therefore |y_0| = 1 \Rightarrow y_0 = \pm 1$$

当 $y_0 = 1$ 时, $1 = x^2 - 6x + 8$

解得 $x = 3 \pm \sqrt{2}$

当 $y_0 = -1$ 时, $-1 = x^2 - 6x + 8$

解得 $x_1 = x_2 = 3$

$\therefore C$ 点为 $(3 + \sqrt{2}, 1)$ 或 $(3 - \sqrt{2}, 1)$ 或 $(3, -1)$

例 9：如图 10 所示，已知二次函数 $y = ax^2 + bx + c$ 的图象与 x 轴交于 A、B 两点，当 $x = 1$ 时，二次函数取得最大值 4，且 $|OA| = \left| -\dfrac{1}{a} + 2 \right|$. 设点 P 在二次函数的图象上，且有 $S_{\triangle PAB} = 8$，求点 P 的坐标。

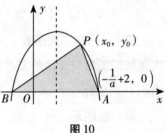

图 10

解：设解析式为

$$y = a(x-1)^2 + 4$$

$$\left. \begin{array}{l} x = -\dfrac{1}{a} + 2 \text{ 时}, \ y = 0 \end{array} \right\} \Rightarrow 0 = a\left(-\dfrac{1}{a} + 2 - 1 \right)^2 + 4 \Rightarrow a = -1$$

$$\left. \begin{array}{l} a = -1 \\[2mm] -\dfrac{b}{2a} = 1 \\[2mm] \dfrac{4ac - b^2}{4a} = 4 \end{array} \right\} \Rightarrow \left\{ \begin{array}{l} a = -1 \\ b = 2 \\ c = 3 \end{array} \right.$$

$\therefore$ 二次函数解析式为 $y = -x^2 + 2x + 3$

令 $y = 0$，则 $-x^2 + 2x + 3 = 0$

解得 $x_1 = -1$，$x_2 = 3$

$\therefore A(3, 0)$，$B(-1, 0)$，$|AB| = |3 - (-1)| = 4$

设 $P(x_0, y_0)$，则

$$\left.\begin{array}{l} S_{PAB} = \dfrac{1}{2}|AB| \cdot |y_0| \\[2mm] S_{PAB} = 8，|AB| = 4 \end{array}\right\} \Rightarrow 8 = \dfrac{1}{2} \times 4 \times |y_0|$$

$\therefore |y_0| = 4$，$y_0 = \pm 4$.

当 $y_0 = 4$ 时，$4 = -x^2 + 2x + 3$

解得 $x_1 = x_2 = 1$

当 $y_0 = -4$ 时，$-4 = -x^2 + 2x + 3$

解得 $x = 1 \pm 2\sqrt{2}$.

$\therefore P$ 点坐标为 $(1, 4)$ 或 $(1 + 2\sqrt{2}, -4)$ 或 $(1 - 2\sqrt{2}, -4)$.

例 10：如图 11 所示，已知抛物线 $y = ax^2 + bx + c$ 经过 $(0, 5)$ 和 $(6, -7)$，对称轴为直线 $x = 2$.

（1）求此抛物线的解析式。

（2）设此抛物线与 x 轴的两个交点为 A 和 B，问：在 x 轴上方的抛物线上是否存在点 P，使得 $\triangle PAB$ 的面积等于 24. 若存在，求出 P 点的坐标；若不存在，说明理由。

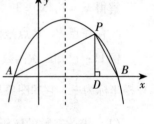

图 11

解：（1）依题意，得

$$\begin{cases} c = 5 \\ 36a + 6b + c = -7 \\ -\dfrac{b}{2a} = 2 \end{cases}$$

解得 $\begin{cases} a = -1 \\ b = 4 \\ c = 5 \end{cases}$

$\therefore$ 此抛物线的解析式为 $y = -x^2 + 4x + 5$

（2）设 $A(x_1, 0)$，$B(x_2, 0)$

$$\therefore \begin{cases} x_1 + x_2 = 4 \\ x_1 x_2 = -5 \\ |AB| = |x_1 - x_2| \\ \quad\quad = \sqrt{(x_1 + x_2)^2 - 4x_1 x_2} \\ \quad\quad = \sqrt{16 + 20} \\ \quad\quad = 6 \end{cases}$$

假设存在点 P 使 $\triangle PAB$ 的面积等于 24，过点 P (x_0, y_0) 作 $PD \perp AB$ 于 D

$$\left.\begin{array}{l} S_{\triangle APB} = \dfrac{1}{2}|AB| \cdot |PD| \\ S_{\triangle APB} = 24 \end{array}\right\} \Rightarrow 24 = \dfrac{1}{2} \times 6 \times |y_0| \Rightarrow |y_0| = 8$$

$\because$ 点 P 在 x 轴上方，$y_0 > 0$.

$\therefore y_0 = 8$

当 $y_0 = 8$ 时，$8 = -x^2 + 4x + 5$

解得 $x_1 = 1$，$x_2 = 3$

$\therefore$ 存在点 P，P 点坐标为 $(1, 8)$ 或 $(3, 8)$.

例 11： 已知二次函数 $y = ax^2 + bx + c(a \neq 0)$ 的图象经过点 A $(2, 4)$，其顶点横坐标为 $\dfrac{1}{2}$，它的图象与 x 轴交点为 B $(x_1, 0)$，C $(x_2, 0)$，且 $x_1^2 + x_2^2 = 13$.

（1）求此整数的解析式。

（2）在 x 轴上方的抛物线是否存在点 D，使 $S_{\triangle ABC} = 2S_{\triangle BDC}$，若存在，求出所有满足条件的 D 点；若不存在，说明理由。

解：（1）依题意，得

$$\left.\begin{array}{l} 4a + 2b + c = 0 \\ -\dfrac{b}{2a} = \dfrac{1}{2} \\ x_1^2 + x_2^2 = (x_1 + x_2)^2 - 2x_1 x_2 = 13 \end{array}\right\} \Rightarrow \begin{cases} 4a + 2b + c = 0 \\ -\dfrac{b}{2a} = \dfrac{1}{2} \\ \left(-\dfrac{b}{a}\right)^2 - 2 \times \dfrac{c}{a} = 13 \end{cases}$$

解得 $a = -1$，$b = 1$，$c = b$

$\therefore$ 解析式为 $y = -x^2 + x + b$

（2）假设在 x 轴上方的抛物线上存在点 D (x_0, y_0) 且 $y_0 > 0$，使 $S_{\triangle ABC} = 2S_{\triangle BDC}$

依题意，得

$$S_{\triangle ABC} = \frac{1}{2}|BC| \times 4$$

$$S_{\triangle BDC} = \frac{1}{2}|BC| \times |y_0|$$

$$x_1 + x_2 = 1$$

$$x_1 x_2 = -6$$

$$|BC| = |x_1 - x_2|$$

$$= \sqrt{(x_1 + x_2)^2 - 4x_1 x_2}$$

$$= \sqrt{1 + 24}$$

$$= 5$$

$$\Rightarrow \frac{1}{2} \times 5 \times 4 = 2 \times \frac{1}{2} \times 5 \times |y_0|$$

$\therefore |y_0| = 2$，$y_0 = 2$

当 $y_0 = 2$ 时，$2 = -x^2 + x + 6$

解得 $x = \dfrac{1 \pm \sqrt{17}}{2}$

$\therefore$ 存在点 D，使 $S_{\triangle ABC} = 2S_{\triangle BDC}$. 坐标为 $D_1\left(\dfrac{1-\sqrt{17}}{2},\ 2\right)$，$D_2\left(\dfrac{1+\sqrt{17}}{2},\ 2\right)$

例 12：如图 12 所示，抛物线 $y = -x^2 + 2(m+1)x + m + 3$，与 x 轴交于 A、B 两点，且 A、B 位于原点两侧（B 在 A 的左侧），设 $|OA| = a$，$|OB| = b$

（1）若 $a : b = 3 : 1$，求抛物线的解析式。

（2）设由（1）求得的抛物线与 y 轴交于 C 点。

试问：在抛物线上是否存在一点 P，使 $\triangle APC \cong \triangle AOC$，若存在，求 P 点的坐标；若不存在，说明理由。

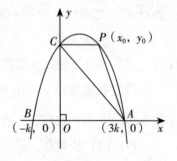

图 12

（1）解：依题意

$$\triangle = [2(m+1)]^2 - 4x(-1) \times (m+3) > 0$$

$$= -(m+3) < 0$$

$\therefore m > -3$

$\because a : b = 3 : 1$，设 $A(3k, 0)$，$B(-k, 0)$，$k > 0$

则 $\begin{cases} 3k + (-k) = 2(m+1) \\ 3k \cdot (-k) = -(m+3) \end{cases} \Rightarrow \begin{cases} 2k = 2(m+1) \\ 3k^2 = m+3 \end{cases}$

解得 $\begin{cases} k_1 = 1 \\ m_1 = 0 \end{cases}$ 或 $\begin{cases} k_2 = -\dfrac{2}{3} \\ m_2 = -\dfrac{5}{3} \end{cases}$ （舍去）

$\therefore m = 0$

$\therefore$ 当 $m = 0$ 时，解析式为 $y = -x^2 + 2x + 3$.

（2）由（1）知，A（3，0），C（0，3）

$\therefore \triangle AOC$ 为等腰直角三角形

假设存在点 P（x_0，y_0），使 $\triangle APC \cong \triangle AOC$

$\because AC$ 边公用，$OA = OC$，点 P、O 关于边 AC 对称

$\therefore$ 点 P 为（3，3），但（3，3）不在抛物线上，故不存在点 P 在抛物线上，使 $\triangle APC \cong \triangle AOC$.

例 13：如图 13 所示，在 $\text{Rt}_{\triangle ABC}$ 中 $\angle ACB = 90°$（$\angle A > \angle B$），它的两个锐角的正弦值 $4x^2 - 2(m+1)x + m = 0$ 恰为方程的两个根，它的内切圆的半径为 $\sqrt{3} - 1$，抛物线 $y = ax^2 + bx + c$ 过 A、B、C 三点。

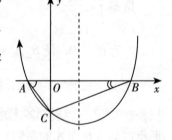

图 13

（1）求 m 的值。

（2）求此抛物线的解析式。

（3）在抛物线 $y = ax^2 + bx + c$ 上是否存在点 P，使 $S_{\triangle ABP} = 8\sqrt{3}$？若存在，请求出点 P 坐标；若不存在，请说明理由。

解：（1）依题意，得

$\begin{cases} \sin A + \sin B = \dfrac{m+1}{2} \\ \sin A \cdot \sin B = \dfrac{m}{4} \\ \angle A + \angle B = 90° \\ \sin B = \cos A \end{cases}$

又 $\because \sin^2 A + \cos^2 A = 1$

$\therefore (\sin A + \cos A)^2 - 2\sin A \cdot \cos A = 1$

$$\left(\frac{m+1}{2}\right)^2 - \frac{m}{2} = 1$$

解得 $m_1 = \sqrt{3}$，$m_2 = -\sqrt{3}$（舍去）

$\therefore m = \sqrt{3}$

（2）当 $m = \sqrt{3}$ 时，原方程为 $4x^2 - 2(\sqrt{3}+1)x + \sqrt{3} = 0$

解得 $x_1 = \frac{\sqrt{3}}{2}$，$x_2 = \frac{1}{2}$

$\because \text{Rt}_{\triangle ABC}$中，$\angle A > \angle B$

$\therefore \sin A = \frac{\sqrt{3}}{2}$，$\sin B = \frac{1}{2}$，$\frac{BC}{AB} = \frac{\sqrt{3}}{2}$，$\frac{AC}{AB} = \frac{1}{2}$

$\therefore \angle A = 60°$，$\angle B = 30°$

$\left.\text{Rt}_{\triangle ABC}\text{内切圆半径}\quad \begin{matrix} \gamma = \dfrac{AC+BC-AB}{2} = \sqrt{3}-1 \\ BC = \dfrac{\sqrt{3}}{2}AB,\ AC = \dfrac{1}{2}AB \end{matrix}\right\} \Rightarrow$

$\left.\begin{matrix} AC+BC-AB = 2\sqrt{3}-2 \\ BC:AC:AB = \sqrt{3}:1:2 \end{matrix}\right\} \Rightarrow |AC|=2,\ |BC|=2\sqrt{3},\ |AB|=4$

在 $\text{Rt}_{\triangle ABC}$中，$OC \perp AB$ 于 O

$\angle B = \angle ACO = 30°$

$|OA| = \frac{1}{2}|AC|$

$\qquad = \frac{1}{2} \times 2$

$\qquad = 1$

$|OB| = 3$，$|OC| = \sqrt{3}$

$\therefore$ 经过 $A(-1, 0)$，$B(3, 0)$，$C(0, -\sqrt{3})$ 三点的抛物线的解析式为：

$y = \frac{\sqrt{3}}{3}x^2 - \frac{2\sqrt{3}}{3}x - \sqrt{3}.$

（3）假设存在点 $P(x_0, y_0)$ 使 $S_{\triangle ABP} = 8\sqrt{3}$，则 $S_{\triangle ABP} = \frac{1}{2}|AB| \cdot |y_0|$

$\left.\begin{matrix} \dfrac{1}{2} \times |AB| \cdot |y_0| = 8\sqrt{3} \\ |AB| = |-1-4| = 4 \end{matrix}\right\} \Rightarrow \frac{1}{2} \times 4 \times |y_0| = 8\sqrt{3} \Rightarrow |y_0| = 4\sqrt{3} \Rightarrow y_0 = \pm 4\sqrt{3}$

当 $y_0 = 4\sqrt{3}$ 时，$\frac{\sqrt{3}}{3}x^2 - \frac{2\sqrt{3}}{3}x - \sqrt{3} = 4\sqrt{3}$

解得 $x_1 = -3$，$x_2 = 5$

$\therefore$ 存在点 P，坐标为 $(-3, 4\sqrt{3})$ 或 $(5, 4\sqrt{3})$

当 $y_0 = -4\sqrt{3}$ 时，$\frac{\sqrt{3}}{3}x^2 - \frac{2\sqrt{3}}{3}x - \sqrt{3} = -4\sqrt{3}$

$\therefore \Delta < 0$

$\therefore$ 无实数解．

综上所述，在抛物线上存在点 P，坐标为 $(-3, 4\sqrt{3})$ 或 $(5, 4\sqrt{3})$，使 $S_{\triangle ABP} = 8\sqrt{3}$.

（本文发表于《数理天地》1999.5）

一道平面几何习题的演变

在九年义务教育三年制初中教科书《几何》的第二册 P113 有这样一道习题：

如图 1 所示，已知点 C 为线段 AB 上的一点，$\triangle ACM$，$\triangle CBN$ 是等边三角形。求证：$AN = BM$.

分析：图 1 中相等的线段较多（$AC = CM = AM$，$BC = CN = BN$），相等的角较多（$\angle ACM = \angle CMA = \angle MAC = \angle CBN = \angle BNC = \angle NCB = 60°$），故利用三角形全等证明 $AN = BM$.

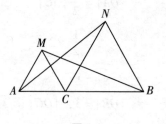

图1

证明：$\because \triangle ACM$ 是等边三角形

$\therefore AC = CM$，$\angle ACM = 60°$

同理，$BC = CN$，$\angle BCN = 60°$

又 $\because C$ 为线段 AB 上一点

$\therefore \angle MCN = 60°$

$\therefore \angle ACN = \angle MCB = 120°$

在△CAN 和△CMB 中

$\begin{cases} AC = MC（已证） \\ \angle ACN = \angle MCB = 120°（已证） \\ CN = CB（已证） \end{cases}$

$\therefore \triangle CAN \cong \triangle CMB$（SAS）

$\therefore AN = BM$

在此过程中，等边三角形 ACM 和等边三角形 BCN 都在线段 AB 的同侧，得 $AN = BM$，如果我们将已知条件加以变化，使△ACM 沿 AC 翻折，结论如何呢？

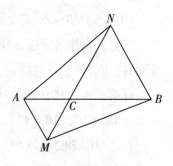

图 2

变式 1：如图 2 所示，已知点 C 为线段 AB 上一点，分别以 AC、BC 为边，在 AB 异侧作等边△AMC 和等边△BCN。求证：$AN = BM$.

分析：此题条件和原题基本相同，不同的是△ACM 和△BCN 不在 AB 同侧而在 AB 异侧，我们仍利用三角形全等加以证明。

证明：$\because$ △ACM 和△BCN 是等边三角形

$\therefore AC = MC$，$BC = NC$，$\angle ACM = \angle BCN = 60°$

又$\because$ 点 C 为线段 AB 上一点

$\therefore \angle ACN = \angle MCB = 120°$

在△ACN 和△MCB 中

$\therefore \begin{cases} AC = MC（已证） \\ \angle ACN = \angle MCB = 120°（已证） \\ BC = NC（已证） \end{cases}$

$\therefore \triangle ACN \cong \triangle MCB$（SAS）

$\therefore AN = BM$

从以上证明过程可知，已知条件变化，但结论不变，证明 $\angle ACN = \angle MCB$ 时要注意不能用对顶角相等的原则，因为 MC、CN 是否在一条直线上还没有加以证明，所以只能运用"邻补角互补"的关系证明 $\angle ACN = \angle MCB = 120°$.

我们再将已知条件做些变化，由原题将等边△ACM 平移到等边△BCN 内，如图3所示，其他条件不变，$CN = BM$ 吗？

变式2：如图3所示，已知 C 是 AB 上一点，分别以 AC、AB 为边，在 AB 的同侧作等边 $\triangle ACM$ 和等边 $\triangle ABN$。求证：$MB = CN$.

分析：此题利用三角形全等有三种证法：

（1）$\triangle MCB \cong \triangle CMN$.

（2）$\triangle MNB \cong \triangle CBN$.

（3）$\triangle AMB \cong \triangle ACN$.

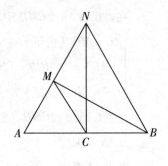

图3

注意，当作出等边 $\triangle ABN$ 和等边 $\triangle ACM$ 后，不难证明 A、M、N 三点共线。

证明：$\because \triangle ACM$ 和 $\triangle ABN$ 都是等边三角形

$\therefore AM = AC$，$AB = AN$，$\angle BAM = \angle NAC = 60°$

在 $\triangle AMB$ 和 $\triangle ACN$ 中

$$\begin{cases} AM = AC \text{（已证）} \\ \angle BAM = \angle NAC = 60° \text{（已证）} \\ AB = AN \text{（已证）} \end{cases}$$

$\therefore \triangle AMB \cong \triangle ACN$（SAS）

$\therefore MB = CN$

此题中，$\triangle ACM$ 和 $\triangle ABN$ 都是在线段 AB 的同侧，得到 $MB = CN$，若将 $\triangle ACM$ 沿 AB 翻折，使 $\triangle ACM$ 和 $\triangle ABN$ 在 AB 异侧，$MB = CN$ 吗？

变式3：如图4所示，已知 C 是线段 AB 上一点，分别以 AC、AB 为边，在 AB 异侧作等边 $\triangle ACM$ 和等边 $\triangle ABN$。求证：$MB = CN$.

分析：此题利用 $\triangle ACN \cong \triangle AMB$ 解决。

证明：$\because \triangle ACM$ 和 $\triangle ABN$ 都是等边三角形

$\therefore AN = AB$，$AC = AM$，$\angle NAB = \angle BAM = 60°$

在 $\triangle ACN$ 和 $\triangle AMB$ 中

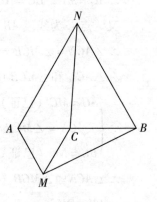

图4

$$\begin{cases} AN = AB（已证） \\ \angle NAB = \angle BAM = 60°（已证） \\ AC = AM（已证） \end{cases}$$

$\therefore \triangle ACN \cong \triangle AMB$（SAS）

$\therefore MB = CN$

若将原题的已知条件再加以变化，将等边 $\triangle ACM$ 绕点 C 按逆时针方向旋转，如图 5 所示，$AN = BM$ 吗？

变式 4：已知：如图 5 所示，$\triangle ACM$ 和 $\triangle BCN$ 都是等边三角形，M、A、N 在同一直线上。求证：$AN = BM$.

分析：需证 $\triangle CAN \cong \triangle CMB$.

证明：$\because \triangle ACM$ 和 $\triangle BCN$ 都是等边三角形

$\therefore CA = CM$，$CN = CB$，$\angle ACM = \angle NCB = 60°$

$\therefore \angle ACM - \angle ACB = \angle NCB - \angle ACB$

即：$\angle NCA = \angle BCM$

在 $\triangle CAN$ 和 $\triangle CMB$ 中

$$\begin{cases} CA = CM（已证） \\ \angle NCA = \angle BCM（已证） \\ CN = CB（已证） \end{cases}$$

$\therefore \triangle CAN \cong \triangle CMB$（SAS）

$\therefore AN = BM$

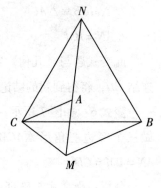

图 5

以上变式题都是条件变，结论不改变，下面再研究条件变，结论不变的情况，通过"一题多变"，加深对这类题的认识。

变式 5：据原题，将线段 AB 在 C 处折断变成图 6 时，如图 6 所示，$\triangle ACM$ 和 $\triangle BCN$ 都是等边三角形。求证：$AN = BM$（见初中《几何》第二册 $P72$ 第 7 题）。

分析：连结 AB，要证 $AN = BM$，只需证 $\triangle MCB \cong \triangle ACN$ 即可。

证明：$\because \triangle ACM$ 和 $\triangle BCN$ 都是等边三角形

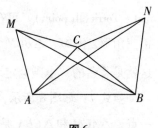

图 6

$\therefore AC = MC$，$BC = NC$，$\angle ACM = \angle BCN = 60°$

$\therefore \angle ACM + \angle ACB = \angle BCN + \angle ACB$

即 $\angle MCB = \angle ACN$

在 $\triangle MCB$ 和 $\triangle ACN$ 中

$$\begin{cases} MC = AC \text{（已证）} \\ \angle MCB = \angle ACN \text{（已证）} \\ BC = NC \text{（已证）} \end{cases}$$

$\therefore \triangle MCB \cong \triangle ACN$

$\therefore AN = BM$

此变式题与《几何》第二册 P72 第 7 题相同. 若以 AB 为边作等边 $\triangle ABD$ 并连结 CD，将得到新的结论，从而拓宽和加深对教材的理解。

变式 6：如图 7 所示，已知以 $\triangle ABC$ 的三边为边做三个等边三角形 $\triangle ACM$，$\triangle BCN$，$\triangle ABD$. 求证：$AN = BM = CD$.

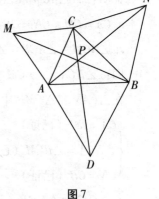

分析：由变式 5 已证明 $AN = BM$，现要证明 $AN = BM = CD$，只需 $AN = CD$ 即可，故只需证 $\triangle CBD \cong \triangle NBA$，方法同变式 5，证明略。

变式 6 中图 7 是一个特殊的图形，设 AN、BM、CD 的交点为 P，则有如下三个重要结论：

（1）$AN = BM = CD$.

图 7

（2）$\angle APC = \angle APB = \angle BPC = 120°$.

（3）$PA + PB + PC$ 最小。换一种说法：在 $\triangle ABC$ 内找一点使 $\angle APC = \angle APB = \angle BPC = 120°$，$PA + PB + PC$ 最小的点，这个点称为费尔马点（法国）（Fermat – Torricelli point）。可在 $\triangle ABC$ 的三边上做正三角形解决：在图 7 中，将三个正三角形 $\triangle ACM$、$\triangle BCN$ 和 $\triangle ABD$ 的重心连结而成的三角形是一个正三角形，这就是著名的"拿破仑定理"。

变式 7：如图 8 所示，已知点 C 为线段 AB 上的一点，$\triangle ACM$ 和 $\triangle CBN$ 是等边三角形，连结 AN 交 CM 于点 D，连结 BM 交 CN 于点 E.

求证：（1）$CD = CE$. （2）$DE // AB$.

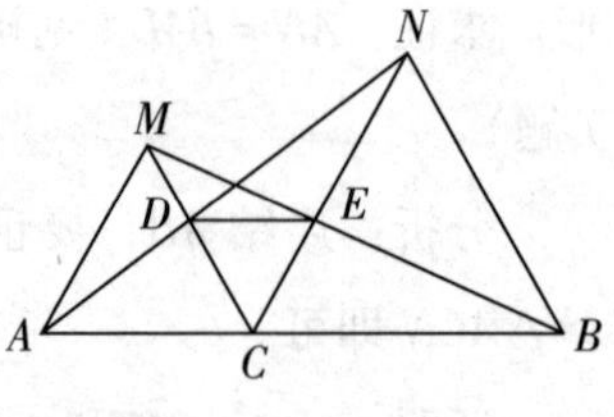

图 8

分析：（1）要证 $CD = CE$，只需证 $\triangle CDN \cong \triangle CEB$ 或 $\triangle CDA \cong \triangle CEM$ 即可，都要用到原题所证的 $\triangle CAN \cong \triangle CMB$，另外，利用三角形相似也可证明 $CD = CE$.

（1）证法1：$\because \triangle ACM$ 和 $\triangle CBN$ 均为等边三角形

$\therefore CN = CB$，$\angle BCN = \angle ACM = 60°$

$\because$ 点 C 在线段 AB 上

$\therefore \angle DCN = 60°$

$\because \triangle CAN \cong \triangle CMB$（已证）

$\therefore \angle CND = \angle CBE$

在 $\triangle CDN$ 和 $\triangle CEB$ 中

$\begin{cases} \angle DCN = \angle ECB = 60°（已证） \\ CN = CB（已证） \\ \angle CND = \angle CBE（已证） \end{cases}$

$\therefore \triangle CDN \cong \triangle CEB$（ASA）

$\therefore CD = CE$

证法2：$\because \triangle ACM$ 和 $\triangle CBN$ 均为等边三角形

$\therefore CA = CM$，$\angle ACM = \angle BCN = 60°$

$\because$ 点 C 在线段 AB 上

$\therefore \angle MCE = 60°$

又 $\because \triangle CAN \cong \triangle CMB$（已证）

$\therefore \angle CAD = \angle CME$

在 $\triangle CAD$ 和 $\triangle CEM$ 中

$\begin{cases} \angle CAD = \angle CME（已证） \\ CA = AM（已证） \\ \angle ACD = \angle MCE（已证） \end{cases}$

$\therefore \triangle CAD \cong \triangle CME$

$\therefore CD = CE$

证法3：设等边 $\triangle ACM$ 的边长为 a，等边 $\triangle CBN$ 的边长为 b

$\because \triangle ACM$ 和 $\triangle CBN$ 都是等边三角形

$\therefore \angle MAC = \angle NCB = 60°$，$\angle ACM = \angle CBN = 60°$

$\therefore CE /\!/ AM$，$CD /\!/ BN$

$\therefore \dfrac{CE}{a} = \dfrac{b}{a+b}$，$\dfrac{CD}{a} = \dfrac{a}{a+b}$

$\therefore CE = \dfrac{ab}{a+b}$，$CD = \dfrac{ab}{a+b}$

$\therefore CD = CE$

分析：（2）要证 $DE /\!/ AB$，只需证内错角相等即可。

（2）证明：$\because \triangle ACM$ 和 $\triangle BCN$ 都是等边三角形

$\therefore \angle ACM = \angle BCN = 60°$

又$\because$ 点 C 在线段 AB 上

$\therefore \angle DCE = 60°$

又$\because CD = CE$（前面已证）

$\therefore \triangle CDE$ 中，$\angle CDE = \angle CED = 60°$

$\therefore \angle BCN = \angle CED = 60°$

$\therefore DE /\!/ AB$

本题以原题为基础，变化已知条件，可得到不同的结论。

变式 8：如图 9 所示，已知点 C 是线段 AB 上一点，$\triangle ACM$ 与 $\triangle BCN$ 都是等边三角形，D、E、F、G 分别是线段 AC、CN、CM、CB 的中点。求证：$DE = FG$。

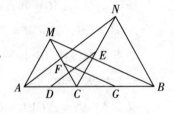

图9

分析：此题综合了等边三角形、全等三角形、三角形中位线的性质等知识，用到原题已证的结论。

证明：在 $\triangle ACN$ 中，

$\because D$、E 分别是 AC、CN 的中点

$\therefore DE = \dfrac{1}{2} AN$

在 $\triangle MCB$ 中，

$\because F$、G 分别是 MC、CB 的中点

$\therefore FG = \dfrac{1}{2} MB$

又$\because AN = MB$（原题已证）

则 $DE = FG$

变式9：如图10所示，已知正△ABC，在AC边的延长线上取一点E，以CE为边做正△CDE，它与△ABC位于直线AE的同一侧，点M、N分别是AD、BE的中点。求证：△CMN为正三角形。

分析：

（1）证 $\triangle ACD \cong \triangle BCE$，得 $AD = EB$，再证 $\triangle AMC \cong \triangle BNC$ 即可。

（2）利用旋转法证明：如图，因△ABC与△CDE都是正三角形，其内角都为60°，所以可将线段BE绕点C逆时针旋转60°，这时点B落在点A上，点E落在点D上，因而点N落在点M上，这表明 $CM = CN$，$\angle NCM = 60°$，因此△CMN是正三角形。

从以上变式题可见，我们在解题时，不可满足于解出了结果即可，应从纵向和横向探究题目的内在规律，如变化题目的条件，或变化题目的结论，或同时变化题目的条件加结论，配成系列变式题。这种"一题多变"可以加深我们对题目之间规律的认识，有利于我们掌握类比、归纳、抽象和概括等思维方法，克服思维定势，提高创造性思维能力。

（本文系变式教学研讨会市一等奖）

用"二次分析法"巧解初中数学方程与不等式应用题

在初中数学中，列方程解应用题是比较重要的内容，也是有一定难度的内容。说它重要，是因为让学生经历列方程解应用题的过程，可以培养学生分析问题和解决问题的能力。同时又可以让学生运用学过的数学知识解决生活中的一些实际问题，激发学生学习数学的兴趣，让学生初步形成"方程"思想、"函数"思想和"数学建模"的思想，为未来软件开发高级人才的培养奠定基础。因此，列方程解应用题在初中阶段的各个年级均有安排，以北京师范大学出版社的初中数学教材中涉及的方程与函数为例，见表1：

表1　北京师范大学出版社的初中教学教材中涉及的方程与函数

年级	学期	章节	内容	课时
七年级	上学期	第五章	《一元一次方程》	12
八年级	上学期	第七章	《二元一次方程组》	9
八年级	下学期	第一章	《一元一次不等式和一元一次不等式组》	12
八年级	下学期	第三章	《分式方程》	3
九年级	上学期	第二章	《一元二次方程》	10

同时，在初中升高中的选拔性考试中，列方程解应用题大多都设置在中等偏上的层次，有一定难度，且分值偏高。说它有一定难度，是因为应用题的文字叙述长、生产生活常识多、科技术语多、变量符号多、信息量广，题目千变万化，又不能套用现成模式，这需要学生有较强的阅读理解能力、捕捉信息能力、分析问题的能力、解方程的能力以及对求出的根进行判断并取舍的能力等，对学生来说他们面临的困难不少。

正因为列方程解应用题既重要又有难度，所以吸引了一大批数学教育工作者从理论和实践层面进行了许多有效的研究。他们将应用题归纳为：数字问题、年龄问题、行程问题、工程问题、物理化学问题、几何问题、经济问题、函数问题和统计问题等专题。这在某种程度上给学生提供了了解应用题的方法。本人在多年的教学实践中，也运用过这些模块进行列方程解应用题的训练，但站在面向全体的角度观察，这些模块（专题）难以大面积提高中下层学生的列方程能力，容易使学生陷入机械式、记忆性解应用题的境地。

为此，本人潜心研读了教材上的应用题、学术刊物上的列方程解应用题的论文，以及初中数学应用问题的专著，现将本人的一些思考呈现给大家，希望能引起大家的争论与思考。

一、"二次分析法"的含义

如何解应用题？有人概括为：审题、设未知数、列方程、解方程、检验和写出答案六步，这六步的关键在审题环节，对于一道应用题，到底审什么、怎样审，这是破解应用题的要诀。本人认为：解应用题重在分析，找准两个关系后，其余问题都将迎刃而解。

（1）分析一：找数量关系。

应用题的题型多、变化大，因此不能套现题，但万变不离其宗，宗就是数量关系。下面介绍几种常见的数量关系：

速度×时间＝距离

溶液×浓度＝溶质

工作效率×工作时间＝工作量

增长率×基准数＝增长数

每日销售量×天数＝总销售量

每件单价×数量＝总金额

每个利润×每月销售量＝每月总利润

初中数学方程应用题基本上符合"$xy=k$"这一数量关系。

（2）分析二：找相等关系（或不等关系）。

在题目之中寻找表明相等关系的句子，如甲的速度是乙的速度的两倍，这个相等关系为：$V_甲=2V_乙$。而有些隐含在题目中的相等关系，我们可以借助图示法、列表法和译式法对它进行剖析。

二、"二次分析法"的元认知

来自现实的应用问题类型繁多，这里我们回归元认知，将应用题按解题时所使用的数学模型分类操作，而不是按模块（专题）操作，目的是帮助学生理解应用题背景、理解数学原理以及充分体会数学建模的思想。

1. 一元一次方程的应用题

例1：一家商店将某种服装按成本价提高40%的标价，又以8折（即按标价的80%）优惠卖出，结果每件仍获利15元，这种服装每件的成本是多少元？

分析一：找数量关系（见表2）

表2　服装的成本数量关系

	成本价（元）	售价（元）	利润（元）
打折前	x	$x(1+40\%)$	$x(40\%+1)-x$
打折后	x	$x(1+40\%)\times80\%$	$x(1+40\%)\times80\%-x$

分析二：找相等关系

折后售价－成本价＝折后利润

解：设每件服装的成本价为 x 元，依题意，得

$x（1+40\%）×80\%-x=15$

解答略．

2. **二元一次方程组的应用题**

例2：《孙子算经》中"鸡兔同笼"题为："今有雉（鸡）兔同笼，上有三十五头，下有九十四足，问雉兔各几何？"

分析一：找数量关系（见表3）

表3 "鸡兔同笼"的数量关系

数	鸡	兔	总
数头	x 个	y 个	35 个
数足	$2x$ 只	$4y$ 只	94 只

分析二：找相等关系

$$\begin{cases} 鸡的头数+兔的头数=35 \\ 鸡的足数+兔的足数=95 \end{cases}$$

解：设鸡有 x 只，兔有 y 只，依题意，得

$$\begin{cases} x+y=35 \\ 2x+4y=94 \end{cases}$$

解答略。

练习：

养牛场原有 30 只母牛和 15 只小牛，1 天约需用饲料 675 kg；一周后又购进 12 只母牛和 5 只小牛，这时 1 天约需用饲料 940 kg. 饲料员李大叔估计每只母牛 1 天约需饲料 18～20 kg，每只小牛 1 天约需饲料 7～8 kg，你能否通过计算检验他的估计？

分析一：找数量关系（见表4）

表4 饲料用量的数量关系

原来	数量（只）	每头牛每天约需饲料（kg）	饲料量
母牛	30	x	$30x$
小牛	15	y	$15y$
一周后	数量	每头牛每天需饲料（kg）	饲料量
母牛	42	x	$42x$
小牛	20	y	$20y$

分析二：找相等关系

原来母牛饲料量＋原来小牛饲料量＝675kg

一周后母牛饲料量＋一周后小牛饲料量＝940kg

解：设平均每只母牛每天约需饲料 x kg，平均每只小牛每天约需饲料 y kg，依题意，得

$$\begin{cases} 30x + 15y = 675 \\ 42x + 20y = 940 \end{cases}$$

解答略。

3. 不等式组的应用题

练习1：

某货物有甲种货物1 530吨，乙种货物1 150吨，安排用一列货车将这批货物全部运往外地，这列货车可挂 A、B 两种规格不同的货厢50节，已知一节 A 型货厢的运费为 0.5 万元，一节 B 型车厢的运费为 0.8 万元。

（1）设运输这批货物的总货物的总运费为 y（万元），挂 A 型货车 x 节，求 y 与 x 之间的函数关系式。

（2）甲种货物35 吨和乙种货物15 吨可装满一节 A 型车厢；甲种货物25 吨和乙种35 吨可装满一节 B 型车厢。按此要求安排 A、B 两种货厢的节数，有哪几种运输方案，请你列出来。

（3）你认为哪种方案运费最少？最少运费是多少？

解：（1）略

（2）**分析一**：找数量关系（见图1）

A 型货厢 x 节   B 型货厢（$50-x$）节

甲物　乙物

35吨　15吨　　　　25吨　35吨

图 1　A 型 B 型货厢数量关系

分析二：找不等量关系

$$\begin{cases} A\ 载甲物 + B\ 载甲物 \geqslant 1530 \\ A\ 载乙物 + B\ 载乙物 \geqslant 1150 \end{cases}$$

解：设用 A 型货厢 x 节，用 B 型货厢（$50-x$）节，依题意，得

$$\begin{cases} 35x + 25(50-x) \geqslant 1530 \\ 15x + 35(50-x) \geqslant 1150 \end{cases}$$

解这个不等式组，得 $28 \leqslant x \leqslant 30$

因为 x 为正整数，所以 $x=28$ 或 $x=29$ 或 $x=30$，共三种方案。

① 用 A 型货厢 28 节，用 B 型货厢 22 节

② 用 A 型货厢 29 节，用 B 型货厢 21 节

③ 用 A 型货厢 30 节，用 B 型货厢 20 节

（3）当 $x=28$ 时，$y_1 = 40 - 0.3 \times 28 = 31.6$（万元）

当 $x=29$ 时，$y_2 = 40 - 0.3 \times 29 = 31.3$（万元）

当 $x=30$ 时，$y_3 = 40 - 0.3 \times 30 = 31$（万元）

通过比较可得：第三种方案运费最少，此时最少运费为 31 万元。

练习 2：

某企业为了适应市场经济的需要，决定进行人员结构的调整。该企业现有生产性行业人员 100 人，平均每人每年可创产值 a 元，现欲从中分流出 x 人去从事服务性行业。假设分流后，继续从事生产性行业的人员平均每人每年创造产值可增加 20%，而分流从事服务性行业的人员平均每年创造 $3.5a$ 元产值。如果保证分流后，该厂生产性行业的全年总产值不少于分流前生产性行业全年总产值，而服务性行业的全年总产值不少于分流前生产性行业的全年总产值的一半，试确定分流后从事服务性行业的人数。

分析一：找数量关系（见表5）

表5　某企业人员结构调整前后产值数量关系

	生产性行业人数（人）	服务性行业（人）	生产性行业的每人每年创造的产值（元）	服务性行业的每人每年创造的产值（元）	生产性行业全年创造的总产值（元）	服务型行业去年创造的总产值（元）
分流前	100	0	a	0	$100a$	0
分流后	$(100-x)$	x	$(a+20\%a)$	$3.5a$	$(100-x)\times(a+20\%a)$	$3.5ax$

分析二：找不等量关系

$\begin{cases}\text{分流后生产性行业全年总产值}\geqslant\text{分流前生产性行业全年总产值}\\ \text{分流后服务性行业全年总产值}\geqslant\text{分流前生产性行业全年总产值的一半}\end{cases}$

解：依题意，得

$$\begin{cases}(100-x)(a+20\%a)\geqslant100a\\ 3.5ax\geqslant\dfrac{1}{2}\times100a\end{cases}$$

解答略。

4. 分式方程的应用题

例4：某市为治理污水，铺设一段全长为3000m的污水排放管道，为了尽量减少施工对城市交通所造成的影响，实际施工时每天的工效比原计划增加25%，结果提前30d完成这一任务。实际每天铺设了多长管道？

分析一：找数量关系（见表6）

表6　管道铺设计划与实际施工数量关系

	工作总量（m）	工作效率（m/d）	工作时间（d）
原计划	3000	x	$\dfrac{3000}{x}$
实际	3000	$(1+25\%)x$	$\dfrac{3000}{(1+25\%)x}$

分析二：找相等关系

原计划时间 - 实际时间 = 30

解：设原计划每天铺设 x m 管道，依题意，得

$$\frac{3000}{x} - \frac{3000}{(1+25\%)\,x} = 30$$

解答略。

练习：

某市从今年 1 月 1 日起调整居民用水价格，每立方米水费上涨 $\frac{1}{3}$. 小丽家去年 12 月份的水费是 15 元，而今年 7 月份的水费则是 30 元。已知小丽家今年 7 月份的用水量比去年 12 月份的用水量多 5 m³，求该市今年居民用水的价格。

分析一：找数量关系（见表7）

表7　居民用水价格数量关系

	每立方米的价格（元）	用水量（m³）	水费（元）
去年 12 月	x	$\dfrac{15}{x}$	15
今年 2 月	$\left(1+\dfrac{1}{3}\right)x$	$\dfrac{30}{\left(1+\dfrac{1}{3}\right)x}$	30

分析二：找相等关系

今年 7 月用水量 − 去年 12 月用水量 = 5

解：设该市去年居民用水每立方米的价格为 x 元，则今年每立方米的水价为 $\left(1+\dfrac{1}{3}\right)x$ 元，依题意，得

$$\frac{30}{\left(1+\dfrac{1}{3}\right)x} - \frac{15}{x} = 5$$

解答略。

5. 一元二次方程的应用题

例5：某商场将进货价为 30 元的台灯以 40 元售出，平均每月能售出 600 个。调查表明：售价在 40~60 元范围内，这种台灯的售价每上涨 1 元，其销量就将减少 10 个。为了实现平均每月 10 000 元的销售利润，这种台灯的售价应定为多少？这时应进台灯多少个？

分析一：找数量关系（见表8）

表8　台灯销售量与利润的数量关系

	每个利润（元）	每月销量（个）	每月总利润（元）
涨价前	$40 - 30$	600	$(40 - 30) \times 600$
涨价后	$(40 + x) - 30$	$600 - 10x$	$[(40 + x) - 30] \times (600 - 10x)$

分析二：找相等关系

涨价后每月利润 = 10 000

解：设每个台灯涨价 x 元，依题意，得

$$[(40 + x) - 30] \times (600 - 10x) = 10\,000$$

解答略。

练习：

某商场礼品柜台春节期间购进大量贺年卡，这种贺年卡平均每天可售出 500 张，每张盈利 0.3 元。为了尽快减少库存，商场决定采取适当的降价措施，调查发现，如果这种贺年卡的售价每降价 0.1 元，那么商场平均每天可多售出 100 张。商场要想平均每天盈利 120 元，每张贺年卡应降价多少元？

分析一：找数量关系（见表9）

表9　贺年卡销量与利润的数量关系

	每张利润（元）	每天销量（张）	每天总利润（元）
降价前	0.3	500	0.3×500
降价后	$0.3 - x$	$500 + \dfrac{100x}{0.1}$	$(0.3 - x)\left(500 + \dfrac{100x}{0.1}\right)$

分析二：找相等关系

降价后每天总利润 = 120

解：设每张贺年卡应降价 x 元，依题意，得

$$(0.3 - x)\left(500 + \frac{100x}{0.1}\right) = 120$$

解答略。

3. 二次分析法的本质认识

在我国数学教育界，众多理论与实践工作者重数学而轻数学教育。尤其在

中小学数学课堂内，学术形态的数学往往没有转化为教育形态的数学，导致学生听不明、学不懂、做不会。教师对应用题教学未能洞察思维过程，缺少认知心理层面的分析，有的只是解题技巧的展示和解题方法的呈现。到底如何展开思维？本人通过以上的例题和练习的元认知分析，以问题解决为目的，以找数量关系和找相等（或不等）关系为手段，力图建构"面包问题"——单价×数量＝金额，抽象为 $xy = k$；变形即为 $y = \dfrac{k}{x}$；对于 $ax + by = c$ 变形为 $y = -\dfrac{a}{b}x +$

$\dfrac{c}{b}$ （$b \neq 0$，$a \neq 0$）；对于 $ax^2 + bx + c = 0$ （$a \neq 0$）变形为 $y = ax^2 + bx + c$ （$a \neq 0$）.

将方程与函数（反比例函数、一次函数、二次函数）的本质联系起来，借助微积分等工具解决更深层次的实际应用问题，编成程序软件，形成产业链，这将是初中数学应用题教学对生产力发展的卓越贡献。

参考文献

[1] 张娟萍. 中小学数学中方程内容的衔接 [J]. 中学数学教学参考旬刊，2011（08）：2 - 4.

[2] 王岳庭. 初中数学应用题的类型与解法 [M]. 杭州：杭州大学出版社，1996.

[3] 张奠宙，戴再平. 初中数学应用问题 [M]. 上海：华东师范大学出版社，1998.

[4] 马复. 七年级数学（上册）[M]. 北京：北京师范大学出版社，2016.

[5] 马复. 八年级数学（上册）[M]. 北京：北京师范大学出版社，2013.

[6] 林群. 七年级数学（下册）[M]. 北京：人民教育出版社，2016.

[7] 薛金星. 高效学习法（八年级下册）[M]. 北京：北京教育出版社，2007.

[8] 马复. 八年级数学（下册）[M]. 北京师范大学出版社，2013.

[9] 马复. 九年级数学（上册）[M]. 北京：北京师范大学，2014.

[10] 罗增儒. 中学数学解题的理论与实践 [M]. 南宁：广西教育出版社，2008.

二次函数与一次函数

二次函数与一次函数的结合是中考数学题的常见题型，本文进行归纳分析如下。

例 1：已知二次函数的图象的顶点为 $(1，2)$，且与直线 $y = x + k$ 相交于点 $(2，1)$，求二次函数的图象与直线 $y = x + k$ 的另一交点的坐标。

解：设二次函数的解析式为 $y = a(x - 1)^2 + 2$

依题意，得

$$\left.\begin{array}{l} y = a\ (x-1)^2 + 2 \\ y = x + k \\ x = 2\ 时，y = 1 \end{array}\right\} \Rightarrow \left.\begin{array}{l} 1 = a\ (2-1)^2 + 2 \\ 1 = 2 + k \end{array}\right\} \Rightarrow a = -1，k = -1$$

$$\therefore \left\{\begin{array}{l} y = -(x-1)^2 + 2 \\ y = x - 1 \end{array}\right. \quad 解得 \quad \left\{\begin{array}{l} x_1 = -1 \\ y_1 = -2 \end{array}\right.， \left\{\begin{array}{l} x_2 = 2 \\ y_2 = 1 \end{array}\right. （舍）$$

$\therefore$ 另一交点的坐标为 $(-1，-2)$.

例 2：如图 1 所示，已知一次函数 $y = kx + b$ 的图象交二次函数 $y = x^2 - mx + m - 1$ 的对称轴于点 Q $(3，0)$，且 $y = kx + b$ 的图象与两坐标轴围成的三角形的面积为 3，求一次函数和二次函数的解析式。

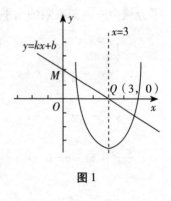

图1

解：据题意，设 $y = kx + b$ 交 y 轴于 M $(0，b)$，

$$\left.\begin{array}{l} S_{\triangle OQM} = 3 \\ S_{\triangle OQM} = \dfrac{1}{2}|OM| \cdot |OQ| \end{array}\right\} \Rightarrow 3 = \dfrac{1}{2} \times |b| \times 3 \Rightarrow$$

$|b| = 2 \Rightarrow b = \pm 2$

$$又 \therefore \left.\begin{array}{l} y = kx + b \\ x = 3\ 时，y = 0 \end{array}\right\} \Rightarrow \left.\begin{array}{l} b = -3k \\ b = \pm 2 \end{array}\right\} \Rightarrow k = \pm \dfrac{2}{3}$$

$\therefore$ 一次函数的解析式为 $y = \dfrac{2}{3}x - 2$ 或 $y = -\dfrac{2}{3}x + 2$

$又 \because -\dfrac{m}{2 \times 1} = 3 \Rightarrow m = 6$

∴二次函数的解析式为 $y = x^2 - 6x + 5$.

例3：如图2所示，已知抛物线 $y = ax^2 + bx + c$ ($a \neq 0$) 经过 A（-3，3），B（3，-3）两点，试问：抛物线上是否存在一点 P，使得 $PA = PB$，并证明你的结论。

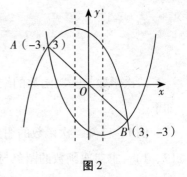

图2

解：依题意，得

$$\begin{cases} 9a - 3b + c = 3 \\ 9a + 3b + c = -3 \end{cases}$$

解得 $a = \dfrac{c}{9}$，$b = -1$

∴$y = -\dfrac{c}{9}x^2 - x + c$

当 $c > 0$ 时，抛物线开口向下；

当 $c < 0$ 时，抛物线开口向上。

假设抛物线上存在一点 P，使得 $PA = PB$，根据已知作出的抛物线的图象所示，则 P 点即在抛物线上，也在线段 AB 的垂直平分线上，显然线段 AB 的垂直平分线为一、三象限的角平分线即 $y = x$.

∴$\begin{cases} y = x \\ y = -\dfrac{c}{9}x^2 - x + c \end{cases}$

∴$x = -\dfrac{c}{9}x^2 - x + c$

$\dfrac{c}{9}x^2 + 2x - c = 0$

∴$\Delta = 2^2 - 4 \times \dfrac{c}{9} \times (-c) = 4 + \dfrac{4}{9}c^2 > 0$

∴抛物线与直线 $y = x + 3$ 有两个交点。

∴假设是正确的。即抛物线上存在一点 P 可以使 $PA = PB$.

例4：已知点 A（-1，-1）在抛物线 $y = (k^2 - 1)x^2 - 2(k - 2)x + 1$ 上。

（1）求抛物线的对称轴。

（2）在抛物线上另有一点 B 与点 A 关于对称轴对称，问是否存在经过点 B 且与抛物线只有一个交点的直线，若存在，求出符合条件的直线；若不存在，说明理由。

（1）解：依题意，得

$\left.\begin{array}{l} y=(k^2-1)x^2-2(k-2)x+1 \\ x=-1 \text{ 时，} y=-1 \\ k^2-1\neq0 \end{array}\right\} \Rightarrow k=-3 \text{ 或 } 1 \text{（舍去）}$

$\therefore$ 抛物线为 $y=8x^2+10x+1$，对称轴是直线 $x=-\dfrac{5}{8}$.

（2）$\because B$ 点与 A 点关于 $x=-\dfrac{5}{8}$ 对称

$\therefore B$ 点坐标为 $(x,-1)$，且 B 在抛物线上

$-1=8x^2+10x+1 \Rightarrow 4x^2+5x+1=0$

解得 $x_1=-1$，$x_2=-\dfrac{1}{4}$

$\therefore B$ 点坐标为 $\left(-\dfrac{1}{4},-1\right)$

假设存在直线 $y=mx+n$ 与抛物线 $y=8x^2+10x+1$ 只交于一点 B

$\therefore -1=-\dfrac{1}{4}m+n \Rightarrow m-4n=4 \qquad ①$

又 $\because \begin{cases} y=mx+n \\ y=8x^2+10x+1 \end{cases}$ 只有一个实数解。

$\therefore 8x^2+(10-m)x+1-n=0$

$\because \Delta=0$

$\therefore (10-m)^2-4\times8\times(1-n)=0 \qquad ②$

由①②得 $\begin{cases} m=6 \\ n=\dfrac{1}{2} \end{cases}$

$\therefore y=6x+\dfrac{1}{2}$

当直线过 $B\left(-\dfrac{1}{4},-1\right)$ 且与 y 轴平行时，直线与抛物线只有一个交点

$\therefore$ 直线为 $x=-\dfrac{1}{4}$

$\therefore$ 符合条件的直线为 $y=6x+\dfrac{1}{2}$；$x=-\dfrac{1}{4}$.

121

例5：如图3所示，已知抛物线 $y = \frac{1}{2}x^2 + px + q$ $(q \neq 0)$ 与直线 $y = x$ 交于两点 A、B，与 y 轴交于点 C，$OA = OB$，$BC // x$ 轴．求 p 和 q 的值。

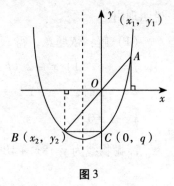

图3

解：两线交于 A、B 两点

$$\begin{cases} y = \frac{1}{2}x^2 + px + q \\ y = x \end{cases} \Rightarrow x^2 + 2(p-1)x + 2q = 0$$

设 $A(x_1, y_2)$、$B(x_2, y_2)$，由 $OA = OB$，知 A、B 两点关于 O 点对称，$x_1 + x_2 = 0$

即 $-2(p-1) = 0$

$\therefore p = 1$

$\therefore$ 抛物线为 $y = \frac{1}{2}x^2 + x + q$

$\therefore$ 对称轴为 $x = -\frac{b}{2a} = -1$

$\because BC // x$ 轴可知 B、C 两关于直线 $x = -1$ 对称

$\therefore \frac{x_1 + x_2}{2} = -1 \Rightarrow x_1 + x_2 = -2$

$\because$ 点 C 的横坐标是0

$\therefore$ 点 B 的横坐标 $x_2 = -2$，A 点的横坐标 $x_1 = 2$

$\because x_1 x_2 = q$

$\therefore q = -2$

$\therefore p = 1$，$q = -2$

例6：抛物线 $y = x^2 - 4x + 4$ 与 y 轴交于点 A，与直线 $y = x$ 交于 P、Q 两点，如图4所示，求 $\triangle PAQ$ 的面积。

解：$S_{\triangle PAQ} = S_{\triangle OAQ} - S_{\triangle OAP}$

$$\begin{cases} y = x^2 - 4x + 4 \\ x = 0 \end{cases} \Rightarrow y = 4$$

$\therefore A(0, 4)$

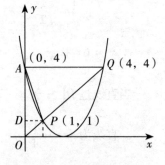

图4

$$\begin{cases} y = x^2 - 4x + 4 \\ y = x \end{cases}$$

解得 $x_1 = 4$，$x_2 = 1$

$\therefore P$ (1，1)，Q (4，4)

$\therefore S_{\triangle PAQ} = \dfrac{1}{2}|OA| \cdot |AQ| - \dfrac{1}{2}|OA| \cdot |PD|$

$\qquad\qquad = \dfrac{1}{2} \times 4 \times 4 - \dfrac{1}{2} \times 4 \times 1$

$\qquad\qquad = 8 - 2$

$\qquad\qquad = 6$

抛物线中的相似三角形

相似三角形是初中数学教学中的一个难点，它与抛物线的结合题型是中考压轴题的常见题型。本文以六个例题进行归纳分析。

例1：（1999 年天津市中考，平冈第五次月考） 已知二次函数 $y = ax^2 + bx + c$ 的图像过点 A (2，4)，它的顶点横坐标为 $\dfrac{1}{2}$；它的图像与 x 轴交于两点 B (x_1，0)、C (x_2，0)，$x_1 < x_2$；与 y 轴交于点 D，且 $x_1^2 + x_2^2 = 13$. 试问：y 轴上是否存在点 P，使得 $\triangle POB$ 与 $\triangle DOC$ 相似（O 为坐标原点）？若存在，请求出 P 点坐标；并求出过 B、P 两点的直线的解析式。若不存在，请说明理由。

解：依题意，先求解析式，再求 B、C、D 点的坐标

$$\begin{cases} y = ax^2 + bx + c \\ x = 2 \text{ 时，} y = 4 \end{cases} \Rightarrow 4 = 4a + 2b + c \qquad ①$$

$\because$ 顶点的横坐标为 $\dfrac{1}{2}$

$\therefore -\dfrac{b}{2a} = \dfrac{1}{2}$ ②

又 $\because y = ax^2 + bx + c$ 的图象与 x 轴交于点 B (x_1，0)、C (x_2，0)

$\therefore x_1$，x_2 是方程 $ax^2 + bx + c - 0$ 的两个根

$$\therefore \begin{cases} x_1 + x_2 = -\dfrac{b}{a} \\ x_1 x_2 = \dfrac{c}{a} \end{cases}$$

由 $x_1^2 + x_2^2 = 13$ 得

$$(x_1 + x_2)^2 - 2x_1 x_2 = 13$$

$$\left(-\dfrac{b}{a}\right)^2 - \dfrac{2c}{a} = 13$$

$$\therefore \dfrac{b^2}{a^2} - \dfrac{2c}{a} = 13 \qquad ③$$

由①、②、③得 $a = -1$，$b = 1$，$c = 6$

$$\therefore y = -x^2 + x + 6$$

令 $y = 0$ 则 $-x^2 + x + 6 = 0 \Rightarrow x^2 - x - 6 = 0$，解得 $x_1 = -2$，$x_2 = 3$

∴ 与 x 轴的交点为 B（-2，0）、C（3，0）

令 $x = 0$，则 $y = 6$

∴ 抛物线与 y 轴的交点 D 为（0，6）

如图 1 所示，设 y 轴上存在点 P，使 △POB 与 △DOC 相似，有两种情况

当 △$POB \backsim$ △DOC 时，有 $\dfrac{OB}{OC} = \dfrac{PO}{DO}$，而 $OB = 2$，

$OC = 3$，$DO = 6$

$$\therefore \dfrac{2}{3} = \dfrac{PO}{6}$$

$$\therefore PO = 4$$

即 P 点为（0，4）或（0，-4）

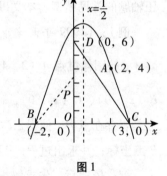

图 1

当 P 点为（0，4）时，过 B、P 两点的直线为 $\left.\begin{array}{l} y = kx + 4 \\ x = -2 \text{ 时，} y = 0 \end{array}\right\} \Rightarrow 0 = -2k + 4$

$$\therefore k = 2$$

$$\therefore y = 2x + 4$$

当 P 点为（0，-4）时，过 B、P 两点的直线为 $\left.\begin{array}{l} y = kx - 4 \\ x = -2 \text{ 时，} y = 0 \end{array}\right\} \Rightarrow k = -2$

$$\therefore y = -2x - 4$$

当 $\triangle POB \backsim \triangle COD$ 时，有 $\dfrac{PO}{CO} = \dfrac{OB}{OD}$，$OB = 2$，$OC = 3$，$DO = 6$

$\therefore \dfrac{PO}{3} = \dfrac{2}{6}$

$\therefore PO = 1$

即 P 点坐标为（0，1）或（0，-1）

当 P 点为（0，1）时，过 B、P 两点的直线为 $\left.\begin{array}{l} y = kx + 1 \\ x = -1 \text{ 时，} y = 0 \end{array}\right\} \Rightarrow 0 = -2k + 1$

$\therefore k = \dfrac{1}{2}$

$\therefore y = \dfrac{1}{2}x + 1$

当 P 点为（0，-1）过 B、P 两点的直线为 $\left.\begin{array}{l} y = kx - 1 \\ x = -2 \text{ 时，} y = 0 \end{array}\right\} \Rightarrow 0 = -2k - 1$

$\therefore k = -\dfrac{1}{2}$

$\therefore y = -\dfrac{1}{2}x - 1$

$\therefore$ 当 P 点为（0，4）时，$y = 2x + 4$；当 P 点为（0，-4）时，$y = -2x - 4$；当 P 点为（0，1）时，$y = \dfrac{1}{2}x + 1$；当 P 点为（0，-1）时，$y = -\dfrac{1}{2}x - 1$.

注意：假如没有 $x_1 < x_2$ 的限制，还应解答点 B 为（3，0），C 为（-2，0），D 为（0，6）时，$\triangle POB \backsim \triangle DOC$ 和 $\triangle POB \backsim COD$ 两种情况。

例 2：已知点 A（-3，0），D（2，0），C（0，4）.有一条直线经过 A 点与 y 轴相交于点 B，当 $\triangle BOA$ 与 $\triangle COD$ 相似时，求点 B 的坐标，并求过 A、B 两点的直线的解析式。

解：依题意，如图 2 所示

经过 A 点的直线与 y 轴相交于点 B，使 $\triangle BOA$ 与 $\triangle COD$ 相似，有两种情况：

当 $\triangle BOA \backsim \triangle COD$ 时，有 $\dfrac{BO}{CO} = \dfrac{OA}{OD}$，$OA = 3$，$OD = 2$，$OC = 4$.

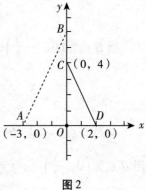

图 2

125

$$\therefore \frac{BO}{4} = \frac{3}{2}$$

$$\therefore BO = 6$$

即 B 点的坐标为 $(0, 6)$ 或 $(0, -6)$

当 B 点为 $(0, 6)$ 时，过 A、B 两点的直线为

$$\left. \begin{array}{l} y = kx + 6 \\ x = -3 \text{ 时，} y = 0 \end{array} \right\} \Rightarrow 0 = -3k + 6$$

$$\therefore k = 2$$

$$\therefore y = 2x + 6$$

当 B 点为 $(0, -6)$ 时，过 A、B 两点的直线为

$$\left. \begin{array}{l} y = kx - 6 \\ x = -3 \text{ 时，} y = 0 \end{array} \right\} \Rightarrow 0 = -3k - 6 \Rightarrow k = -2$$

$$\therefore y = -2x - 6$$

当 $\triangle BOA \backsim \triangle DOC$ 时，有 $\dfrac{BO}{DO} = \dfrac{OA}{OC}$，而 $OA = 3$，$OD = 2$，$OC = 4$

$$\therefore \frac{BO}{2} = \frac{3}{4}$$

$$\therefore BO = \frac{3}{2}，\text{ 即 } B \text{ 点的坐标为} \left(0, \frac{3}{2}\right) \text{或} \left(0, -\frac{3}{2}\right)$$

当 B 点为 $\left(0, \dfrac{3}{2}\right)$ 时，过 A、B 两点的直线为 $\left. \begin{array}{l} y = kx + \dfrac{3}{2} \\ x = -3 \text{ 时，} y = 0 \end{array} \right\} \Rightarrow k = \dfrac{1}{2}$

$$\therefore y = \frac{1}{2}x + \frac{3}{2}$$

当 B 点为 $\left(0, -\dfrac{3}{2}\right)$ 时，过 A、B 两点的直线为 $\left. \begin{array}{l} y = kx - \dfrac{3}{2} \\ x = -3 \text{ 时，} y = 0 \end{array} \right\} \Rightarrow k = -\dfrac{1}{2}$

$$\therefore y = -\frac{1}{2}x - \frac{3}{2}$$

$\therefore$ 当 B 点为 $(0, 6)$ 时，$y = 2x + 6$；当 B 点为 $(0, -6)$ 时，$y = -2x - 6$；

当 B 点为 $\left(0, \dfrac{3}{2}\right)$ 时，$y = \dfrac{1}{2}x + \dfrac{3}{2}$；当 B 点为 $\left(0, -\dfrac{3}{2}\right)$ 时，$y = -\dfrac{1}{2}x - \dfrac{3}{2}$.

例3：如图3所示，已知抛物线 $y = x^2 + c^2x + c - 2$ 与 x 轴相交于 A、B 两点，与 y 轴相交于点 C，当 C 为何值时，$\triangle AOC$ 与 $\triangle BOC$ 相似？

解：$\triangle AOC$ 与 $\triangle BOC$ 相似的一种特殊性情况是 $\triangle AOC \cong \triangle BOC$，如图3所示，设 $A(x_1, 0)$，$B(x_2, 0)$，对于 $x^2 + c^2x + c - 2 = 0$，有 $x_1 + x_2 = 0$ 而 $x_1 + x_2 = -c^2$

$\therefore -c^2 = 0$，即 $c = 0$

$\therefore$ 当 c 为 0 时，$\triangle AOC \cong \triangle BOC$，即 $\triangle AOC$ 与 $\triangle BOC$ 相似。

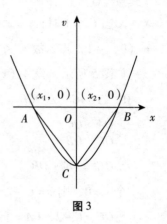

图3

如图4所示，当 $\angle ACB = 90°$ 时，$\angle 1 = \angle 2$，$\triangle AOC \backsim \triangle BOC$

$\therefore \dfrac{AO}{CO} = \dfrac{OC}{OB}$

$OC^2 = OA \cdot OB$

设 $A(x_1, 0)$，$B(x_2, 0)$，且 $x_1 \cdot x_2 < 0$

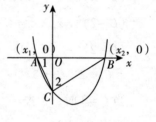

图4

$\therefore (C-2)^2 = |x_1| \cdot |x_2|$

$\qquad = |x_1 \cdot x_2|$

$\qquad = -x_1 \cdot x_2 \ (\because x_1 \cdot x_1 < 0)$

$\therefore (C-2) = -(C-2)$

$(C-2)^2 + C - 2 = 0$

$(C-2)(C-2+1) = 0$

解得 $C_1 = 2$，$C_2 = 1$

令 $y = 0$

则 $x^2 + C^2x + C - 2 = 0$

有 $x_1 \cdot x_2 = C - 2$

令 $x = 0$，有 $y = C - 2$

$\therefore$ 点 C 为 $(0, C-2)$

$\therefore$ 当 $C_1 = 2$ 时，$y = x^2 + 4x$ 中 $\Delta > 0$，抛物线与 x 轴有两个交点，与 y 轴交于原点，故舍去

$\therefore$ 当 $C_2 = 1$ 时，$y = x^2 + x - 1$ 中 $\Delta > 0$，抛物线与 x 轴有两个交点，与 y 轴交于 $(0, -1)$ 点，故 C 为 1 时，$\triangle AOC \backsim \triangle BOC.$

如图 5 所示，设 $A(x_1, 0)$，$B(x_2, 0)$ 且 $x_1 \cdot x_2 > 0$，$\triangle OAC \backsim \triangle OCB$

$\therefore \dfrac{OA}{OC} = \dfrac{OC}{OB}$

$\therefore OC^2 = OA \cdot OB$

令 $x = 0$，则 $y = C - 2$

$\therefore OC = C - 2$，$CA = |x_1|$，$OB = |x_2|$

$\therefore OC^2 = |x_1| \cdot |x_2|$

$(C - 2)^2 = |x_1 \cdot x_2|$

$(C - 2)^2 = x_1 \cdot x_2 = C - 2 \quad (\because x_1 \cdot x_2 > 0)$

$(C - 2)^2 - (C - 2) = 0 \Rightarrow (C - 2)(C - 2 - 1) = 0$

$\therefore C_1 = 2$，$C_2 = 3$

当 $C = 2$ 时，舍去。

$\therefore$ 当 $C = 3$ 时，$y = x^2 + 9x + 1$ 符合条件，故 C 为 3 时，$\triangle OAC \backsim \triangle OCB$

$\therefore$ 综上所述，当 C 为 0 或 1 或 3 时，$\triangle OAC$ 与 $\triangle OCB$ 相似。

例 4：（1999 年黑龙江中考，平冈第六次月考）

如图 6 所示，抛物线 $y = mx^2 - 8mx - 4\sqrt{3}$ 与 x 轴交于 A、B 两点，OA 长为 a，OB 长为 b.

（1）若 $a : b = 1 : 3$，求 m 的值及抛物线的对称轴方程。

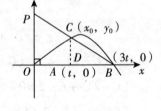

图 6

（2）在第一象限的抛物线上有一点 C，恰使 $\triangle OCA \backsim \triangle OBC$，作 BC 的延长线交 y 轴于 P，若 C 是 BP 的中点，求 C 点的坐标。

（3）求 $\dfrac{BC}{AC}$ 的值及 $\angle COA$ 的度数。

解：（1）设 $a = t$，则 $b = 3t$

$\because t$ 与 $3t$ 是方程 $mx^2 - 8mx - 4\sqrt{3} = 0$ 的两个根

$$\therefore \begin{cases} 3t + t = 8 \\ 3t \cdot t = -\dfrac{4\sqrt{3}}{m} \end{cases} \quad 解得 \ t = 2, \ m = -\dfrac{\sqrt{3}}{3}$$

对称轴方程为 $x = -\dfrac{-8m}{2m} = 4.$

(2) $\because \triangle OAC \backsim \triangle OBC$

$\therefore \dfrac{OC}{OB} = \dfrac{OA}{OC} \Rightarrow OC^2 = OA \cdot OB$

由 (1) 知 $OA = 2$, $OB = 6$

$\therefore OC^2 = 12$, $OC = 2\sqrt{3}$

又$\because OC$ 是 $\text{Rt}_{\triangle OBP}$斜边 BP 上的中线

$\therefore BP = 2OC = 4\sqrt{3}$

设 C 点为 (x_0, y_0), 过点 C 作 $CD \perp x$ 轴于 D 点, 则 D 是 OB 的中点

$\therefore OD = 3$, 即 $x_0 = 3$, 从而 $y_0 = \sqrt{OC^2 - OD^2} = \sqrt{12 - 9} = \sqrt{3}$

$\therefore C$ 点坐标为 $(3, \sqrt{3})$.

(3) 由 $\triangle COA \backsim \triangle OBC \Rightarrow \dfrac{BC}{AC} = \dfrac{OC}{OA} = \dfrac{2\sqrt{3}}{2} = \sqrt{3}$

$\sin \angle COA = \dfrac{CD}{OC} = \dfrac{\sqrt{3}}{2\sqrt{3}} = \dfrac{1}{2}$

$\therefore \angle COA = 30°$

例 5: (平冈第一次模拟考) 已知直线 $y = -2x + 6$ 交 x 轴于点 A, 交 y 轴于点 B. 抛物线 $y = ax^2 + bx + c$ 经过 A、B 两点及 x 轴上另一点 C, 且 $AC = 2$.

(1) 当$\angle BCO > \angle BAO$ 时, 求抛物线的解析式。

(2) 设点 D 的坐标是 $(-2, 0)$, 试在线段 AB 上确定一点 P, 使$\triangle APD$ 与$\triangle ABO$ 相似, 求点 P 的坐标。

(3) 在 (1) (2) 的条件下, 在 x 轴下方的抛物线上是否存在点 E, 使$\triangle ADE$ 的面积等于四边形 $APCE$ 的面积? 如果存在, 求出点 E 的坐标; 如果不存在, 请说明理由。

解: (1) 由 $y = -2x + 6$ 可求得 $A\ (3, 0)$, $B\ (0, 6)$

由 $AC = 2$, 可求得 $C_1\ (1, 0)$, $C_2\ (5, 0)$

$\because \angle BCO > \angle BAO$, 故取点 $C_1\ (1, 0)$

∴ 由 A、B、C_1 三点的坐标求得 $y = 2x^2 - 8x + 6$.

（2）过 D 点作 $DP \perp AB$ 于 P 点，交 y 轴于 T 点，有 $\triangle DTO \backsim \triangle BAO \backsim \triangle DAP$

∴ $\dfrac{DO}{OT} = \dfrac{OB}{OA} \Rightarrow \dfrac{2}{OT} = \dfrac{6}{3}$

∴ $OT = 1$，则 T（0，1）

过点 D（-2，0），T（0，1）的直线为 $y = \dfrac{1}{2}x + 1$

解方程组 $\begin{cases} y = \dfrac{1}{2}x + 1 \\ y = -2 + 6 \end{cases}$ 得 $\begin{cases} x = 2 \\ y = 2 \end{cases}$

即 P 点为（2，2）.

（3）假设存在点 E，则有 $S_{\triangle APC} = S_{\triangle CDE} = 2$

∵ $CD = 3$

∴ $\triangle CED$ 的 DC 边上的交点为 $\dfrac{4}{3}$

当 $y = -\dfrac{4}{3}$ 时，由 $-\dfrac{4}{3} = 2x^2 - 8x + 6$

可得 $x_1 = \dfrac{6 - \sqrt{3}}{3}$，$x_2 = \dfrac{6 + \sqrt{3}}{3}$

∴ E 点坐标为 $\left(\dfrac{6 - \sqrt{3}}{3}, -\dfrac{4}{3} \right)$ 或 $\left(\dfrac{6 + \sqrt{3}}{3}, -\dfrac{4}{3} \right)$.

例6：如图7所示，在平面直角坐标系 xoy 中，

抛物线 $y = \dfrac{1}{8}x^2 + 6nx + 72n^2 - 2n$ 与 x 轴交于 A（x_1，

0），B（x_2，0）（$x_1 < x_2$）两点，与 y 轴交于点 C.

（1）求 n 的取值范围。

（2）若 $n > \dfrac{1}{36}$，且 $AO + BO = 3CO$，求抛物线解

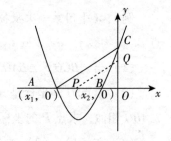

图7

析式及点 A、B、C 的坐标。

（3）在（2）的情形下，点 P、Q 分别从 A、O 两点同时出发，沿 AB、OC 方向运动，Q 点运动的速度是 P 点运动速度的2倍，当 P 点运动到 B 点时，P、Q 两点同时停止运动，设 $AP = k$，问是否存在这样的 k 值，使以 P、O、Q 为顶点的三角形与 $\triangle AOC$ 相似？若存在，求出所有这样的 k 值；若不存在，请说明理由。

解：（1）∵ 如图7，抛物线与 x 轴交于 A、B 两点

∴ $\Delta > 0$

即 $b^2 - 4ac = (6n)^2 - 4 \times \dfrac{1}{8}(72n^2 - 2n) > 0$

$\qquad\qquad = 36n^2 - 36n^2 + n > 0$

∴ $n > 0$.

（2）对于 $\dfrac{1}{8}x^2 + 6nx + 72n^2 - 2n = 0$

有 $\begin{cases} x_1 + x_2 = -\dfrac{b}{a} = -\dfrac{6n}{\frac{1}{8}} = -48n \\[4mm] x_1 \cdot x_2 = \dfrac{c}{a} = 8(72n^2 - 2n) = 16n(36n - 1) \end{cases}$

∵ $n > \dfrac{1}{36}$

∴ $-48n < 0$，即 $x_1 + x_2 < 0$

∵ $n > \dfrac{1}{36}$

∴ $36n - 1 > 0$

∴ $16n(36n - 1) > 0$ 即 $x_1 \cdot x_2 > 0$

说明 x_1 与 x_2 同号，且在 y 轴的左侧

∴ $x_1 < 0$，$x_2 < 0$

抛物线的图象大致如图8所示

$OA = |x_1| = -x_1$

$OB = |x_2| = -x_2$

$OC = 72n^2 - 2n$

∵ $AO + BO = 3CO$

∴ $-x_1 - x_2 = 3(72n^2 - 2n)$

又∵ $x_1 + x_2 = -48n$

∴ $48n = 216n^2 - 6n$

$216n^2 - 54n = 0$

$54n(4n - 1) = 0$

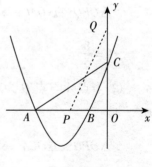

图8

$\therefore n_1 = 0$，$n_2 = \dfrac{1}{4}$

$\because n > 0$

$\therefore n_1 = 0$ 舍去

$\therefore n = \dfrac{1}{4}$

抛物线的解析式为 $y = \dfrac{1}{8}x^2 + \dfrac{3}{2}x + 4$

$\therefore C$ 点坐标为 $(0, 4)$

令 $y = 0$

$\therefore \dfrac{1}{8}x^2 + \dfrac{3}{2}x + 4 = 0$

解得 $x_1 = -8$，$x_2 = -4$.

$\because x_1 < x_2$

$\therefore A$ 点为 $(-8, 0)$，B 点为 $(-4, 0)$.

（3）分为两种情形讨论：

① 当点 A 与点 P 为对应顶点时（见图7），$AP = k$

$\because Q$ 点速度是 P 点速度的 2 倍

$\because OQ = 2k$

$\because OA = 8$

$\therefore OP = 8k$，$OC = 4$，$OQ = 2k$

$\because \triangle OPQ \backsim \triangle OAC \Rightarrow \dfrac{OP}{OA} = \dfrac{OQ}{OC} \Rightarrow \dfrac{8-k}{8} = \dfrac{2k}{8}$

$\therefore k = \dfrac{8}{5}$

② 当点 A 与点 Q 为对应顶点时（见图8），$AP = k$，$OP = 8k$，$OQ = 2k$，$OC = 4$

$\therefore \triangle OPQ \backsim \triangle OCA \Rightarrow \dfrac{OP}{OC} = \dfrac{OQ}{OA} \Rightarrow \dfrac{8-k}{4} = \dfrac{2k}{8} \Rightarrow k = 4$

即点 P 与点 B 重合

$\therefore$ 综上所述，存在 k 值为 $\dfrac{8}{5}$ 或 4，使以 P、O、Q 为顶点的三角形与 $\triangle AOC$ 相似。

初中数学基本图形与结论

1. 如图 1 所示，OM 平分 $\angle BOC$，ON 平分 $\angle AOC$，则 $\angle NOM =$ _____。

2. 如图 2 所示，$AB \parallel CD$，GM 平分 $\angle BGF$，HM 平分 $\angle DHE$，则 $\angle HMG =$ _____。

3. 如图 3 所示，$\angle BOC =$ _____。

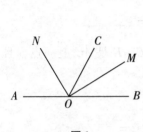
图 1

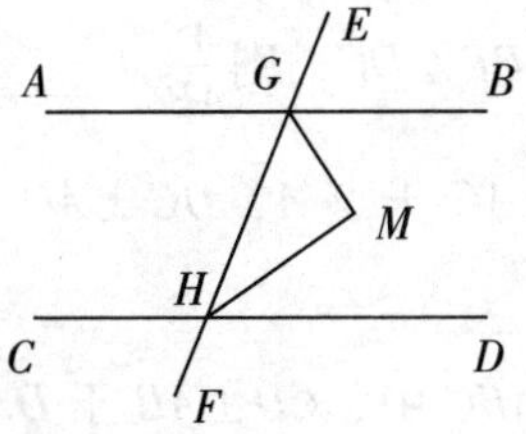

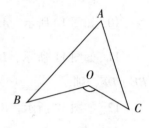
图 2

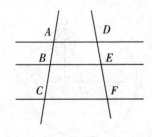
图 3

4. 如图 4 所示，$AD \parallel BE \parallel CF$，则有比例式：_____，_____，_____。

5. 如图 5 所示，$\triangle ABC$ 中，I 是内心，$\angle A = 50°$，则 $\angle BIC =$ _____。

6. 如图 6 所示，$\triangle ABC$ 中，$DE \parallel BC$，则 $\triangle ADE \backsim$ _____

$\Rightarrow \dfrac{AD}{DB} =$ _____；$\dfrac{BD}{BA} =$ _____；$\dfrac{AD}{AB} =$ _____ $=$ _____。

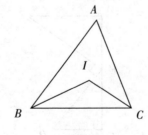
图 4

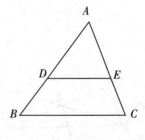
图 5

图 6

7. 如图 7 所示，$AB \parallel CD$，则 $\triangle AOB \backsim$ _____ $\Rightarrow \dfrac{OA}{OC} =$ _____ $=$ _____。

8. 如图 8 所示，$\left.\begin{array}{l} \angle A = \angle A \\ \angle 1 = \angle B \end{array}\right\} \Rightarrow \triangle AED \backsim$ _____ $\Rightarrow$ _____。

9. 如图 9 所示，$\left.\begin{array}{l} \angle A = \angle A \\ \angle 1 = \angle B \end{array}\right\} \Rightarrow \triangle ACD \backsim$ _____ $\Rightarrow$ _____。

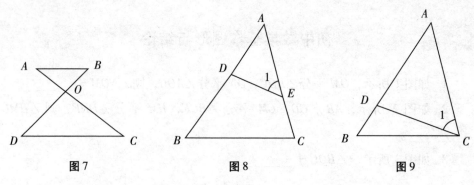

图7　　　　　　　　图8　　　　　　　　图9

10. 如图 10 所示，$AB // EF // DC$，则 $\dfrac{1}{AB} +$ _____ = _____。

11. 如图 11 所示，$BA \perp AC$ 于点 A，$DC \perp AC$ 于点 C，E 是 AC 上一点，且 $BE \perp DE$，则 _____ ∽ _____。

12. 如图 12 所示，Rt$\triangle ABC$ 中，$CD \perp AB$ 于 D.

（1）角：$\angle B + \angle A =$ _____，$\angle 1 =$ _____，$\angle 2 =$ _____。

（2）边：$AC^2 =$ _____，$BC^2 =$ _____，$CD^2 =$ _____，$AC^2 = BC^2 =$ _____，$AC \cdot BC =$ _____。

若 M 为 AB 的中点，则 $CM =$ _____，且 M 为 $\triangle ABC$ 外接圆的 _____。

（3）角与边：若 $\angle A = 30°$，则 $CD =$ _____，$CB =$ _____。

（4）图中有 _____ 对相似三角形，$\triangle ACD$ ∽ _____ ∽ _____。

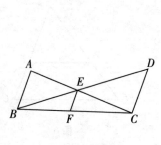

图10

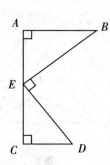

图11

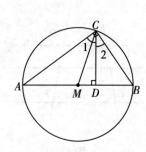

图12

13. 如图 13 所示，$l_1 // l_2$，P_1、P_2 是直线 l_1 上两点，A、B 是直线 l_2 上两点，则 $S_{\triangle P_1 AB} : S_{\triangle P_2 AB} =$ _____。

（即：同底等高的两个三角形面积 _____）

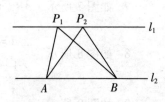

图13

14. 如图 14 所示，$l_1 // l_2$，P 是直线 l_1 上一点，A、B、C、D 是直线 l_2 上的点，则 $S_{\triangle PAB} : S_{\triangle PCD}$ = _____。

（即：等高不等底的两个三角形面积之比等于_____）

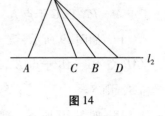

图 14

15. 如图 15 所示，P_1、P_2 是直线 l_1 上两点，A、B 是直线 l_2 上两点，则 $S_{\triangle P_1AB} : S_{\triangle P_2AB}$ = _____。

（即：同底不等高的两个三角形面积之比等于_____）

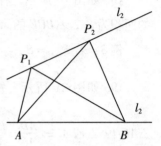

图 15

例 1：（2011 陕西）如图 16 所示，过 y 轴上任意一点 P，作 x 轴的平行线，分别与反比例函数 $y = -\dfrac{4}{x}$（$x < 0$）和 $y = \dfrac{2}{x}$（$x > 0$）的图像交于 A 点和 B 点，若 C 为 x 轴任意一点，连结 AC、BC，则 $\triangle ABC$ 的面积为（　　）。

A. 3　　　　　　　　　　B. 4

C. 5　　　　　　　　　　D. 6

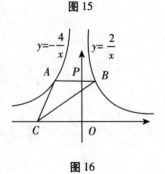

图 16

例 2：如图 17 所示，已知 A 是双曲线 $y = \dfrac{2}{x}$（$x > 0$）上一点，过点 A 作 $AB // x$ 轴，交双曲线 $y = -\dfrac{3}{x}$（$x < 0$）于点，若 $OA \perp OB$，则 $\dfrac{OA}{OB}$ = _____。

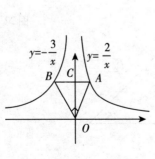

图 17

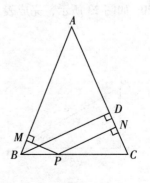

图 18

16. 如图 18 所示，△ABC 中，$AB = AC$，点 P 为 BC 边上任意一点，$PM \perp AB$ 于点 M，$PN \perp AC$ 于点 N，$BD \perp AC$ 于点 D，则 $PM + PN$ _____ BD.

17. 如图 19 所示，△ABC 中，D 是 BC 上的点，过 D 点分别作 $DE /\!/ AC$，$DF /\!/ AB$ 交 AC、AB 于点 E、F，设 △EBD、△FDC 和 □$AEDF$ 的面积分别为 S_1、S_2 和 S，则 $S =$ _____；$S \leqslant$ _____。

18. 如图 20 所示，梯形 $ABCD$ 中，$AB /\!/ CD$，AC、BD 交于点 E，设 △ADE 的面积为 S_1，△BCE 的面积为 S_2，则有 $S_1 \cdot S_2 =$ _____。

例 3：若 $S_{\triangle ABE} : S_{\triangle ABC} = 1 : 3$，则 $S_{\triangle ABE} : S_{\triangle DBC} =$ _____。

19. 如图 21 所示，矩形 $ABCD$ 中，$DE \perp AF$ 于点 E，$\left.\begin{array}{l}\angle 1 = \angle b = 90° \\ \angle 2 = \angle 3\end{array}\right\} \Rightarrow$

$$\triangle AED \backsim \triangle FBA \Rightarrow \frac{AD}{AF} = \frac{ED}{AB} \Rightarrow AD \cdot AB = \text{_____}。$$

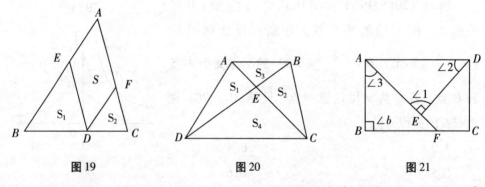

图 19   图 20   图 21

例 4：如图 22 所示，矩形 $ABCD$ 中，$AB = \sqrt{6}$，$BC = 2\sqrt{3}$，M 是 BC 的中点，$DE \perp AM$ 于点 E，求 $\sin \angle DAE$ 和 DE 的长。

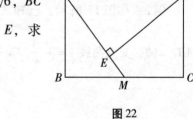

图 22

20. 如图 23 所示，完成表 1.

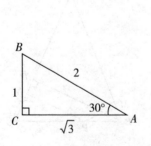 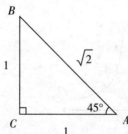

图 23

表 1　三角函数度数表

	0°	30°	45°	60°	90°
$\sin\alpha$					
$\cos\alpha$					
$\tan\alpha$					
$\cot\alpha$					

21. 如图 24 所示，$\triangle ABC$ 中，$\angle C = 90°$，$\angle A = \alpha$，斜边 $AB = 1$，则 $BC = $ _____，$AC = $ _____。

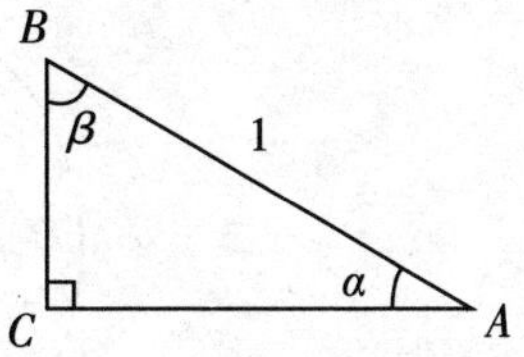

（1）_____ $< \sin\alpha <$ _____；_____ $< \cos\alpha <$ _____。

（2）$\sin\alpha + \cos\alpha > $ _____。

（3）$\sin^2\alpha + \cos^2\alpha = $ _____。

（4）$\tan\alpha = $ _____，$\cot\alpha = $ _____，$\tan\alpha \cdot \cot\alpha$ = _____。

（5）当 α 增大时，则 $\sin\alpha$ _____，$\cos\alpha$ _____，$\tan\alpha$ _____，$\cot\alpha$ _____。（填"增大"或"减小"）

设另一锐角 B 为 β，则 β 的对边边长为_____，邻边长为_____，$\alpha + \beta$ = _____。

（6）$\sin\beta = $ _____，$\cos\beta = $ _____，$\tan\beta = $ _____，$\cot\beta = $ _____。

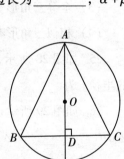

图 24

22. （1）如图 25 所示，$\odot O$ 中：

$\left.\begin{array}{l} ① AD \perp BC \text{ 于 } D \\ ② BD = CD \end{array}\right\} \Rightarrow \begin{cases} ③ \text{ _____} \\ ④ \text{ _____} \\ ⑤ \text{ _____} \end{cases}$

（2）若 D 为 OP 的中点，则四边形 $BOCP$ 为_____ __形。

（3）若 $\triangle ABC$ 为等边三角形，P 为弧 BC 的中点，则 $PA = $ _____。

推广：P 为弧 BC 上任意一点，仍有 $PA = $ _____。

23. 如图 26 所示，$\triangle ABC$ 内接于 $\odot O$，AD 是 $\triangle ABC$ 中 BC 边上的高，AE 是 $\triangle ABC$ 的外接圆的直径。

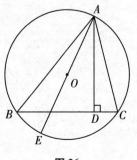

图 25

图 26

（1）$AB \cdot AC = $ _____ 。

（2）$AB \cdot AC \cdot BC = $ _____ 。

（3）$S_{\triangle ABC} = $ _____ ， $R = $ _____ 。

24. 如图 27 所示，PA，PB 切 $\odot O$ 于点 A、B，连结 OA、OB、OP、AB，且 AB 与 OP 相交于点 E.

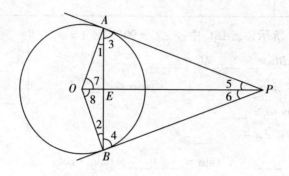

图 27

（1）相等的角有 _____ 。

（2）相等的边有 _____ 。

（3）全等三角形有 _____ 。

（4）相似三角形有 _____ 。

25. 如图 28 所示，$\triangle ABC$ 中 $\angle C = 90°$，$BC = a$，$AC = b$，$AB = c$，则内切圆的半径 r 为 _____ 。

26. 如图 29 所示，$\triangle ABC$ 内切圆的圆心为 I，点 D、E、F 分别为切点，则 $\angle BIC = $ _____ ， $\angle DFE = $ _____ 。

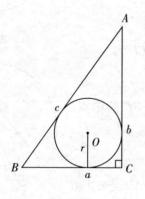

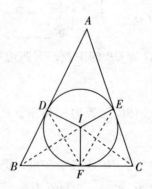

图 28   图 29

27. 如图 30、图 31、图 32 所示

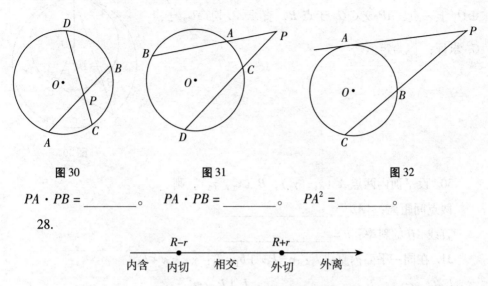

图 30   图 31   图 32

$PA \cdot PB =$ _____。 $PA \cdot PB =$ _____。 $PA^2 =$ _____。

28.

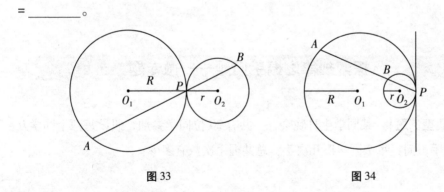

29. 如图 33、图 34 所示，$\odot O_1$ 与 $\odot O_2$ 相切于点 P，经过点 P 的直线 AB 分别交 $\odot O_1$、$\odot O_2$ 于点 A、B，$\odot O_1$ 与 $\odot O_2$ 的半径分别为 R，r，那么 $\dfrac{PA}{PB}$

= _____。

图 33   图 34

例 5：如图 35 所示，$\odot O_1$ 与 $\odot O_2$ 外切于点 P，A 为 $\odot O_1$ 上一点，直线 AC 切 $\odot O_2$ 于点 C，且交 $\odot O_1$ 于点 B，AP 的延长线交 $\odot O_2$ 于点 D. 若 $\odot O_1$ 半径是 $\odot O_2$ 的 2 倍，$PD = 10$，$AB = 7\sqrt{6}$，求 PC 的长。

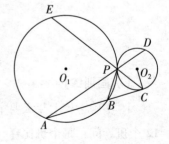

图 35

例6：如图36所示，⊙O_1 与⊙O_2 内切于点 P，A 为 ⊙O_1 上一点，AP 交⊙O_2 于点 B，直线 AC 切⊙O_2 于点 C. 求证：$\dfrac{AP}{AC}$ 为定值。

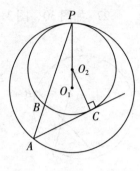

图36

30. 设平面内两点 A $(x_1，y_1)$，B $(x_2，y_2)$，则

两点间距离：$|AB|$ = _____。

直线 AB 的斜率：k = _____。

31. 在同一平面内直线 l_1：$y = k_1x + b_1$，l_2：$y = k_2x + b_2$

$l_1 // l_2 \Leftrightarrow$ _____； $l_1 \perp l_2 \Leftrightarrow$ _____。

32. 平面内直线 l：$Ax + By + C = 0$，点 A 为 $(x_0，y_0)$，则点 A 到直线 l 的距离为：_____。

探索规律之握手问题——微专题

【典型例题】 某同学生日晚会，一共有 20 位同学参加，假设每两个同学互握一次手，问：每个同学握几次手？总共握手次数有多少？

【巩固训练】

1. 实验学校七年级要举行篮球比赛，比赛第一轮采取循环赛制，七年级有 12 个班，问：每个班比赛_____场，第一轮比赛共有_____场。

【典例升华】 数线段，找规律：

如图 1 所示，线段上的点依次增加。

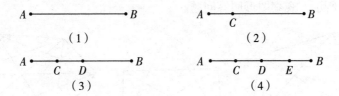

图 1

（1）图 1（1）中有＿＿＿＿＿＿条线段。

图 1（2）中有＿＿＿＿＿＿条线段。

图 1（3）中有＿＿＿＿＿＿条线段。

图 1（4）中有＿＿＿＿＿＿条线段。

（2）当线段 A、B 上有 10 个点（含 A、B 两点），有＿＿＿＿＿＿条线段。

（3）当线段 A、B 上有 n 个点（含 A、B 两点），有＿＿＿＿＿＿条线段。

【巩固训练】

1. 如图 2 所示，∠AOB 内的射线依次增加。

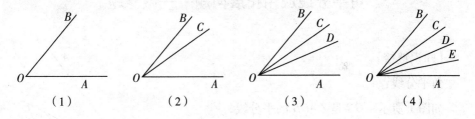

图 2

（1）图 2（1）中有个＿＿＿＿＿＿角。

图 2（2）中有个＿＿＿＿＿＿角。

图 2（3）中有个＿＿＿＿＿＿角。

图 2（4）中有个＿＿＿＿＿＿角。

（2）当∠AOB 内有 10 条射线（含 OA、OB 两条），有＿＿＿＿＿＿个角。

（3）当∠AOB 内有 10 条射线（含 OA、OB 两条），有＿＿＿＿＿＿个角。

2. 平面内，两条直线相交最多＿＿＿＿＿＿个交点，三条直线相交最多有＿＿＿＿个交点，四条直线相交最多个交点。

（1）平面内，n 条直线相交最多有＿＿＿＿＿＿个交点。

（2）平面内，若干条直线相交最多 15 个交点，问最少有＿＿＿＿＿＿条直线。

【思维提升】

如图 3 所示，观察图形回答问题。

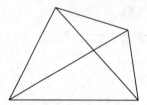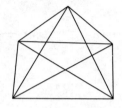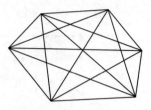

图 3

（1）四边形每个顶点引出_____条对角线，四边形共_____条对角线。

（2）五边形每个顶点引出_____条对角线，五边形共_____条对角线。

（3）六边形每个顶点引出_____条对角线，六边形共_____条对角线。

（4）n 边形每个顶点引出_____条对角线，n 边形共_____条对角线。

角平分线应用拓展问题——微专题

【知识链接】

角平分线：

如图 1 所示，OC 是 $\angle AOB$ 的平分线，

则_____ = _____ = _____。

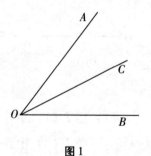

图 1

【应用拓展】

1. 如图 2 所示，D、O、A 三点在同一直线上，OC 是 $\angle AOB$ 的平分线，OE 是 $\angle AOD$ 的平分线，$\angle EOC =$ _____，写出理由。

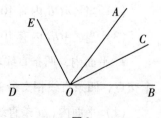

图 2

2. 如图 3 所示，$AD \parallel OB$，OC 是 $\angle AOB$ 的平分线，AC 是 $\angle OAD$ 的平分线，则 $\angle ACO =$ _____，写出理由。

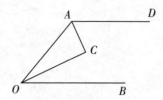

图 3

3. 如图 4 所示，$AD \parallel OB$，OC 是 $\angle AOB$ 的平分线，交 AD 于 C，证明：$\triangle AOC$ 为等腰三角形。

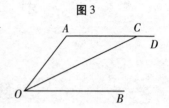

图 4

4. 如图 5 所示，已知 BP、CP 是 $\triangle ABC$ 的角平分线。

（1）若 $\angle BPC = 110°$，则 $\angle A =$ _____。

（2）若 $\angle A = 60°$，则 $\angle BPC =$ _____。

（3）你猜测 $\angle BPC$ 与 $\angle A$ 有什么数量关系？请证明。

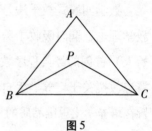

图 5

5. 如图 6 所示，已知 $\triangle ABC$ 的外角 $\angle CBD$、$\angle BCE$ 的平分线相交于点 F. 求证：$\angle BFC = 90° - \frac{1}{2}\angle A$.

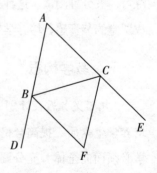

图 6

6. 如图 7 所示，已知 $\triangle ABC$ 的外角 $\angle ACD$ 平分线与内角 $\angle ABC$ 的角平分线相交于点 E. 求证：$\angle BEC = \frac{1}{2}\angle A$.

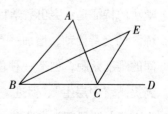

图 7

第二章　教材教法实践

数学四段式教学法浅析

数学四段式教学法是根据巴班斯基教学过程最优化理论，以及布鲁姆目标教学理论，同时吸收了美国心理学家和教育家斯金纳（操作性条件反射学说创始人）首创的经典程序教学和凯勒的个别化教学的长处，依照华南师范大学李翼忠教授关于培养学生自学能力的启导教材的实验和广东省教科所郭思乐教授旨在培养学生思维品质的"加强知识发生过程教学"的实验，把每堂课相对分为四段：第一段，教师导语（又称引入），包括复习旧概念、引入新概念和分析新课难点三步；第二段，学生阅读教材；第三段，教师释疑精讲；第四段，学生当堂练习，五分钟测试。这种教学程序（模式）着重于教与学的交替活动，有利于形成课堂的节奏感，培养学生的思维能力和学习品质，有利于大面积提高教学质量。

一、教学构思

"九年义务教育计划"强调，课堂教学的中心任务是"提高课堂教学效益，培养学生素质，提高合格率，大面积提高教学质量"，为落实这一计划，课堂教学必须面向全体，充分调动主体的积极性，让学生从只带耳朵的听众变成动脑、动口、动手的主体。对此，数学四段式教学法发挥了很大作用。数学四段式教学法的特征是：突出数学目标，明确数学任务，围绕教与学展开"导、读、讲、练"的交替活动，增加一个学习项目到另一个学习项目的层次数，缩短各项之间的难度差距，创造一种使学生积极思维，脑、口、手齐动的课堂气氛，以达到提高"中层生"、促进"上层生"、拉动"下层生"的效果，使每一层次的学生在每一阶段都学有所获。

　　数学四段式教学法的主要内容是：第一阶段，引入新课。教师根据教材中新课的内容、重点和难点，采用讲故事、做游戏、猜谜、表演、快速抢答和学生实验等方法巧妙地引入新课，把学生的思维引入学习新课的情境中，从而激发学生的学习兴趣和求知欲望。第二阶段，阅读教材。教师根据新课的重点和难点设计一组思考题，让学生阅读教材，按新课内容的层次寻求问题的答案，领悟新课的主要内容，并让学生质疑问题或分四人小组讨论。第三阶段，教师精讲。教师要针对阅读思考的问题及阅读的信息逐一解答释疑，针对重点、难点、疑点和热点，分析其有关概念、法则和定理。例如数学（符号）表达式、推理过程、文字语言表达、推广等。然后选取具有代表性的典型例题、习题，从一题多解（证）的角度分析解（证）题思路，揭露思维过程，包括教材内部逻辑结构，以及学生实际思维过程。第四阶段，学生练习。让学生在课堂上解题。教师根据教学目标，分层次设计几组练习题或对例题、习题进行一题多变的变式练习，在练习中磨练学生的专注力、持续力以及攀登高峰的挑战精神，使学生尝到成功的喜悦，由"学会"向"会学""善学""喜学"转变，达到掌握知识、运用知识和巩固知识的目的。

二、教学模式举例

请看下面一节课的教学过程——课题：圆的内接四边形

（一）复习引入

1. 复习圆的内接三角形的概念

（师）出示教具，如图 1 所示（其中，圆是铁丝做的，三角形 *ABC* 是橡皮筋做的）。问：在图 1 中，三角形 *ABC* 的三个顶点和圆有什么关系？这个三角形叫作什么？这个圆叫作什么？

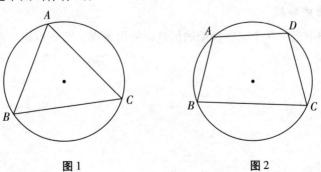

图1　　　　　　　　　　图2

2. 引出圆的内接四边形的概念.

（师）把图1中的三角形 *ABC* 变成四边形 *ABCD*，拉动 *AD*，使其成为如图2所示（投影显示）。

问：在图2中，四边形 *ABCD* 的四个顶点和圆有什么关系？这个四边形叫作什么？这个圆叫作什么？让学生练习：判定几个图形是否为圆的内接四边形，并说明理由（投影显示）。

由此推广：若把四边形变成五边形，……，*n* 边形（*n* > 4），这个 *n* 边形叫作什么？这个圆叫作什么？

3. 分析新课的重、难点

（师）指导学生把探求出的规律同教材上的概念相对照，并指明本节课的重点是学习圆的内接四边形的角的关系并板书课题。

（二）阅读教材 P 67

启发学生思维并分四人小组讨论如下问题，如图3所示（投影）。

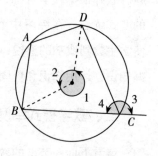

图3

（1）圆的内接四边形的四个角有什么特点？

（2）∠*A* 与∠1 有什么关系？为什么？

（3）∠*A* 与∠2 有什么关系？为什么？

（4）∠*A* 与∠4 有什么关系？为什么？

（5）∠*B* 与∠*D* 有什么关系？为什么？

（6）根据（4）（5）你能得出什么结论？

（7）∠3 与∠4 有什么关系？为什么？

（8）∠3 与∠*A* 有什么关系？为什么？

（9）根据（7），（8）你能得出什么结论？

（三）精讲释疑

（师）根据以上9个问题反馈的信息，突出重点、突破难点，渗透数学的思想方法。

1. 圆的内接四边形的性质定理（列表，生口述，师订正）

	文字语言	图形语言	符号语言
圆的内接四边形	对角互补	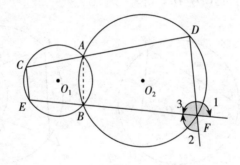	∵ 四边形 *ABCD* 内接于圆 ∴ $\angle A + \angle 4 = 180°$，$\angle B + \angle D = 180°$
	任何一个外角都等于它的内对角		∵ $\angle 3$ 是圆内接四边形 *ABCD* 的一个外角，∴ $\angle 3 = \angle A$

2. 性质定理的运用

例题：如图 4 所示，$\odot O_1$ 和 $\odot O_2$ 交于 *A*、*B* 两点，经过点 *A* 的直线 *CD* 与 $\odot O_1$ 交与点 *C*，与 $\odot O_2$ 交于点 *D*，经过点 *B* 的直线 *EF* 与 $\odot O_1$ 交于点 *E*，与 $\odot O_2$ 交于点 *F*，求证：$CD /\!/ DF$.

图 4

分析：证明两直线平行，常用方法有：①证同位角相等；②证内错角相等；③证同旁内角互补。下面以 $\angle E$ 为例分析上述三种证明方法。

思路 1：证明同位角相等

$$\left.\begin{array}{l}\angle 1 = \angle BAD \\ \angle BAD = \angle E\end{array}\right\} \Rightarrow \angle 1 = \angle E \Rightarrow CE /\!/ DF$$

思路 2：证明内错角相同

$$\left.\begin{array}{l}\angle 2 = \angle BAD \\ \angle BAD = \angle E\end{array}\right\} \Rightarrow \angle 2 = \angle E \Rightarrow CE /\!/ DF$$

思路 3：证明同旁内角互补

$$\left.\begin{array}{l} \angle 3 + \angle BAD = 180° \\ \angle BAD + \angle BAC = 180° \\ \angle BAD + \angle E = 180° \end{array}\right\} \Rightarrow \angle 3 + \angle E = 180° \Rightarrow CE /\!/ DF$$

由学生口述三种思路的证明过程，教师板书以起示范作用，并比较三种思路哪种较简便。

（四）练习

（1）教材 P98 练习 1 和 2，学生板演，教师简评，归纳。

（2）习题推广：若是圆的内接菱形、梯形，结论如何？试加以证明。

（3）例题变式：（适合优生）

变式 1：如图 5 所示，两圆外切于点 A，过点 A 作两直线 CD、EF 分别交两圆于点 C、D 和 E、F，求证 $CE /\!/ DF$.

变式 2：如图 6 所示，两圆内切于点 A，过点 A 作直线 AD、AF 分别交两圆于 D、C 和 F、E，求证 $CD /\!/ DF$.

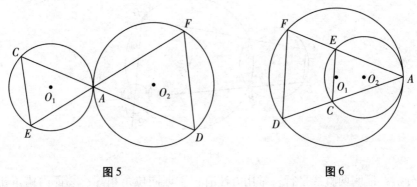

图 5　　　　　　　　　　　图 6

（注：在实际授课时，对性质定理的推导过程要渗透方程的思想。）

三、在数学四段式教学实施过程中，应注意以下几点

（1）用激励手段开发学生的非智力因素，要大面积提高中下层学生的学习质量。因此，数学四段式教学要通过小步子、低台阶的问题与练习设计，激发学生的学习兴趣，训练学生克服困难的意志和毅力，发现学生学习上的闪光点，排除学生心理障碍，消除学生畏难与害怕情绪。只有热爱中下层学生，他们才会积极配合教师实施"导、读、讲、练"四个阶段的教学，这对大面积提高合格率能起到不可忽视的作用。

（2）培养学生的学习习惯。习惯是一种特殊的个性心理倾向，中下层学生的学习习惯普遍较差，在课堂上表现为：课前准备不足，听课心神不定，练习不求甚解，遇到问题绕道走。对此，数学四段式教学法采取"针锋相对"的措施予以克服。每节课上课前值日干部站在讲台前，督促学生做好课前准备，规定每个学生备有课堂练习本，思考题和练习题一律按格式答在练习本上，随着每堂课的大量动手、动脑训练，让练习本成为一本完整的数学笔记，每学期评奖两次。

（3）合理调节四段式教学中每一段的动态平衡。数学四段式教学不仅重视学生所掌握的知识，而且重视学生以数学知识作为操作程序与步骤而形成的技能。这里便有个解题效率问题，为了提高效率，必须限时完成一定量的练习题，但对同一个班而言，学生思考问题有敏捷有迟钝，理解问题也有深有浅，因而解题就有快有慢，这就要求教师能及时诊断学生的疑惑点，发现学生思维的闪光点，分层要求，分类推进，以调节阅读、练习的动态平衡。

（4）强化评估意识。数学四段式教学是按教学进度要求与学生学习进度设计的，经过"导、读、讲、练"的组织过程后，必须对学生进行五分钟测试，正确评估目标完成情况，反思教学中的问题。这不仅是形式的变化，更是教育观念的转变，测试后，由四人小组交换评分，体现学生不仅是学习的主体，也是评估的主体，从而增强学生对学习评估的参与感和自我体验，提高学生的学习自觉性，达到提高教学质量的目的。

（本文发表于《数学教学研究》1998.1 并获优秀论文一等奖）

初中数学复习策略

初三数学复习课要重视三基（基础知识、基本技能和基本思想方法）、培养能力，这是本人多年来评价中考数学命题和指导初三复习的座右铭。但在复习课的教学实践中，如何注重基础？怎样培养能力？这是值得探讨的问题。下面谈谈本人的一些看法。

一、重视课本

进入中考复习阶段，第一件事就是挑选复习用书，这确有必要，因为复习时间一般在两个月左右，要在短期内复习完成三年义务教育 7 本书 21 章 169 节的内容，这是不可能的，所以必须借助于复习用书。但那种抛开课本一味从资料中找题的做法也不可取，因为课本是教学之本，也是中考命题之本。课本是考试内容的载体；课本是中、低档题目的直接来源；课本是学生智能的生长点。特别是近年来，各地中考试题频频出现一些立足课本、深挖教材的"原型在书中，材料在书外"的新题型，以及与工农业生产和市场经济紧密结合的综合应用题，这充分反映了"课本为本""着重考书本知识"的命题导向。因此，教师和学生都应研究大纲、重视课本。

二、处理课本

在两个月左右的时间里按课本顺序由浅入深，像新授课一样系统复习一遍，往往只能是简单的重复，效率低下。怎么办呢？这就使我们面临处理课本的问题。本人将之概括为"重组开发"。所谓"重组"是指从初中数学整体上，找到相近知识的内在联系、编拟小步训练题，让每个知识点贯通初一至初三；所谓"开发"是指对课本上的例（习）题进行多解（证）、变式、挖掘引申和拓广。下面结合有关问题，探讨总复习课处理课本的 5 种策略。

1. 基础知识技能化

以深圳市中考题为例，前 94 分属于"三基"考查内容，后 26 分属于能力考查的内容，兼顾了水平考试与选拔考试两种功能。考基础的题紧扣教学大纲、紧扣教材、紧扣中考说明，这样的题难度小、分值高；而综合题，难度大、分值少，充分说明必须注重基础。如何练基础呢？根据"重组开发"的观点，要编拟小步训练题。

例 1：编拟小步训练题，实现基础知识技能化。

练习 1：① 当 x _____ 时，$\sqrt{x}$ 有意义。

② 当 x _____ 时，$\sqrt{x+1}$ 有意义。

③ 当 x _____ 时，$\sqrt{2x-1}$ 有意义。

④ 当 x _____ 时，$\sqrt{1-2x}$ 有意义。

⑤ 当 x ＿＿＿＿＿ 时，$\dfrac{1}{\sqrt{x+3}}$ 有意义。

⑥ 当 x ＿＿＿＿＿ 时，$\dfrac{\sqrt{x}}{x-4}$ 有意义。

⑦ 当 x ＿＿＿＿＿ 时，$\sqrt{x-1}$ 无意义。

⑧ 当 x ＿＿＿＿＿ 时，$\sqrt{3x-2}$ 无意义。

练习2：① 若 $\sqrt{x-2}=2-x$，则 $x=$ ＿＿＿＿＿。

② 若 $\sqrt{3-2x}=2x-3$，则 $x=$ ＿＿＿＿＿。

③ 若 $x+\sqrt{x-5}=5$，则 $x=$ ＿＿＿＿＿。

④ 若 $\sqrt{x-1}=-(x-1)$，则 $x=$ ＿＿＿＿＿。

⑤ 若 $\sqrt{2x-1996}=1996-2x$，则 $x=$ ＿＿＿＿＿。

⑥ 若 $2x-1+\sqrt{2x-1}=0$，则 $x=$ ＿＿＿＿＿。

练习3：① 使 $\sqrt{x-1}+\sqrt{x-3}$ 成立的条件是＿＿＿＿＿。

② 使 $\sqrt{1-x}+\sqrt{3-x}$ 成立的条件是＿＿＿＿＿。

③ 使 $\sqrt{x-1}+\sqrt{3-x}$ 成立的条件是＿＿＿＿＿。

④ 使 $\sqrt{1-x}+\sqrt{x-3}$ 成立的条件是＿＿＿＿＿。

*练习4：① 设 $b=\dfrac{\sqrt{a^2-1}+\sqrt{1-a^2}}{a+1}$，则 $a+b$ ＿＿＿＿＿。

② 若 x、y 为实数，且 $y=\sqrt{1-8x}+\sqrt{8x-1}+\dfrac{1}{2}$，则

$$\sqrt{\dfrac{x}{y}+\dfrac{y}{x}+2}-\sqrt{\dfrac{x}{y}+\dfrac{y}{x}-2}=\text{＿＿＿＿＿}。$$

③ 已知实数 a 满足 $|1992-a|+\sqrt{a-1993}=a$，那么 $a-1992^2$ 的值是＿＿＿＿＿。

④ 已知 $\sqrt{a(x-a)}+\sqrt{a(y-a)}=\sqrt{x-a}+\sqrt{a-y}$ 在实数范围内成立，其中 a、x、y 是两两不同的实数，则 $\dfrac{3x^2+xy-y^2}{x^2+xy+y^2}$ 的值是＿＿＿＿＿。

通过课本重组、编题成网、小步训练三步，可以达到巩固基础、形成技能

的目的。

2. 特殊问题一般化

讲授新课时，我们往往将一般问题进行特殊处理，以便达到感知教材、领悟原理的目的。总复习课则恰好相反，它要求从特殊问题中归纳出一般规律，从而培养学生分析和解决问题的能力。

例2：已知：点 D、E、F 分别是△ABC 的边 BC、CA、AB 的中点，求证：$S_{\triangle ABC} = 4S_{\triangle DEF}$（《几何》第二册 P241 第 2 题）

证明：如图 1 所示

点 D、E、F 分别是边 BC、CA、AB 的中点 $\Rightarrow$

$$\begin{cases} DE // AB,\ DE = \dfrac{1}{2}AB \\ DF // AC,\ DF = \dfrac{1}{2}AC \end{cases}$$

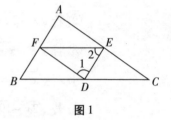

图1

$\Rightarrow$ 四边形 $AFDE$ 为平行四边形 $\Rightarrow \angle A = \angle 1$，同理可得 $\angle B = \angle 2 \Rightarrow$

$\triangle ABC \backsim \triangle DEF \Rightarrow \dfrac{S_{\triangle DEF}}{S_{\triangle ABC}} = \left(\dfrac{DE}{AB}\right)^2 = \left(\dfrac{1}{2}\right)^2 = \dfrac{1}{4} \Rightarrow S_{\triangle ABC} = 4S_{\triangle DEF}$

这是一种极特殊的情况。命题考试可以将其已知稍微变一下，D、E、F 若不是中点呢？我们在复习中可以反复抓住这些特殊点加以推广，若 $\dfrac{AF}{FB} = m$，且有 $\dfrac{BD}{DC} = n$，$\dfrac{CE}{EA} = 1$，则不难证明 $S_{\triangle DEF} = \dfrac{mn+1}{(m+1)\ (n+1)\ (1+1)} \cdot S_{\triangle ABC}$. 例2 就是 $m = n = 1$ 的特例。此类题课本上比比皆是，我们可以编题成链。通过这种举一反三的高一层训练，能较大幅度提高学生的解题能力。

3. 典型例（习）题"三多"化

"三多"指对典型例（习）题一题多解（证）、一题多变、一题多用。"三多"能促进学生思维的发散性、灵活性和深刻性，能有效避免盲目的"题海战"。

例3：（1997 年云南省中考）如图 2 所示，⊙O 的弦 AB 的延长线和切线 EP 相交于点 P，E 为切点，$\angle APE$ 的角平分线和 AE、BE 分别相交于点 C、D，求证：$EC = ED$.（《几何》第三册 P132 第 7 题）

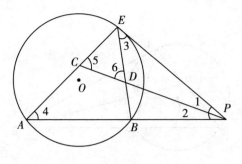

图 2

证明：

$\left.\begin{array}{l} \angle 1 = \angle 2 \\ \angle 3 = \angle 4 \\ \angle 5 = \angle 2 + \angle 4 \\ \angle 6 = \angle 3 + \angle 1 \end{array}\right\} \angle 5 = \angle 6$

$\therefore EC = ED.$

变式 1：原题设不变，求证：$\triangle PBE \backsim \triangle PEA$，$\triangle PED \backsim \triangle PAC$.

变式 2：原题设不变，求证：$\dfrac{CA}{CE} = \dfrac{PE}{PB}$.

变式 3：（1989 年山东、安徽中考）如图 3 所示，已知 $\odot O$ 是 $\triangle ABC$ 的外接圆，过三角形的顶点 A 作 $\odot O$ 的切线 AP 交 CB 的延长线于 P 点，$\triangle APC$ 的角平分线分别交 AB、AC 于 M、N 两点，求证：

（1）$AM = AN.$

（2）$AN^2 = CN \cdot BM.$

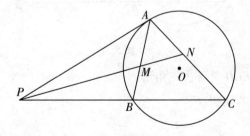

图 3

变式 4：（1994 年成都市中考，1997 年呼和浩特市中考）如图 4 所示，$\triangle ABC$ 内接于 $\odot O$，过 A 点的切线交 BC 的延长线于 P 点，D 为 AB 的中点，DP

交 AC 于 M 点。

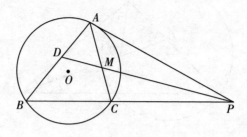

图 4

求证：$\dfrac{PA^2}{PC^2}=\dfrac{AM}{MC}$.

变式5：（1994 江西中考）如图 5 所示，⊙O 的弦 AB 的延长线和切线 EP 相交于 P 点，E 为⊙O 切点，$\angle APE$ 的角平分线和 AE、BE 分别交于 C、D 两点，若 $PE=7$，$PB=\dfrac{35}{8}$，$\angle ABE=60°$，$S_{\triangle PAC}=\dfrac{48\sqrt{3}}{5}$.

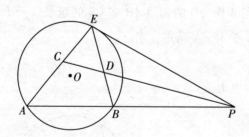

图 5

（1）求证：$\triangle ECD$ 是等边三角形。

（2）求 $\triangle PED$ 的面积。

变式6：（1997年湖南省中考）如图6所示，AB 是 $\odot O$ 的直径，PB 切 $\odot O$ 于点 B，PA 交 $\odot O$ 于点 C，$\angle APB$ 的角平分线分别交 BC、AB 于点 D、E，交 $\odot O$ 于点 F，$\angle A = 60°$，并且线段 AE、BD 的长是一元二次方程 $x^2 - kx + 2\sqrt{3} = 0$ 的两根（k 为常数）。

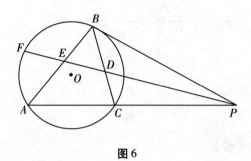

图6

（1）求证：$PA \cdot BD = PB \cdot AE.$

（2）求证：$\odot O$ 的直径长为常数 $K.$

（3）求 $\mathrm{tg}\angle FPA$ 的值。

由以上变式可见，中考试题源于课本、高于课本、活于课本。在总复习中若能紧扣教材，挖掘教材例（习）题，有利于培养学生的创新能力，有利于学生数学素质的提高。

4. 分散问题集中化

中考作为选拔性考试，它着重考核学生对高一级学校学习的适应能力，考查学生的能力素质，其中重点考核应用、分析、综合、归纳等较高层次的能力。中考是将分散的知识点集中在某一综合题内考查的，这就需要我们在复习课时将集中问题分步讲练，并采取纵横并串的形式将课本深入研究，将分散问题集中编拟综合题。

例4：（1998年吉林省中考题）如图7所示，$\odot O_1$ 与 $\odot O_2$ 外切于点 O，以直线 O_1O_2 为 x 轴，点 O 为坐标原点建立直角坐标系，直线 AB 切 $\odot O_1$ 于点 B，切 $\odot O_2$ 于点 A，交 y 轴于点 C（0，2），交 x 轴于点 M；BO 的延长线交 $\odot O_2$ 于

点 D，且 $OB:OD=1:3$.

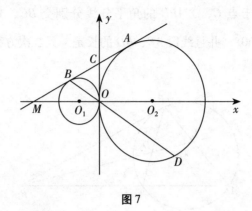

图7

（1）求 $\odot O_2$ 的半径长。

（2）求直线 AB 的解析式。

（3）在直线 AB 上是否存在点 P，使 $\triangle MO_2P$ 与 MOB 相似？若存在，求出 P 点坐标；若不存在，说明理由。

本试题实际上是以九年义务教材《几何》第三册 P140 例 1、P141 例 4 和《代数》第三册第十三章《一次函数的图像和性质》为背景，围绕部分重点知识（平面直角坐标系、一次函数的图象和性质、切线长定理、切线性质定理、圆幂定理、勾股定理、圆周角定理的推论、垂径定理、平行线的判定定理、锐角三角函数定义、解直角三角形比例的基本性质和相似三角形等有关知识和重要的数学思想方法）选取的，它基本覆盖了初中几何的全部基础知识。

5. 渗透数学思想方法

数学思想和方法揭示了概念、原理和规律的本质，是数学知识的精髓，又是知识转化为能力的桥梁。在初中数学中，常见的数学思想有转化思想、方程思想、函数思想、数形结合思想和分类讨论思想 5 种；常用的数学方法有换元法、配方法、待定系数法、类比法和反论法等，它们与基础知识不同，不能用符号、式子或图表表示，而是以例题、习题、试题为主要载体。因此我们在中考复习课教学中必须站在方法论的高度，开发课本，精选题目，渗透数学思想方法，提高学生观察、分析、综合、归纳、演绎、比较、假设、猜想、证明、抽象和概括等思维能力，同时这也是促使应试教育向素质教育转变的一种有效途径。

（本文获全国初中数学优秀论文二等奖）

代数入门问题和学具活动教学

1. 重要的是抓好入门教学

很多教师对"12 − （−3）"这类计算题总是不屑一顾，他们主观认为太简单了，实际上这类最简单问题的教学是很不简单的事。譬如，函数中的待定系数法在知识层次上比有理数加减法高，但是后者的教学却比前者困难得多，在前者的教学中只要没有运算障碍，任何人都能够掌握；而在后者的教学中总有学生学不会，有的学生即使在当时学会了，过不久又不会了。我们认为，学好有理数加减法不仅仅是学生后继学习的需要，也是学生进入社会生活、就业的需要。我们曾发现有的学生竟不知零上 3 度比零下 4 度高几度，可以说学生能否掌握好有理数的运算，不仅仅是代数入门的问题，还是关系到能否提高学生的生存能力的问题，一句话，不解决好这部分的教学问题，数学教育面向全体就无从谈起。

2. 迷信"结果教学法"的悲哀

大多数教师在有理数教学中普遍采用这样的三步曲：讲例题、做习题、考试题。讲课无非是讲法则、记法则、套法则。教师为了让学生考个好成绩，总是想尽办法拼课时、拼作业，然而从实际效果来看，困难生问题总是"纹丝不动"。那么问题究竟出在什么地方？这就要从结果教学法谈起。

数学中的公式和法则是前人研究出来的成果，这些成果给数学教学带来了极大的方便，也大大提高了教学效率。但是，过分迷信法则的"结果教学法"，不仅不利于学生思维能力的培养，还制造了一批"无法教"的学生。我们在调查中发现，无论教师对法则进行了怎样的强调，就是有学生无法理解和掌握这些法则的含义，一些教师面对这样的学生已处于"一筹莫展"的状态。

3. 有必要引进"过程教学法"的教育思想

我们曾运用下列两种方法帮助很多学困生掌握了有理数加减法：

（1）通过生活实例让学生自己去体会法则的形成，用贴近生活的语言代替枯燥的法则叙述。譬如在进行有理数加法时，我们反复强调"做加法好比看球赛"，在计算（-5）+（+3）时，可以想为先输了5个球，后又赢了3个球，结果是输了2个球，即答案是-2。经过这样多次反复，学生就会体会到"异号两数相加"的实质是正负数间发生了抵消，从算术角度来看，这两个数应相减。

（2）帮助学困生建立最佳思维模式。为什么有的学生不用思考就能迅速而准确地知道两个有理数相减的结果？其原因是其掌握了有理数的有序性，因为-1比-2大1，所以不用去套法则，就已经知道（-1）-（-2）=1，（-2）-（-1）=-1。为了让学困生也能建立这种思维模式，我们强调做减法时须在数轴（或温度计）上比大小，通过让学生自己对数轴的多次观察（即通过"数形结合"的方法）使他们逐渐掌握有理数减法的实质。

4. "验收"是一个好方法

要实现"教育面向全体"，必须强调重要知识点人人过关，本课题采用"验收"的方法实行人人过关。"验收"属于一种考核，它和一般的考试有着不同的目的，前者强调广大学生必须且可以掌握好数学中的核心内容，给更多学生带来了希望；后者要求面面俱到，且把学生分成三六九等，给不少学生带来了耻辱和失望。关于有理数加减法的验收，我们是这样设计的：让学生先从"数式算卡"（见附件）中随机抽取7个负数和3个正数，然后按2个数为1组把10个数分成5组，再用每组数编出3个计算题，例如（+5）+（-12），（+5）-（-12），-12-5，编完题后须在有限时间内让学生直接写出正确的结果。这种验收是非常方便的，它可以利用课余的零碎时间在学生间互助进行。

5. 创造"活动教学"的模式

我们在北京市某中学的一个教学班中曾运用过上述两种方法，使有理数加减法的过关率从50%上升到90%，例如，何洋已经是第二次读初一，在经历了8次验收考核后终于过关了，验收解决了她在一年多的数学学习中未能解决的问题。然而万能的手段是没有的，该班中有5位学生无论如何验收，就是过不了关。他们在解答数学题时几乎没有任何思维活动，只有下意识的习惯动作，譬如因为早已习惯 $7-3=4$，所以在计算 $-7-3$ 时总以为是 -4，且这种习惯非常顽固。为此我们设计了能促使他们的脑子进行思维活动的教学模式，如"六关"（见附件）游戏就是帮助这 5 位学生通过"验收"的有效手段。

6. 学具活动和创新教育

创新教育是当前教育界的热门话题，然而考虑任何问题不能脱离教学实际。本课题认为，提高学生的创新能力，并不是要求每位学生都能去搞发明创造，而是要不断地鼓励他们常有自己的发现。教师应"为学生提供适当的教学情景"，开展学具教学活动就是为学生创造一种有自己发现的情景。一个有意识的数学学具活动，往往是一种"开放题"的教学模式，这种活动不仅使很多学生在策略的运用上有所"发现"，而且为某些学生能有自己的发现提供情景。例如，宁城是位读了两遍初一但什么也没有学会的学生，在多次参加"六关"游戏活动后他有了发现，他高兴地向老师说："我发现了减去负数后符号会变！"在学具教学活动中，我们不仅看到了一些学困生在知识上常有他们的发现，还看到了没有知识障碍的学生在策略的运用上有他们的发现，开展学具教学活动提高了学生的创新能力。

本课题无意宣传数学学具教学活动能提高多少考分，我们只想强调组织良好的数学游戏活动将使学生有最大的参与性。在活动中观察每位学生的表情，我们不难发现，他们的脑子都充分地转动起来了，这将促使学生数学素质的全面提高，且随着一些最基本的知识实现人人过关，学困生现象也必将逐渐缓解。

7. 结束语

上海的一家电视台曾播出一位司法人员和一位失足少年间的这样一段对话："你为什么不上学？""我学不下去！"为了提高全民族的素质，我们必须力争使每一位学生都能学得下去！为此，我们必须在数学各部分的入门教学问题上多做些脚踏实地的研究。

附件：数学算卡及它的一个游戏

数式算卡由 72 张纸牌组成，在应用于数的游戏时可把左上角标有数字的牌称为"数字牌"，其中"0""1""4""5"…"12"各有 4 张，"2"有 8 张，"3"有 6 张。在进行关于有理数的游戏时，红色数字表示负数，黑色数字表示正数，标有"＋""－"符号的牌称为"符号牌"，其中"＋""－"各有6张，还有2张标有"2J"的牌称为"百能牌"，在游戏中，这2张牌既可以代表绝对值不大于12的任意一个整数，也可代表加减符号。

六关游戏由4人参与且分成两方，相对而坐，每人抓3张符号牌，15张数字牌（包括百能牌）。

1. 组式

抓完牌后，每人在手中的15张数字牌中选出12张按减、减、加、加、减、减的次序组成六个算式，且第一个算式必须用两张黑色牌组成，第二个算式全用红色数字牌组成，第三个算式由两张异色数字牌组成，后三个算式没有这些限制。剩下三张数字牌可代替符号牌，牌面向下且竖放，则表示加号；牌面向下且横放，则表示减号。

2. 比大小

组式完毕后，4人同时亮出第一个减法等式（即用减号符号牌连结两张数字牌）且各人须准确读出自己出的"算式"的结果，否则在这回合中不能得分。接着，把各"结果"从大到小排出名次。最大者为第一，得3分，此时可把亮出来的3张牌全合上作为出牌人在这回合中赢得的分牌；第二得2分，合上两张牌作为分牌；第三得1分，合上一张牌作为分牌；最后一名不得分。如果2个人并列第一，则各得3分，剩下2位仍分别为第三名和第四名。在一个回合结束后按序各人亮出下一个算式。

3. 轮换

在六个回合较量后，一局游戏就宣告结束，在统计且记下两方所得分数后，每个人就把原来属于自己的牌一起交至他们的下家，移交完毕后就可开始新的一局。

在每一场比赛中需轮换三次，即进行四局，在四局的前两局中大者取胜，得分法已做了介绍；在后两局中小者取胜，在每一回合比较各个算式的结果时，从小到大排出名次，得分法与前两局类似（最小数者为第一名得3分，第二名得2分，……）。

（本文发表于《中学数学月刊》2000.10）

几何推理拼卡的三种活动法

推理拼卡共有 72 张纸牌，在牌的左上角标有数字 1，2，……的牌分别称为 1 号牌，2 号牌，……1 号至 12 号牌是第一部分牌，13 号至 18 号牌是第二部分牌。每张牌可以分 3 层，上层是几何图形；中层有三行符号语言，其中第一行是这张牌的几何图形中的已知条件；底层是公理（或定理、定义）语言。

一、钓鱼

如果参与者还未学过三角形全等证明，那么只能选第一部分牌进行活动。在活动前，在牌桌上划出各人"放鱼"的地盘。

（1）放鱼：在洗牌、抓牌后，各人先检查手中的牌是否至少能放 2 条"鱼"，否则可要求重新洗牌、抓牌。所谓"放鱼"就是用一对同号牌如图 1 所示的 3 号牌拼出一个"推理"，任意三张同号牌总可以如图 2 所示的 1 号牌拼出两个"推理"，即放 2 条"鱼"。每人放的"鱼"都放在属于自己的地盘里，放"鱼"时，每人至少要放 2 条，如果超过了 2 条，则每多放 1 条就得 1 分奖励。

（2）钓鱼：如果谁用比"鱼"大 1 号的牌为"推理"注上了理由就表示他钓到一条"鱼"（如图 1、图 2 所示的下面的 1 张牌），此时他就可把这 3 张牌（在 3 张同号牌组成的 2 个"推理"中钓到鱼时只能取走 2 张牌）放进他的地盘里，且得 1 分奖励。12 号牌组成的推理成立的理由须在 1 号牌中去找，18 号牌组成的推理的理由须在 13 号牌中去找。

（3）抓错：如果有谁发现别人放错了"鱼"或钓错了"鱼"则奖励 2 分，此时放错"鱼"的人须把错牌收回手中，钓错"鱼"的人把鱼退回原处。

当各人都无鱼可放又无鱼可钓时，游戏就结束。（可适量准备一些棋子或硬币作为使用。）

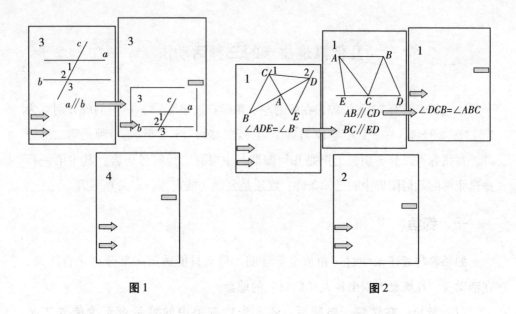

图1   图2

二、1~7 接龙

参与者三四人。用第一部分牌活动。

（1）龙头：抓牌完毕后按序出牌。凡手中有 1 号牌或 7 号牌的人在出牌时必须尽早把它们打出去。如果牌桌上已有了 2 张 1 号牌（或 7 号牌）随后出来的第 3 张、第 4 张 1 号牌（或 7 号牌）必须和前 2 张 1 号牌（或 7 号牌）中的 1 张拼出 1 个"推理"，每拼成 1 个"推理"的 2 张 1 号牌（或 7 号牌称为 1 个龙头，共有 4 个龙头。

（2）接龙：当牌桌上每出现 1 个"推理"且轮到谁出牌时，他就可用比"推理"大 1 号的牌给它注上理由……如果轮到谁出牌时他既没有比桌上的"推理"大 1 号的牌能为它注理由，又没有和桌上单张牌同号的牌，就轮空 1 次。

（3）名称：排名次有 2 种方法，一种是按牌全部脱手的先后次序排出名称，另一种是按各人最后的剩牌数由少到多排名次。

注：2~8 接龙……6~12 接龙的活动方法的不同之处只有龙头不同。

三、推理练习法

（1）在第一部分牌中相邻号的牌总有两个相同的几何图形。譬如 9 号牌和 10 号牌都有如图 3 所示的几何图形，这时就可进行编号 9－10－10（10－11）

的练习，即用一张 9 号牌、二张 10 号牌组成一个"二步推理"，而这两个推理成立的理由分别在 10 号和 11 号牌之中。根据图 3 可进行如下例的练习。

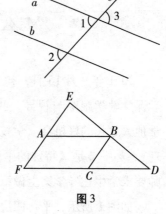

图 3

① ∵ ∠1 + ∠2 = 180°（已知）

∴ AB // CD（同旁内角互补，两直线平行）

∴ ∠3 = ∠D（两直线平行，同位角相等）

② ∵ ∠2 = ∠3（已知）

又 ∵ ∠1 = ∠3（对顶角相等）

∴ ∠1 = ∠2（等量代换）

∴ a // b（同位角相等，两直线平行）

凡带 "∗" 号的条件不能"已知"而应根据图形写上成立的理由，如对顶角相等、邻补角定义和公共角等。

（2）在牌的左上角数字旁标有英文字母 A，B……的牌分别称为 A 牌，B 牌……标有同一字母的牌各有三张，利用同字母的牌可组成一个"三步推理"，譬如根据 C 牌进行编号为 10C – 11C – 12C – 12（11.12.1）的推理练习如下。

∵ ∠DCA + ∠A = 180°（已知）

∴ AB // CD（同旁内角互补，两直线平行）

又 ∵ EF // AB（已知）

∴ CD // EF（平行于同一直线的两直线平行）

∴ ∠2 = ∠E（平行于同一直线的两直线平行）

（3）进行编题练习，譬如根据 1 – 2 – 2 可编出两个求证题。

① 已知 ∠ADE = ∠B，

求证：∠1 + ∠4 = 180°

② 已知：AB // CD，∠BAE = ∠1，

求证：∠BAE = ∠4.

（本文系深圳市平冈中学《成功考试》课题论文）

"怎么一点思路都没有"的思考

2011 年 9 月 15 日，初中数学教研员梁老师约我们同他赴某初级中学进行数学课堂教学跟踪与视导，我们欣然答应了，因为我们觉得这是一次互动交流，学他人之长的好机会。学校安排了两节观课，一节是《三角形中位线的性质定理》，另一节是《特殊的平行四边形——菱形和矩形的性质与判定》。课中，教师要求学生在导学案上做第四题：

如图 1 所示，平行四边形 *ABCD* 各角平分线分别相交于 *E*、*F*、*G*、*H* 四点，求证：四边形 *EFGH* 为矩形。教师巡视课堂，见多数同学动不了笔，便说了一句话"你们怎么一点思路都没有"，听到这句话，我们感慨万千，这位老师所提的问题不正是数学课堂承载的核心问题吗？如何让学生解决问题时有思路？提升一点说，思维是人脑对观察事物本质属性与规律的概括的间接反映，如何培养学生的数学思维能力？这就是素质教育所要解决的问题。

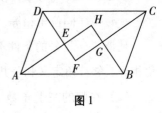

图 1

一、问题现象

1. 教师数学课堂的"教"

自 2003 年秋实施新课改以来，一种现象是：由于学生升学考试的客观存在，数学课堂教学还没有完全摆脱中考的指挥棒，应试的色彩比较浓厚，"教师讲，学生听，教师问，学生答"成为课堂教学的常态；学生对课堂教学的参与度比较低，教师为了完成教学任务而赶进度，以"满堂灌"为主要特征，人灌与机灌相结合，学生没有充足的思考时间；教师放弃了学生的主体地位，忽视了引导学生个体去发现、探究、归纳和猜想知识的思维过程。另一种现象是：教师以新课改为由，将导学案发给学生，将课堂完全交给学生，形式上的自主学习，合作交流、探索都做了，但对知识本身的问题情景，知识的发生、发展和形成的过程，知识的发现与证明思考过程，教师不予点拨或讲解，而学生的"悟"是有限的，这导致课堂效果差，结果当然是学生一点思路都没有。

2. 学生数学课堂的"学"

在数学课堂教学中，由于学生年龄阶段的不同，学生一点思路都没有的问题当然存在。例如，学习同底数幂的除法法则，学生就有不同的思维。

（1）从一些具体数学的例子中归纳法则

$3^2 \div 3 = 3 = 3^{2-1}$

$7^{11} \div 7^9 = 7^2 = 7^{11-9}$

$10^5 \div 10^2 = 10^3 = 10^{5-2}$

$a^m \div a^n = a^{m-n}$（m > n）

（2）演绎推理——经验型思维

当 m > n 时，

$$a^m \div a^n = \underbrace{(a \cdot a \cdot \cdots \cdot a)}_{m \text{个}} \div \underbrace{(a \cdot a \cdot \cdots \cdot a)}_{n \text{个}}$$

$$= [\underbrace{(a \cdot a \cdot \cdots \cdot a)}_{(m-n)\text{个}} \underbrace{(a \cdot a \cdot \cdots \cdot a)}_{n\text{个}}] \div \underbrace{(a \cdot a \cdot \cdots \cdot a)}_{n\text{个}}$$

$$= \underbrace{(a \cdot a \cdot \cdots \cdot a)}_{(m-n)\text{个}}$$

$$= a^{m-n}$$

（3）逻辑推理——理论型思维

$\because a^{m-n} \cdot a^n = a^m$（同底数幂的乘法法则）

若 $a^x \cdot a^n = a^m$

则 $a^{x+n} = a^m$

$\therefore x + n = m$

$\therefore x = m - n$

$\therefore a^x = a^{m-n}$

$\therefore a^{m-n} \cdot a^n = a^m$

$a^m \div a^n = a^{m-n}$

在以上三种思维中，第（1）（2）种比较适合初中生，第（3）种则适合高中生。又如反正弦函数概念的建立是学习的难点，如果直接给出定义，就是高二的学生也难以理解，所以我们通常总是利用学生所熟悉的建立反函数的例子，

如求函数 $y = x^2$ 在 $[0, +\infty]$ 上的反函数与正弦函数 $y = \sin x$ 的图像的直观形象，然后在此基础上来学习反正弦函数的概念，否则，一点思路都没有。

二、问题的原因

1. 教师原因

一般来说，教师本人在中小学阶段都是习惯较好、智商较高、思维发育较强的学生；升大学后，他们又专门接受了数学教育的专业训练，其数学知识、专业功底不容置疑；进入教师岗位后，其又有多年教学经验，对教材滚瓜烂熟，这是优势，但若不将教法与学生的认知实际水平结合起来，优势便成了劣势，导致：①教师对思维能力培养理解不到位，误认为思维是遗传决定的；②教师认为自己讲书本，学生学书本，以本为本，方向不会错，讲完了就完成了工作任务；③教师认为学生的生理和心理发育尚不成熟，少时多记忆，长大自然会，忽略了思维能力的分段培养的关键时期。基于这些原因造成了教学效果差，这就需要教师反思自己的教学观、课堂观。

2. 学生原因

学生是一个从不成熟到成熟，从未定型到定型的不断发展的人，要在课堂的 45 分钟内，悟出人类几千年总结出来的知识（陈述性知识和程序性知识），如概念、法则、定理、公式和模型等，实属不易。正因为这种心智发育的不成熟性和任务的艰巨性，要求教师根据学生的年龄心理特征与个性心理特征，引导学生进行有效的思维训练。

三、问题的对策

1. 把握学生思维发展的年龄特征

根据思维发展心理学的研究，一个人从出生到成年，思维发展的年龄段分为：

（1）从出生至 3 岁，主要是感知动作思维。这是在感知和操作中进行的思维，这种思维以感知动作的存在为界，感知和动作运动停止了，它就停止了，我们可以以此区别于其他各类思维。例如，这时候的儿童通过实物或手指的活动来帮助计数。

（2）幼儿期或学前期（3~6、7 岁），主要是具体形象思维。这是指离开感知和动作而利用脑中所保留的实物形象（表象）所进行的思维，它以离不开具体形象为其特征。例如，这阶段的儿童虽能计算 5 加 3 等于 8，但实际上他们并不是对抽象数进行计算，而是主要靠脑子里的 5 个苹果加 3 个苹果的实物表象进行相加而得到的。

（3）学龄初期或小学期（6、7~11、12 岁），主要是形象抽象思维，即由具体形象思维向抽象逻辑思维的过渡阶段。所谓抽象逻辑思维，它是在感性认识取得材料的基础上，运用概念、判断和推理等理性认识形式，对客观世界间接、概括的反映过程。

（4）少年期（11、12~14、15 岁）主要是以经验型为主的抽象逻辑思维（简称经验型思维）。这时学生（初中生）的抽象逻辑思维水平虽有很大的提高，但还需要具体形象或经验的直接支持，而且初一到初三各个年级的情况也很不同。

（5）青春期（14、15~17、18 岁），主要是以理论型为主的抽象逻辑思维（简称理论型思维）。这时学生（高中生）的抽象逻辑思维可以摆脱具体实物形象，具有更高的抽象概括性，并且开始形成辩证逻辑思维。如掌握函数、极限等概念和性质，学会按照运动变化、对立统一等辩证法的规律去进行思考。

2. 让学生沐浴 PCK 的阳光

1986 年，时任美国研究会主席的斯坦福教授舒尔曼的研究提出，教师除了应具备学科知识与一般教学知识外，必须在教学过程中发展另一种新知识——学科教学知识（Pedagogical Content Knowledge），即 PCK，其定义为"教师个人教学经验，教师学科内容知识和教育学的特殊整合"，他还把 PCK 描述为"教师最有用的知识代表形式"。他认为，学科教学知识（PCK）最能区分学科专家与教学专家，高成效教师与低成效教师间的差别。

在课堂教学中如何获得并运用 PCK 呢？基于本人在初中数学应用题教学的实践，本人归纳了"二次分析法"：分析一是找等量关系，分析二是找相等或不等关系，有效破解了应用题之难。

例 1：某学校组织师生春游，若单独租用 45 座客车若干辆，则刚好坐满；若租用 60 座客车，则可以少租用 1 辆，且余 30 个空座位。

（1）求该校参加春游的人数。

（2）该校决定这次春游同时租用两种车，其中 60 座客车比 45 座客车多租一辆，这要比单独租用一种车辆节省租金。已知45座客车的租金为每辆250元，60座的租金为每辆300元，请你帮助计算本次春游所需车辆的租金。

（1）分析一：找等量关系

表1　客车数量与人数的等量关系

	总人数（人）	每辆人数（人）	车辆数（辆）
45 座	x	45	$x/45$
60 座	x	60	$(x+30)/60$

分析二：找等量关系

45座车辆数－60辆车辆数＝1

解：设总人数为 x 人，依题意，得

$x/45-(x+30)/60=1$

解得 $x=270$

（2）分析一：找数量关系

表2　客车租金与客车数量的数量关系

	车辆数（辆）	每辆租金（元）	租金额（元）
45 座	y	250	$250y$
60 座	$y+1$	300	$300(y+1)$

分析二：找不等量关系

45座客车人数＋60座客车人数≥春游人数

45座客车租金＋60座客车租金≤单独一种车的租金

解：设本次春游需租金45座客车 y 辆，依题意，得

$40y+60(y+1)\geq270$

$250y+300(y+1)\leq250*270/45$

解这个不等式组，得 $2\leq y\leq\dfrac{24}{11}$

故取 $y=2$，租金为 $250*2+300*3=1400$

所以此次春游所需车辆的租金为1400元。

基于本人在初中几何证明和计算的教学实践，本人归纳了"两手抓：一手抓条件，一手抓结论"这一结论来破解初中几何之难。

例2：引言中的第四题

此题应有学生的经验型思维，如图 2 所示，*OM* 平分∠*BOC*，*ON* 平分∠*AOC*，则∠*MON* = 90°.

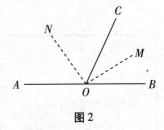

图 2

如图 3 所示，*AM∥BN*，*AC* 平分∠*MAB*，*BC* 平分∠*NBA*，则∠*BCA* = 90°.

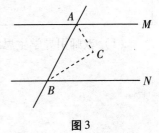

图 3

第四题图，如图 4 所示：

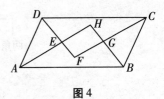

图 4

教师引导学生思维：

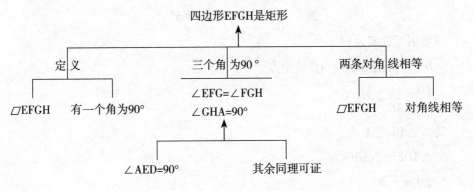

图 5　PCK 思路导图

有了这种 PCK 思路导图，学生就会有思路了。

例3:

表3　三角形的证明题

文字	图形	符号
三角形的中位线平行于第三边，且等于第三边的一半	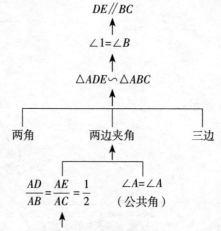	已知：如图，DE 是 $\triangle ABC$ 的中位线，求证： （1）$DE /\!/ BC$ （2）$BC = 2DE$

（1）教师引导学生思维之一：

图6　PCK 思路导图之三角形1

学生书写证明过程

$\because D$、E 分别为 AB、AC 的中点

$\therefore \dfrac{AD}{AB} = \dfrac{AE}{AC} = \dfrac{1}{2}$

又$\because \angle A = \angle A$

$\therefore \triangle ADE \backsim \triangle ABC$

$\therefore \angle 1 = \angle B$

$\therefore DE /\!/ BC$

又$\because \triangle ADE \backsim \triangle ABC$

$\therefore \dfrac{AD}{AB} = \dfrac{AE}{AC} = \dfrac{DE}{BE} = \dfrac{1}{2}$

$$\therefore DE = \frac{1}{2}BC$$

（2）教师引导学生思维之二，如图 7 所示：

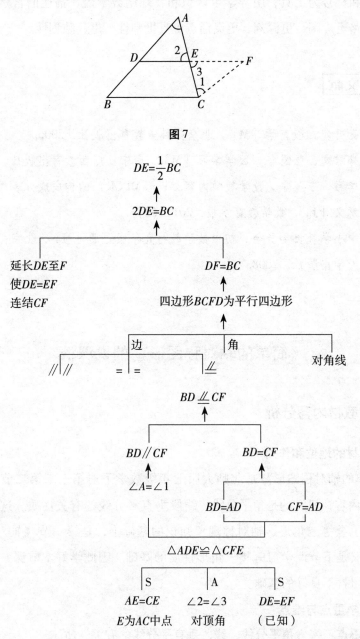

图 7

$$DE=\frac{1}{2}BC$$

↑

$2DE=BC$

↑

延长 DE 至 F
使 $DE=EF$
连结 CF

$DF=BC$

↑

四边形 $BCFD$ 为平行四边形

↑

边   角   对角线

//\\ //   = =   ⊿

$BD \underline{\underline{//}} CF$

↑

$BD // CF$ $BD=CF$

$\angle A=\angle 1$ ↑

$BD=AD$ $CF=AD$

$\triangle ADE \cong \triangle CFE$

S   A   S

$AE=CE$ $\angle 2=\angle 3$ $DE=EF$

E 为 AC 中点   对顶角   （已知）

图 8 PCK 思路导图之三角形 2

学生学习数学、解决数学问题的过程，是一种高级思维活动过程。在此过程中，既涉及思维的形式、方法；又涉及数学的对象、性质、文化、精神、思想与方法。因此，初中数学课堂应以知识为载体，以数和形为思维对象，以文字、图形和符号为工具，引导学生认识和发现用数学语言描述的自然规律，让学生的思路更广阔、更深刻、更灵活、更具批判性、更具独创性。

参考文献

［1］孙升华．教育学［M］．北京：科学教育出版社，2006.

［2］郑君文，张恩华．数学学习［M］．南宁：广西教育出版社，1994.

［3］李渺，宁莲华．数学教学内容知识（MPCK）的构成成分表现形式及其意义［J］．数学教育学报，2011（2）.

［4］中小学教员委员会．初中数学教材九年级上册［M］．北京：北京师范大学出版社，2008.

《简单的轴对称图形》的说课稿

一、教材内容分析

1. 教材的地位和作用

《简单的轴对称图形》是北师大版七年级数学下册第七章第二节（P191～P193）的内容，研究的是角平分线、线段垂直平分线的有关性质。这节课是建立在学习了全等三角形、轴对称现象知识的基础上，是第一节《轴对称现象》的延续，又是下节课学习等腰三角形性质的基础。因此学好本节课，将为后继的几何学习打下良好的基础。

2. 教学重点与难点

教学重点：探索角平分线、线段垂直平分线的有关性质。

教学难点：角平分线、线段垂直平分线性质的形成；过一点折线段的垂线。

二、教学目标分析

1. 认知目标

（1）经历探索简单图形轴对称性的过程，进一步体会轴对称的特征，发展空间观念。

（2）探索并了解角平分线、线段垂直平分线的有关性质。

2. 能力目标

学生通过探索简单图形的轴对称性，可以丰富想象力，培养动手能力，发展有条理地思考和表达的能力；可以进一步建立空间观念和数学建模思想，促进观察、分析、归纳概括能力和数学应用意识的发展。

3. 情感目标

教师应让学生明白数学知识来源于生活、服务于生活的道理。教师在参与数学活动的过程中要进一步丰富学生的数学活动经验和体验，培养他们积极的情感，增进他们学习数学的兴趣。

三、教学过程分析

表1 教学过程分析

程序	教与学	分析
创设问题情境	星期六，我校七年级的同学参加义务劳动，其中有四个班的同学分别在 M、N 两处参加劳动，另外四个班的同学分别在道路 OA、OB 两处劳动（如图所示）。现要在两条道路的交叉区域内设一个茶水供应点 C，使 C 到 M、N 两点的距离相等，且使 C 到两条道路 OA、OB 的距离相等。请你找出点 C 的位置，并说明理由。 问题一：使点 C 到点 M、N 的距离相等。 问题二：使点 C 到 OA、OB 两边的距离相等。	"问题是数学研究的出发点。"我设计一个现实生活中的实际问题导入新课，使学生明白数学来源于生活，体现"让人人学习有价值的数学"的思想。学生在具体情境中通过尝试、体验，产生悬念，造成认知冲突，可以激发强烈的求知欲。问题带有综合性和挑战性，教师启发学生将这个复杂的问题分解为两个小问题进行解决：1。使 C 到 M、N 两点的距离相等；2. 使 C 到两条道路 OA、OB 的距离相等。这两个问题又为接下来的探索活动作了较好的铺垫。

续 表

程序		教与学	分析
线段轴对称性的探究	自主探究	探索活动一： 让学生按教材中 P192 的步骤做一做。 然后思考问题： （1）线段是否轴对称图形，它的对称轴是什么？ （2）AO 与 OB 有什么关系？CO 与 AB 有什么关系？ （3）CA 与 CB 有什么关系？为什么？在折痕上另取一点，再试试，你又有什么发现？	接下来通过操作活动寻找解决途径。 探索活动使学生在"做中学"，通过操作活动，尝试、体验现实内容的数学化，体现"以学生为主体"的教学思想。 教师在此过程中只是组织者、参与者。教师巡堂指导学生的操作活动，听取学生的想法。
	合作探究	各学习小组的成员交流操作方法和看法，构建数学模型，得出并证明结论，最后派代表汇总发言： （1）线段是轴对称图形，对称轴是它的垂直平分线。 （2）线段垂直平分线上的点到这条线段的两个端点距离相等。 问题一可解。	在自主探究和独立思考的基础上，教师组织各学习小组合作学习，巡堂了解讨论情况。引导学生通过讨论，得出线段垂直平分线的概念和性质，并用学过的知识证明结论。 为了体现"让不同的人学不同的数学"，虽然新课标不要求学生写出完整的证明过程，但对学有余力的学生，可做此较高要求。 在合作探究活动中，学生与学习伙伴交流分享自己的体验和想法，既有成功的喜悦，又能激发思维活动，培养探索精神和合作学习的习惯。
角的轴对称性的探究	自主探究	探索活动二： （1）按教材中 P191 的步骤（1）做一做，并思考问题：角是否轴对称图形，它的对称轴是什么？ （2）按教材中 P191 的步骤（2） （3）（4）做一做，并思考问题：	下面以同样的理由和方法进行探索活动二。 教材的活动顺序是先探究角平分线的性质，再探究线段垂直平分线的性质。我将顺序做了调整，首先是考虑到活动一比较简单，易于操作、理解，符合学生由浅入深的认知规律；然后是考虑到操作活动一

续 表

程序		教与学	分析
角的轴对称性的探究	自主探究	探索活动二： ①观察图形，你发现了哪些相等的线段？并说明理由。②在角平分线上另找一点，再试试，你又有什么发现？	中对折线段 AB 可得 AB 的垂线，为解决活动二的操作难点（过点 C 折 OA 边的高）作了较好的铺垫。
	合作探究	各学习小组的成员交流看法，构建数学模型，得出并证明结论，最后派代表汇总发言。 (1) 角是轴对称图形，对称轴是角平分线。 (2) 角平分线上的点到这个角两边的距离相等。 对操作有困难的学生，采取组内互助的方法，或请会折的学生演示。重点突破：如何过点 C 折 OA 的高。 问题二可解。	同样，在自主探究和独立思考的基础上，教师组织各学习小组合作学习。引导学生得出结论，并证明。 探索活动有利于培养学生的动手能力和数学建模思想，促进他们观察、分析、归纳概括能力的发展，对学生将来的学习有深远的影响。
	利用结论解决实际问题	(1) 回应导入出现的问题。 (2) 应用练习： ① 完成教材中 P193 的随堂练习。 ② 如下图（1）所示，在 △ABC 中，∠C 等于 90°，AB 的垂直平分线 DE 交 BC 于 D，交 AB 于 E，连结 AD，若 AD 平分 ∠BAC，找出图中相等的线段，并说说你的理由。 ③ 晨光奶厂要在 A、B、C 三个居民区间设立供应站 P，使供应站 P 到 A、B、C 三个居民区的距离相等．供应站 P 应设在什么位置？（如图（2）所示） 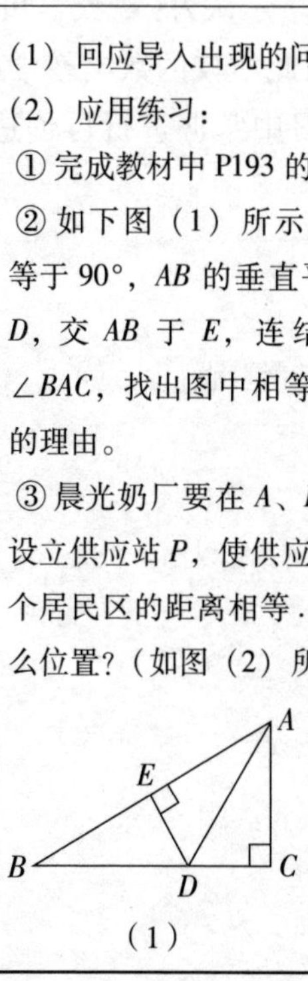 （1） 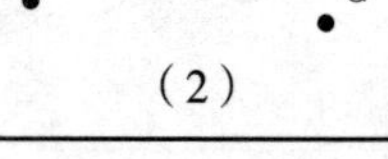　　　　　（2）	接着回应导入出现的问题，让学生尝试运用自己通过探索出来的结论解决问题，获得成功的体验。 为了检测教学效果，我设计了三个应用练习，按由浅到深的顺序出示。 先让学生独立思考，再动手试一试，允许学生展开讨论或争论。教师认真倾听学生的各种解答方法，给予正面评价，在学生遇到困难时可作必要的启发。 学生在练习（1）（2）中可能仍用全等的方法证明，教师应予以鼓励，并引导思考：有没有更简便的方法？能否用刚学的结论解决？

程序		教与学	分析
总结	效果评价	小结深化： (1) 通过本节课的学习，你学会了什么？ (2) 你发现了什么规律？ (3) 你学习了哪些重要方法？有何启示？ 学生自由发言，其他学生相互补充发言。	教师认真倾听学生的发言，给予肯定和鼓励。

四、教法学法分析

（1）"问题是数学研究的出发点。"新课导入的设计是通过现实生活的实际问题，使学生在具体情境中初步尝试、体验，产生悬念，造成认知冲突，激发求知欲，最后又再回应导入中提出的问题，使学生明白数学知识来源于生活、服务于生活的道理。

（2）自主探究活动使学生在具体、生动的情境中，亲历猜想、动手操作、推理验证和总结概括、实际应用的过程，让学生去主动探究并得出线段垂直平分线和角平分线的性质，而非传统的通过教师直接出示定理，再进行推理证明，把抽象的数学概念和定理传授给学生。正如弗赖登塔尔认为："数学知识既不是教出来的，也不是学出来的，而是研究出来的。因此学校的数学教学必须就学生通过自身的实践来主动获取知识，让学生在学习中掌握进行再创造的方法，以便进行数学化。"

五、教学评价分析

主要通过"应用练习"评价学生对本节课的掌握情况。

六、教学流程图

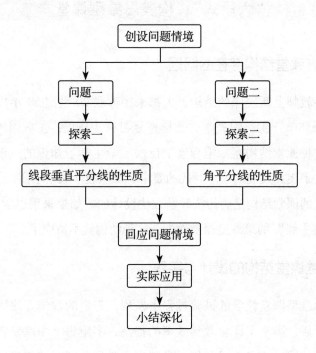

七、板书设计

简单的轴对称图形　　　　　　对称轴　　　　　　　　　　性质：

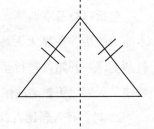

线段是轴对称图形　　　　线段的垂直平分线

角是轴对称图形　　　　　　角平分线

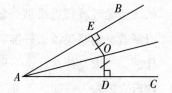

"六段式"：构建思维型课堂

一、传统课堂结构存在的问题

目前一些教师上新授课的结构，大都采用苏联 20 世纪 50 年代凯洛夫《教育学》的五个环节：①组织教学；②检查复习；③新授；④巩固练习；⑤布置家庭作业。这种课堂结构在一定程度上反映了学生学习知识的一般规律，但已不适应科学技术飞速发展的当今时代的要求，课堂教学效率不高。

这种传统的课堂结构是为传统教学方法设计的。如果采用以学生为主体的，以"思维训练主线"的思维型课堂教学，这种结构就不适应了。

二、思维课堂结构的设计与实践

本人在思维型课堂教学的试验过程中发现，先进的教学方法同陈旧的课堂结构产生了矛盾，影响了课堂教学效率的提高，实施思维型课堂教学也发生了困难。在试验的同时，本人对九年一贯制中小学数学课堂结构进行了改革，并在教学实践过程中逐步形成了"练、导、讲、练、练、结"的"六段式"课堂结构。一堂数学新授课大体包括六个阶段，以下对每个阶段的作用、要求和时间逐一加以分析。

1. 练：基本训练（5min 左右）

包括口算基本训练、应用题基本训练、公式进率基本训练等。小学数学基本能力的培养要靠天天练，这样做能把基本能力的训练落实到每一堂课之中。教师上课一开始就进行基本训练，使学生立即投入紧张的练习中，能安定学生情绪，起到组织教学的作用。同时，基本训练题的设计要注意为新课服务。

2. 导：导入新课（2min 左右）

从旧知识中引出新知识，揭示新课题。导入新课一般要编拟一道准备题，从准备题过渡到思维训练题，经旧引新，能充分发挥知识的正迁移作用，为学习新教材铺路架桥做好准备。同时，教师要使学生一开始就明确这堂课学的是什么，要求是什么。这一步时间不长，但很重要，只用花一二分钟，开门见山，然后立即转入新课。

3. 讲：进行新课（15min 左右）

这是新授课的主要部分，教师可以运用各种教学方法来进行新课，如教师讲解、学生自学和演示实验等。由于时间只有15min左右，教师必须突出重点，集中全力解决关键问题，切不可东拉西扯，拖泥带水。另外，一堂课的教学内容不能太多，宁可少些，也要让学生学得好些。

4. 练：思维训练（6min 左右）

这一步一般以从四人小组的每个小组中挑一名学生板演，全班学生同时练的方式进行，目的在于检查学生对新知识的掌握情况，特别是了解学习困难生的情况。这一步是一次集中反馈，通过板演由教师评讲，教师可以重点补充讲解，解决中差生学习新知识存在的问题。这一步可以说是"进行新课"的延续，又为下一步学生课堂独立作业扫除障碍。

5. 练：课堂作业（10min 左右）

为了使学生进一步理解和巩固新知识，提高练习效率，应该使学生有充裕的时间，安静地在课堂里完成作业，这是一堂课不可缺少的组成部分。教师布置作业时不要一刀切，要面向中差生，可为优秀生另外准备"思维拓展题"。学生练习时，教师要注意巡回辅导，对学困生，要及时帮助他们解决困难，这种"课内补课"的效果特别好。

6. 结：课堂小结（2min 左右）

学生做完课堂作业并不是课的结束，因为学生通过亲自练习发现了困难，需要得到解决，同时他们还有一个迫切的心情，想知道自己做的作业到底哪几题对了，哪几题错了。所以，教师应该安排这一步，做好一堂课的结束工作，这样一堂课的安排就善始善终了。

在这段时间里，首先，根据学生的作业情况，教师把这堂课所学的知识，再重点归纳小结，由于学生经过了10min左右的集中练习，再听教师归纳小结，体会就更深了，这能起到画龙点睛的作用。然后，教师可以当堂公布正确的答案，使学生当堂就知道，哪几题对了，哪几题错了，便于课后立即订正错误。如有必要，教师可再布置适量的家庭作业以便学生巩固今天学到的，也可以让学生预习明天学习的内容。

经过试验证明，实行这种思维型课堂结构教学效果较好。主要表现在：

（1）突出新课教学的重点。新授课主要是进行新课教学，思维型课堂的六个阶段全部围绕新课教学展开，能够保证较好地完成新课的教学任务。

（2）增加练习时间。思维型课堂的结构几乎安排一堂课的二分之一的时间让学生进行练习，从基本练习到巩固练习，再到课堂练习，要求逐步提高，层次清楚。这样能保证学生当堂练习、当堂消化巩固、当堂解决问题，不留尾巴到下一堂课去。

（3）改变了"满堂灌""注入式"的旧教学方法。思维型课堂增加了学生的练习时间，使"进行新课"的时间只能控制在 15min 左右，促使教师改变了"满堂灌""注入式"的做法。

三、思维型课堂结构的理论依据

1. 系统理论的应用

思维型课堂教学可以看作一个教学系统，思维型课堂结构中的每一部分不是彼此孤立的，而是互相联系、互相渗透的。在思维型课堂教学设计中，教师必须认真考虑各个部分之间的相互联系、相互渗透，才能有效地发挥这个教学系统的整体效果。

思维型课堂教学的六段式课堂结构，组成了新授课以"六段式"为特征的思维型课堂教学系统，在这个教学系统里以"解决思维训练题"为核心。

2. 反馈理论的应用

新的结构充分应用了反馈的原理，安排了两次集中反馈：

第一次集中反馈——思维训练。

进行新课结束，通过使学生及时传出对新知识理解程度的信息，如发现问题，教师能及时进行补充讲解，起到调节作用。

第二次集中反馈——课堂作业。

通过课堂练习，一堂课的教学效果能够及时反映出来，如果教师再发现缺陷，当堂就能补救。

3. 最佳时间理论的应用

一堂课 40min，哪一段时间学生的注意力最集中，学习效果较好，那就是一堂课的最佳时间。

一般来说，上课后的第 6min 到 20min 之间，这段 15min 左右的时间是一堂课的最佳时间。因为开始几分钟，学生刚从课间活动转入课堂学习，情绪还没有安定下来；第6min开始，学生情绪已经稳定，又经过课间休息，这时精力充沛，注意力集中；第20min以后，学生开始疲劳了，注意力也容易分散。

一堂课的主要教学任务如果安排在最佳时间，教学效果就好。但传统课堂结构把"检查复习"放在最佳时间里，是复习昨天的旧知识，转入"新授"时，学生已经疲劳了，新课的教学效果就差。而思维型课堂的结构把"进行新课"放在最佳时间里，学生精力充沛，注意力也集中，也就能获得最佳的教学效果。

第三篇

让课题研究为课堂教学增智慧

第一章 "成功考试"课题研究

一、问题的提出

"成功"是正常学生健康成长的一种心理需要．按理来说，"成功"可以是多方面的，然而在我国的传统观念影响下，"一丑遮百俊"，只要学生考试成绩不好，就会被看作"差生"。尽管有关方面已多次强调，不要把学困生称为"差生"，但是很难改变人们的思维定势。所以，现行考试方法仍在不断地用"坏分数"或"坏等级"来破坏学困生的"需要"。考试中的失败现象给社会、家庭及学生个人带来的负面影响已经再也不能等闲视之，学困生问题的严重性再也不应该被虚假的中考及格率继续掩盖下去，要消除考试的副作用只有从改革考试方法入手。

本课题研究的目的就是为了能有效地消灭考试中的失败现象，创造出新颖的考试方法和评价方法，从而使更多的学生能通过"考试"不断完善他们的学习心理品质，掌握必要的知识和技能，这样就会使我们的教学能真正满足义务教育的需要。

二、研究项目的主要内容

那些为满足国家选拔人才的需要的考试（如中考、高考等）当然要突出考试的鉴别功能，但在学校内的考试就应该首先要突出考试的激励功能，这是本课题研究要解决的核心问题。

在学生的每学期生活中最受人们重视的考试总是期末考试，这种重视实质上是重视它的"鉴别"功能。从实际情况来看，要发挥好考试的激励功能并不能靠"秋后算账"来实现。只有在广大学生中间制造出"必须考好"和"有信心考好"的氛围的前提下才有可能突出考试的激励功能。本课题在考试方法、成绩评定和学具运用等一系列问题上做出了必要的探索和研究。

评价手段实现数量化是社会的进步，而有人为消除考试的副作用企图淡化分数，实际上这是一种不得人心的自以为是的倒退行为，所以本课题不仅无意淡化分数，且将格外重视"分"的积极作用。

教学面向全体就是要保证绝大多数学生能掌握好教材中最重要的内容和使每位学生得到充分发展，这一目标只有在"希望"＋"激励"下才能实现，为此本课题创造出命名为"成功考试"的测试方法，这种测试具有下列七个特点：

（1）考试要求精且明确；

（2）只要学生努力，就能有好成绩或及格成绩；

（3）针对不同性质的知识点及不同水平的学生群体须设计出有不同形式及不同要求的测试方法；

（4）有的测试用的试题是在大量的难度相当、要求相同的"题库"中随机抽取的；

（5）每次考试费时不多；

（6）成绩未达标者有重考机会；

（7）测试分将成为学生的学期成绩的重要组成部分。

三、运用的主要研究方法和手段

综合国内一些成功的实验，如青浦实验、"935"实验等，它们的成功都是立足于大量的调查。因此，本课题运用的主要研究方法是调查和教育实验研究法，在实验班的每学期的正常活动中穿插4～6次"成功考试"，然后在统考中检验效果。

四、本课题国内外研究现状，预计有哪些突破

现行考试方法所产生的消极作用对于社会的危害性已引起很多有识之士的重视，所以考试及评价方法的改革问题已成为当今世界各国教育界普遍关注的热点问题，为了克服考试的消极作用，国外学者已做了多种实验研究。

因为国内要实施素质教育的需要，所以考试和评价方法的改革更是到了刻不容缓的地步。关于考试改革的研究成果正在不断涌现，有的学校已用等级制代替分数制，有的地方已取消了"一考定成绩"的做法，有的教师已研究了

"分层测试……，然而为了把很多学生从考试的阴影中解放出来，还需要我们进行更大的努力。"

本课题的实施已引起人们观念上的一个转变，与其努力使每位学生适应教师们早已习惯的"教师中心模式"，不如努力使我们的教学方法适应每位学生的需要，构建"师生合作模式"。本课题将使许多学困生也能通过考试，培养他们的竞争意识，让他们产生"争取考试成功"的欲望，体验考试成功的喜悦。本课题的成功将为实现"教育面向全体"创造出一种不论教师水平的高低都能掌握的教学模式。

五、实验操作方法

在数学教育中早有人提出"保底不封顶"的分数要求。而"成功考试"就是"保底不封顶"的具体体现。要"保底"首先要解决好代数和几何的入门问题，代数入门的标志是数、式、方程的基本计算是否形成技能，譬如一位常以为 $(a+b)^2 = a^2 + b^2$ 的中学生怎能说明他已经学过代数？几何入门的标志是能否进行简单的推理，而这两个入门问题对很多学困生来说是个世界性的大难题。本课题对于这两大难题的对策是"利用学具，开展数学活动，落实主体参与"。而在解决好这两个入门问题后，其它知识点就可通过"抓题型"来实现保底了。

"保底"中的"底"是指学生中考及格。为此，本课题在大量地收集了信息且经过了几次易稿已初步编出了一套保底题。每张试卷的要求分三个层次，A 层次要求有三个特点：

①经过老师和学生的共同努力，绝大多数学困生都是可以掌握的；

②试题反映出中考的最基本要求；

③为学生的后继学习创造必要的条件。

B 层次要求对大多数学生来说都是可以争取达标的。C 层次的试题是为提高优秀学生在中考中的竞争中编制的。每安排一回考试须考核三次且是通过三份有类似要求的试题及一份小步训练题来完成的。如何发挥好这种考试的激励作用，本人有下列几点想法供参考：

（1）学生拿到试卷后，可以从 A、B、C 组题中任选一组进行答卷，如果选了 A 组题，则在收卷时只交 A 卷，B 卷题撕下后在课外完成。如果选了 B 组题，则只交 B 组题，在课外完成 C 组题或 A 组题。而选 C 组题的同学必须在前次考核中的 B 组题考核中已达标。

（2）在实验班的教室的后墙上贴一张醒目的诊断评价表。某同学如果在一次考核中 A 组题达标，则可以在表上、在该生的名下记上一个五星，且在下次考核中免考 A 组题，只考 B 组题，如果 B 组题也达标了，那么在表上可再记一个五星。

水平较高的同学可以直接选 B 组题答卷，B 组题达标后可在表上直接记上两个五星。

（3）假如在第一次考核中有同学在 A 组题中未能达标，教师可利用小步训练题对该生进行必要的帮助和辅导，也可通过组织合作学习小组对该生进行互帮互学来解决。如果有个别学生极不用功，经过三次考察仍都没有达标，那么最好和家长联系一下，要求该生在家长督促下把已考过的三张试卷中的 A 组和 B 组题认真复习一下（只向家长埋怨学生成绩不好是解决不了问题的，必须让家长明白怎样才能有效地配合教师的教学工作）。然后找个时间在三份试卷中随机抽取一份进行补考。总之，这是一场意志的较量，教师必须要让每位学生明白，在这种考试中通不过是不行的。如果在第一次较量中教师"胜利"了，以后就好办了。

（4）现在我们不是在搞"英才教育"，而是在实行义务教育，在学生的"自弃"现象正日趋严重的时候，再和以往一样在每次考试中制造大批不及格生既没有必要且也是有害的，但是，我们又不能回避这样一个事实，有相当一部分学生在一次次统考中不可能有及格成绩。为了解决好这个矛盾，本课题力图在确保每位学生掌握最基本数学知识的前提下逐步消灭不及格现象，具体操作方法如下：假设在一个学期中进行了四回"成功考试"，那么在学生夺得八个五星之后就可评平时成绩为 100 分。再假设平时成绩占总成绩的 25%，那么期末成绩可按下列公式进行结算：学期成绩 = 期末考成绩 75% + 25 分。于是在期末考中只须考得 46 分就可评及格了。这种操作法既保证了学生学到了知识又将大大激发很多学困生产生争取考试成功的欲望。

（5）布鲁姆的目标教学被引进到我国之后，至今仍是一种可达标也可不达标的教学，所以它已开始被冷落。本课题认为"人都是能学习的，但能达到的高度是大不相同的。"所以"面向全体"只有在注意个体中才能得到实现。"面向全体"不是人人考好成绩，而是人人都会学习，因此，在本课题实践中要求教师须为每位学生设计一个通过他的努力必须达到的学习目标。譬如对一般的学困生可规定 A 组题考 100 分为达标，B 组题考 50 分为达标，对那些特殊困难生，在他的家长或学生本人提出申请后还可再降低要求。

（6）任何教育上的改革，如果影响了中考的选拔，那么它被说得再好，也不会得到社会的认可，这是一个不容人们置疑的情况，为了提高优秀学生在中考中的竞争力。本课题在初中的前后两个阶段中有不同的对策。在初中的前三个学期中不重应试能力，而重数学素养的提高，这样三管齐下：①切实抓好数、式、方程的基本训练；②多方位地通过多种活动来提高学生的数学素养；③重视应用题训练，大力提高学生分析和解决问题的能力。在初中的后三个学期就要侧重创新、考试能力的提高。为迎接中考的选拔须"及早"通过数学能力综合题培养学生的各类数学思想，而这个训练可通过 C 组题来实现。

（7）在注意优秀学生的动向时，不能只盯着那些成绩一贯优秀的学生，还要想到那些潜能还没有得到开发的学生。"成功考试"就是要运用"分"的魅力最大限度地开发学生的潜力。譬如它可以这样操作：在期末考中考得 85 分以上且在每回保底考试中全部拿下 C 组题的同学不仅记平时成绩为 100 分，而且这个成绩占总成绩的 50%，这种操作方法将使那些具有荣誉感的学生的大脑充分开动起来。

六、初步成果

"成功考试"课题研究得到了平冈中学刘利华校长及所有其他行政领导的大力支持，在人力、物力上给予了充分的保证。本学期，实验班学生基本实现了三个转变：

（1）由厌学向喜学、乐学、善学转变。

（2）由怕考试向主动要求考试转变，平均分明显上升。

（3）由怕数学向热爱数学转变，良好的学习品质逐渐养成。

实验班教师在教学观念上有了质的飞跃，树立了以人为本的思想。他们不再受制于 20 世纪 50 年代凯洛夫、80 年代布鲁姆教育理论的影响，而是将全体性、全面性、主体性这三个进行素质教育的要素融入课堂，从知识经济时代的高度理解知识传授是一种信息传播。"成功考试"是一种激励，是给学生提供自我实现的机会，让每个学生都能体验到成功。

实验班教师的科研意识大大增强,开始深入学生中进行调查,订报刊、读报刊、论报刊、用报刊已成为他们教学工作过程中的一种必需。各种教学论文陆续成稿,他们从科研角度分析"差生",完全认同"没有不合格的学生,只有不合格的老师"的观点或者是积极探讨、比较"教师中心模式""学生中心模式""师生合作模式"的利弊。

实验研制的系列学具,如数式算卡、推理拼卡、拼图板已被投入使用,深受学生欢迎。"成功考试题"已编制了一部分,计划开发设计成电脑软件,向规范化、现代化迈进。

第二章 "自学辅导教学——培养学生从会学到创新的实验研究" 课题研究

"自学辅导教学——培养学生从会学到创新的实验研究" 开题报告

一、课题提出的背景

1972 年联合国教科文组织出版的《学会生存》一书提出了终身学习的概念，自此之后，联合国教科文组织于 1989 年在北京、1994 年在意大利、1996 年在巴黎等地又多次召开终身学习（教育）的会议，得到世界各国政府和人民的响应。我国教育部在"面向 21 世纪教育国际研讨会"上指出："教育观念将进一步更新，教育将伴随一个人的一生"，同时特别指出，21 世纪是知识经济时代，一个人一生的工作要经历多次大小不同的变动或转换，在学校学到的知识就很可能不够用或用不上，因此，我们必须不断学习，必须终身学习（教育）才能适应未来的生存发展。我国已经明确提出要逐步完善终身学习（教育）体系，坚持不断提高国民素质教育。国务院召开的全国基础教育工作会议指出，教育是科技的基础，基础教育是教育事业的基石，要使学生具有适应终身学习（教学）的基础知识、基本技能和方法。

终身学习（教育）可以说是社会化的学习（教育），我们从自学辅导教学中可以研究其中的两种能力，一种是自学能力，另一种是适应能力，这两种能力可以说是生存发展能力的核心。正如加拿大莫尔森教授在《终身教育——全国大趋势》中说："当前最核心的问题是如何培养学生的自学能力和应变能力"（就我们的理解，应变能力就是适应能力）。王明达教授说过："培养学生的自学能力或者说独立获取知识的能力，这是使他终身受益的一项教育基础任务。"为了适应市场经济的不断变化，我们也需不断学习，所以现在整个教育界越来越认为终身学习，或者终身教育将是未来教育的一种普遍趋势。

我们发现自学辅导教学对初中学生自学能力的培养及其迁移，无例外地优于常规教学，无论是智力因素还是非智力因素，认知因素还是非认知因素。培养终身学习（教育）的方式虽然多种多样，但是自学能力是伴随终身学习的最需要的老师。虽然我们研究自学辅导教学对培养自学能力确实有效，自学能力肯定对终身学习有利，但随着社会化的发展，仍需要对终身学习（教育）体系的建立进行有明确目的的深入研究；特别是，自学辅导教学对人类适应生存能力的作用研究目前很少，只有对能动应变能力有一些专门研究。随着我国加入WTO，社会经济在不断地飞速发展，我们需要学习的知识和职业转换所需要的工作能力在不断地发生变化，对人的素质要求越来越高，对人的适应能力的要求就成为永恒的课题。今后人们在学校中所学的知识绝对不可能受用一生，只有继续学习、终身学习，才能适应生存和发展。

自学能力与适应能力两者有许多重叠和交叉部分，但是两者不是等同的东西。有很好自学能力的人，不一定就有很好的适应能力；有很好适应能力的人，也不一定就有很好的自学能力，但是两者也有密切关系，这让两者间的相互迁移变得容易得多。

适应能力（应变能力）大概可分为：适应生存能力、适应变化的社会能力、适应表达交流能力、适应合作能力、适应责任感能力、适应新思想能力、适应关系能力、适应不断发展的高素质能力 8 种。这些适应能力，我们都没有专门研究过，但是，自学能力可以实现对学科自学能力的迁移，如果经过很好的导学，自学能力也可以容易地迁移到适应能力，反之，适应能力经过很好的导学也会迁移到自学能力，但是这个观点仍需要实践的检验。这些生存能力的研究在目前来说，以文献中的理论居多，实验的材料较少，我们应该知难而上。

（一）本实验研究的提出

三十多年来，自学辅导教学已证明了这种教学方式对于培养学生"会学"无例外地优于常规教学，即是说，其对于自学能力培养及其迁移无例外地优于常规教学。现在我国大力提倡创新精神和实践能力，这是推动社会发展和科教兴国的原动力。

在基础教育方面，首先要教会学生学习，即"会学"，然后才能谈到创新。自学辅导教学是"授人以渔"，以让其终身受益的教学。"授人以渔"是终身教育的目标之一，但终身教育不只是学习一些新知识和技能，而是要创新。不能把创新和创造等同，虽然两者都有新颖性、独特性，但后者是指独特成品，是历史首创成品，如英国的克隆羊是真创造，而日本发明的克隆牛是类创造，高斯自我发明从 1 加到 100，他用（1＋100）＋（2＋99）＋（3＋98）＋…＋（50＋51）＝10150，得到 5050，这是很迅速的算法，这就是高斯的自我发明，而创新这个名词用得很广泛，包括了创造思维和创造。

创新也有三个层次，第一层次是前所未有的创新思维或成品。第二层次是把各个创新加以组合。有人认为比尔·盖茨的微软是种创造，但他本人未曾有一件东西是自己创造的，只是一种组合而已。第三层次是继承性创新。

（二）课题经费预算（18 万）

（1）学术会议费：6 万

（2）专家讲课费：4.5 万

（3）教材费：3.5 万

（4）研究人员加班、交通等补助费：2 万

（5）资料编写、印刷费：2 万

二、研究的基本内容、方法、步骤和预期成果

包括具体研究内容和重点解决的问题，研究工作的总体计划安排、实验方法和步骤，可能遇到的问题和解决办法，预期的实验成果及其提供的形式等。

（一）课题名称

自学辅导教学培养学生从会学到创新的实验研究。

（二）使用教材

中国科学院心理研究所卢仲衡教授主编的《中学数学自学辅导教材》。（经全国中小学教材审定委员会 2001 年审查通过）

（三）教学模式

严格按照"启、读、练、知、结"相结合的教学模式进行教学。

（四）实验时间

2001 年 9 月~2004 年 6 月，三年一周期。

（五）实验方法及实验基本情况

自然对比实验。在我校七年级开设的 6 个班中随机确定 2 个班作为实验班，

其中实验（5）班（48人中有体校生4人，学困生1人）的学生主要为本校六年级直升，在6个班中属于中等（学生的学习行为习惯差，无自习习惯和自学意识）。实验（6）班（45人）全部为外地插班生，学生的学习程度参差不齐，从两次入学考试看，学生的基础知识、基本技能技巧及智力是6个班中最差的，尖子生少，后进生多（附表）。

表1　实验（5）（6）班学生学习成绩分布状况

	自学竞赛（学校组织）				入学测试（年级组织）		
	80′~97′（一等奖）	70′~78′（二等奖）	60′~68′（三等奖）	人均分	>80分	60′~79′	人均分
七（5）	0	2	3	41	12人	11人	49.1
七（6）	0	1	2	38.5	12人	11人	48.5
备注：（1）80′~97′全年级共有8人。（2）60′~78′全年级共有22人。（3）自学竞赛情况学校发布了通报							

（六）实验目的及预期实验成果

（1）"中学数学自学辅导教法"在深圳市第一所九年一贯制学校——龙岗区实验学校的推广和发展，有利于形成具有九年一贯制教学特色的数学课堂教学模式，培养学生从学会到会学再到会创新的能力，探索学校在《办学方略》中提出的"为了学生的一生"的办学理念的实现途径和方法。

（2）通过三年的教学改革实验，使实验班的学生养成良好的自学习惯，掌握自学方法，发展和提高自学能力；变教师"教会"为学生"学会"，变"学会"为"会学"，使学生学到终身受益的方法。

（3）通过对教材、教法和学法的改革，减轻学生的课业负担，力争大面积提高教学（育）质量，在2004年升高中考试中经受得住检验。

（4）通过自学辅导教学培养学生在情景中提出问题的能力，在活动中发现规律和验证（证明）规律和应用规律的能力，不断提高学生的创新能力和实践能力。

（5）撰写个案分析文集和实验研究报告。

（七）主要措施

（1）把实验班学生划分为四种学习类型：①敏捷而踏实；②敏捷而不踏实；

③不敏捷而踏实；④不敏捷又不踏实，便于教师分段推进、分类指导、分类要求，力求学生做到一个"准"字。

（2）教师认真备课：①设计好启发引入的问题；②备好阅读提纲；③备好小结；④备好辅导，扎扎实实过好阅读关。

（3）调查研究当前学生的学习心理及时代特征，采取多种措施和手段，不断调动和强化学生的学习兴趣和内在动机，让快者快学，慢者慢学；通过成立四人学习小组等途径，加强和做好学困生的辅导和转化工作。

（4）实验教师要用极强的责任心和爱心及耐心做好一切实验工作，力求方法科学，切合实际，及时总结、反馈、调控实验工作情况，使实验沿着预定的、正常的轨道发展。

三、课题实施计划安排及预期完成目标

（一）准备阶段： 2001 年 9 月 3 日～7 日

教师先向学生介绍本项实验的有关情况，宣讲中外名人靠自学成才的实例及培养自学习惯与自学能力的重要性（有益于人的未来发展，能终身受用，能使自己不会被时代淘汰，也符合国际教育改革的发展趋势），引导学生树立正确的学习目的，提高自信心；再进行两次摸底测试，教师针对出现的问题指导学生自学，让学生逐步形成自学习惯，掌握自学方法，提高自学能力。

（二）实验阶段： 2001 年 9 月～2004 年 6 月 30 日

第一阶段：领读阶段。（2001 年 9 月 8 日～10 月 8 日），逐词（字）、逐句地教给学生读书的方法和圈、点、划、批、摘，分段写段意，找重点、难点、关键点，做好练习后如何对答案等方法，使学生初步学会自学方法。

第二阶段：提纲导读阶段。（2001 年 10 月 9 号～2003 年 7 月 10 号）教师要求学生严格按照"粗读圈、点、划，细读分段写段意，精读记重点，解答写提纲，明白之后再做题"的要求进行，与学生共同总结出阅读例题（做、对、析三步）和概念的方法，注重培优辅差及分类指导，让快者快学，慢者慢学。

第三阶段：独立自学阶段。（2003 年 7 月 11 号～2004 年 6 月 10 号）教师要求学生能自编阅读提纲或据老师的简易（有时口头）提纲进行自学，学生阅读速度加快且善于思考，能独立获取知识，自学能力有较明显提高。

（三）实验总结阶段： 2004 年 7 月 1 日～8 月 30 日

教师对本次实验研究的资料进行总结，对中考成绩进行统计分析，形成实

验报告和学生评价指标。

（四）实验预期效果

三年后，学生在学业成绩（升高中考试成绩）、各学科的全面发展、自学能力成长和自学能力迁移四方面有较明显的优势和提高．教师撰写实验研究论文，得到实验研究数据，全面改进课堂教学。

"自学辅导教学——培养学生从会学到创新的实验研究" 结题报告

一、实验目的

中国科学院心理研究所的卢仲衡先生的"中学数学自学辅导教学"，是一种有效地、科学地培养学生自学能力的最佳教学手段之一，三十多年的实践证明，这项实验是可靠、可行的。

我们学校是深圳市第一所九年一贯制学校，从 2001 年下学期开始引入这项实验，开设了两个实验班。实验的指导思想是以邓小平的"三个面向"为指导方针，以"国家基础教育改革和发展纲要"和新课程标准为依据，通过对初中数学教材、教法和学法的改革，减轻学生的负担，开发学生的智力，挖掘学生的潜能，大面积提高初中数学教学质量，培养学生自学与创新的意识和能力。

实验目的：

（1）探索学校在《办学方略》中提出的"为了学生的一生"的办学理念的实践途径和方法。

（2）通过三年的教育教学改革实验，使实验班的学生养成良好的自学习惯，掌握自学方法，发展和提高自学能力，变教师"教会"为学生"学会"，变"学会"为"会学"，由"会学"而"会创新"，使学生学到终身受益的方法。

（3）通过对教材、教法和学法的改革，减轻学生的课业负担，力争大面积提高教育教学质量。

（4）通过自学辅导教学培养学生在情景中提出问题的能力，在活动中发现规律、验证（证明）规律和应用规律的能力，不断提高学生的创新意识、创新能力及实践能力。

二、实验效果

历时三年的第一轮实验已胜利结束，通过 2002、2003 年两年龙岗区的统一跟踪考试和今年的深圳市中考，通过对各实验班的检测与验收，我们发现实验预期的效果比较显著，分别介绍如下：

1. 学业成绩

在我校七年级开设的 6 个班中，我们从中确定了最后 2 个班为实验班，其中实验（5）班（48 人中有体校生 4 人，学困生 1 人）的学生主要为本校六年级直升，在 6 个班中属中等（学生行为习惯差、无自学习惯和自学意识），实验（6）班（45 人）全部为各地插班生，来自 11 个省市，学生的学习程度参差不齐，从两次入学考试看，学生的基础知识、基本技能技巧、智力及行为习惯是 6 个班中最差的，尖子生少、后进生多，呈现非正态分布。为了便于比较，学校在开学之初进行了入学考试和自学能力竞赛，每学期期末统一考试，年级交换阅卷，以保证其公平、公正。学业成绩见下表。

表 1   龙岗区实验学校七年级期末学业成绩

时间 成绩 班级	2001 年入学			2001 年下期末			2002 年上期末		
	优秀	合格	人均	优秀	合格	人均	优秀	合格	人均
（1）	35%	70%	55	50%	86%	71.4	36%	68%	69
（2）	30%	68%	53	48%	85%	70.6	30%	63%	68
（3）	32%	72%	56	52%	88%	73.4	33%	65%	69
（4）	34%	73%	56.5	65%	95%	80.2	48%	90%	78
（5）	25%	65%	49.1	485	85%	70.5	38%	71%	72
（6）	24%	61%	48.5	47%	86%	70	38%	70%	71

续 表

成绩 班级 时间	2002 年下期末			2003 年上期末		
	优秀	合格	人均	优秀	合格	人均
（1）				8.9%	8.9%	53
（2）				0.0%	15%	42
（3）				2.1%	18%	43
（4）				16.0%	75%	67
（5）				2.2%	35%	51
（6）				30.0%	78%	70

表 2　分班后的学业成绩

成绩 班级 时间	2003 年下期末			2004 年中考		
	优秀	合格	人均	优秀	合格	人均
一						
二						
三						
四						
五						
六						
七						

说明：进入初三后，原本的七年级由 6 个班分为 7 个班，其中（4）班、（6）班为特长班。（6）班主要是（5）（6）班的学习特长生；（4）班主要是（1）（2）（3）（4）班的学习特长生，这样分的目的是为了实验的连续性，但（6）班要弱些。

2. 自学能力成长

通过几年的自学辅导教学，我们发现学生的自学能力、自学习惯和自学效果明显提高，这是常规教学无法实现的。每一学年开学初，学校会组织一次自学能力竞赛，并进行表彰通报（见下表）。

表3　各班自学能力竞赛成绩

	2001 年下期入学			2002 年下期入学			2003 年下期入学		
	一等奖	二、三等奖	人均	一等奖	二、三等奖	人均	一等奖	二、三等奖	人均
（1）班	2	6	46.2	1	4	50	0	4	48.2
（2）班	1	7	45.8	1	5	48.2	1	2	46.2
（3）班	3	7	47	2	6	51.2	0	4	46.5
（4）班	4	7	48.2	2	7	52	3	7	52.3
（5）班	0	7	41	2	9	55	2	7	53.1
（6）班	0	6	38.5	2	9	57.8	4	17	60.2

在 2002 年 4 月举行的全国数学希望杯竞赛中，我校 6 个班获全国奖的有 14 人，两个实验班占 6 人。在 2003 年 4 月举行的全国数学希望杯竞赛中，我校获全国奖的共 15 人，其中 2 个实验班占 10 人，而且全区第一名是实验班的学生（全区获奖的共 60 人）。另外，实验班中有十多人能超前自学和应用高中的内容。

3. 自学能力迁移

由于学生具备了数学自学能力，这种能力必然要迁移到其他学科。其他学科的老师反映，在（5）（6）班上课，放手让学生自习看书做作业，效果挺不错，而且学生请求自学的要求，是以前没有遇到的。其中尤为突出的是六班的霍纬乾同学，他比较喜欢电脑，因为他是广西转来的，参加信息学兴趣班的时间比其他同学要整整迟一年。他利用数学老师教的自学方法，在计算机老师刘族雄的指导下，用一年半的时间，学完了别人两年半到三年才学完的学习内容，在 2002 年 12 月举行的全国青少年第八届信息学竞赛中，一举夺得深圳市第一名、全国一等奖（全深圳市仅两个），在校内、市内引起了较大的反响。而在 2004 年全国物理知识竞赛中，龙岗区实验学校获深圳市一、二等奖的共有 12 人，六班的学生就占有 5 人。

4. 创新意识与创新能力不断增强

"创新是一个民族的灵魂，是一个国家兴旺发达的不竭动力。"而且培养学生的创新精神和实践能力是新课程的重要目标之一。所以，在平时的教育教学工作中，教师要教给学生自学的方法，帮助学生转变观念，不断培养和激发学生的创新意识，提高学生的创新兴趣和创新能力。

（1）在市、区、校举办的两届科技节中，实验班的学生周默涵、邱宝茹、周景、邱华林、罗雅清、蒋祖洋和许思怡等人分别获一、二等奖及最佳创意奖，占年级获奖人数的85%。

（2）在2002、2003年暑假社会实践调查活动中，实验班学生的参与率达到100%，在学校和区里的活动总结评比中有多人获奖。

（3）学生积极撰写学科论文、调查报告和文学作品，并敢于向报社投稿，李佩虹同学在《自学辅导实验文选》上发表了题为《学生眼中的数学开放题》的论文。罗雅清、周默涵、李佩虹、邱宝茹、何婧和谭洁等人分别在市级刊物《英语报》《深圳青少年报》《深圳侨报》等发表文章十余篇，占全年级学生发表文章的80%以上。

（4）在2002年上学期初，学校决定改革每周一的升旗仪式，升旗仪式的主持人、护旗队、升旗手和国歌指挥等事情全部由班级承包，第一次升旗任务面向全校59个班招标，结果只有实验（6）班竞标，并且非常成功地举行了第一次升旗仪式，成为后来者的模板。在2002年五一节期间，实验（6）班学生自发进行了"班微设计"方案的征集工作，经过全体学生投票和科任老师的评选，评选出特等奖和一、二等奖，为增强班级凝聚力起到了一定的作用。

（5）在2002年暑假，实验（6）班班委会、团支部决定编一本班级自己的书，书名定为《浪花集》，由学校校长作序，学生自写自编，自己找到9位家长赞助6000多元，出版了一本厚达110余页、有彩印插图的线装书，开创了龙岗区第一个班级独立编书出书的先河，得到了学校领导、家长和兄弟班级的赞扬。

（6）体育特长生陈学涛和罗创源，他们创造了学习、训练交叉进行，耽误的课程自学补上的模式。他们不仅成绩优良，而且创造的体育成绩令体校生与省市体工大队刮目相看。陈学涛和罗创源在深圳市中学生运动会上分获100米跑和铅球第一名，并双双获体育道德风尚奖，并且陈学涛同学在省运动会上破了100米跑的全国纪录，成为龙岗区第一个获国家"一级运动员"称号的初中学生，分别被省重点中学深圳中学和深圳实验学校录取。

（7）每周召开的班会、团会及每学期的家长会，全部以学生干部主持策划为主，既锻炼了学生的能力，又培养了学生思考创新的习惯，获得了学校、家长的好评。

（8）学生多题一解的能力大有提高。如在七年级时，学校在实验班和普通班同时布置了两道习题，解方程组 $\begin{cases} 3x+3y=4 \\ 5x+6y=7 \end{cases}$，$\begin{cases} 7x+8y=9 \\ 10x+11y=12 \end{cases}$ 解完之后，你有什么想法？第二天重点统计第二问的解答情况，结果发现，实验班85%的学生发现了规律，能用语言叙述出来，有5人写成了下列表达式 $\begin{cases} ax+(a+1)y=a+2 \\ (a+3)x+(a+4)y=a+5 \end{cases}$（其中 a、b 为正整数），还有两个学生给出了证明，而普通班只有61%的人发现了规律，1个人写出了正确的表达式。又如在九年级第一学期，教师结合练习本、测验本布置了一组题目作为课外作业。解方程（组）：① $x+\dfrac{1}{x}=a+\dfrac{1}{a}$；② $x+\dfrac{1}{x-1}$；③ $\dfrac{3x}{x^2-1}+\dfrac{x^2-1}{3x}=\dfrac{5}{2}$；④ $\begin{cases} \sqrt{\dfrac{y}{x}}+\sqrt{\dfrac{x}{y}}=\dfrac{10}{3} \\ x+y=6 \end{cases}$。在第二天检查时，全班半数以上的学生是按照去分母或换元的方法来解，还有1/3的学生做完后，回头看，感觉这四个题目似乎有一种内在规律和联系，他们通过思考创新，发现了题①的解为 $x_1=a$，$x_2=\dfrac{1}{a}$，恰为等式右边的两个数 a 和 $\dfrac{1}{a}$。由此，他们利用整体思维的方法，把③题变为 $y+\dfrac{1}{y}=2+\dfrac{1}{2}$（设 $y=\dfrac{3x}{x^2-1}$），直接得到 $y_1=2$，$y_2=\dfrac{1}{2}$；又把④题的 $\dfrac{10}{3}$ 变为 $3+\dfrac{1}{3}$，把②题变为 $x-1+\dfrac{1}{x-1}=a-1+\dfrac{1}{a-1}$，而这在普通班几乎没有。再如，在九年级进行总复习时，教师以《代数》第二册练习本的一个习题做多题一解的聚合思维能力测试。原题是解方程组 $\begin{cases} 4x-15y-17=0 \\ 6x-25y-23=0 \end{cases}$，其结果为 $\begin{cases} x=8 \\ y=1 \end{cases}$，教师要求学生利用这一结果，结合初中所学内容，自编练习题，题型越多越好。这样，一方面可以达到让学生理解、巩固、深化所学知识的目的；另一方面可以检测学生的创新思维能力与学习毅力。结果实验班学生最多找到9种（已知最多有10种），一般学生找到6种左右。

具体编题内容如下：

例1：已知 $|4x-15y-17|+|6x-25y-23|=0$，求 x，y。

例 2：已知 $(4x-15y-17)2+|6x-25y-23|=0$，求 xy.

例 3：已知方程组 $\begin{cases} ax-15y=176 \\ x-by=23 \end{cases}$ 的解是 $\begin{cases} x=8 \\ y=1 \end{cases}$，求 a，b.

例 4：已知 $-2a^4x-15yb^6x$ 与 $a^{17}b^{25}y+23$ 是同类项，求 x，y.

例 5：若 x、y 为实数，且 $\sqrt{4x-15y-17}+\sqrt{6x+25y-23}=0$，求 xy.

例 6：已知最简根式 $\sqrt[4x]{6x-15}$ 与 $\sqrt[15y+17]{23}$ 是同类根式，求 xy.

例 7：求直线 $4x-15y-17=0$ 与直线 $6x-25y-23=0$ 的交点坐标。

例 8：求直线 $y=\dfrac{1}{15}(4x-17)$ 与 $y=\dfrac{1}{25}(6x-23)$ 及 x 轴所围成图形的面积。

例 9：某工厂有甲乙两台车床，已知甲车床 4 分钟车的零件数比乙车床 15 分钟车的零件数还要多 17 个；乙车床 25 分钟车的零件数比甲车床 6 分钟车的零件数还少 23 个，求甲乙两车床每分钟车的零件个数。

例 10：如图 1 所示，已知 D、H 分别为 $\triangle ABC$ 中的 AB、BC 上一点，BC 长的 6 倍比 HC 长的 25 倍还要多 23cm，A、D 到 BC 的距离分别为 15cm 和 4cm，且 $\triangle DBC$ 的面积减去 8.5cm² 恰好等于 $\triangle AHC$ 的面积，求 BC 与 HC 之长。

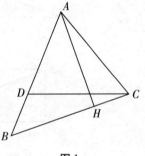

图1

（9）学生一题多解（证）的意识与能力大大增强，学生的发散思维能力得到体现。同样一次期末考试的试题，实验班学生解（证）题方法达到 5 种以上，而非实验班的只有 1 ~ 2 种。在单项测试题中，同样一题实验班单个学生有解（证）题方法 6 ~ 10 种，非实验班只有 3 种，有些证（解）法甚至是老师也没有想到的。

如七年级第二学期《几何》一册的练习本上有这样一道习题，如 2 图所示，已知 $AB\parallel CD$，求证 $\angle A+\angle AEC+\angle C=360°$. 我要求学生尽量用多种证法，第二天检查时发现，有 5 种证法的 6 人，4 种证法的 10 人，有 3 种证法的 15 人。又如在八年级第二学期进行期末复习时，以测验本上的一个习题在实验班与普通

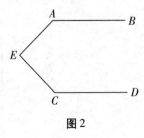

图2

班进行一题多证的实验，实验班最多找到 8 种证法（已知有 9 种证法），普通班最多 5 种，统计列表如下：

表 4　实验班与普通班一题多证的结果

人数　　证法　班别	1～3	4～5	6～8
实验班	24 人	15 人	6 人
普通班	43 人	3 人	0 人

原题：已知 A、B 是直角梯形 ABCD 的两直角顶点，E 是一腰 CD 之中点，求证 AE = BE. 证法如下（见图 3）（限于篇幅，只作简图，不作文字说明）。

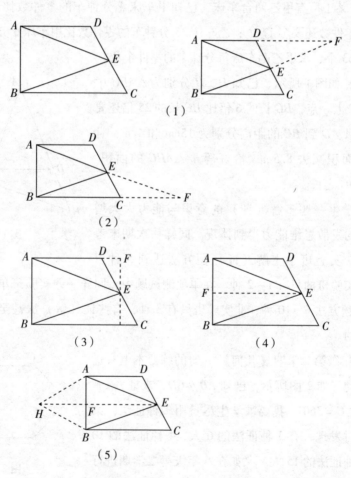

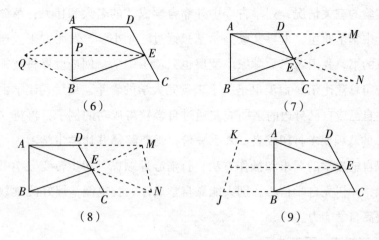

图3

再如：七年级第二学期学完因式分解后，利用一个周末，教师布置了一道课外作业题，采用分组分解法和拆项法分解因式：$x^3 + 6x^2 + 11x + 6$，并告诉学生，老师已找到了 32 种不同的方法，同学们可以一个人也可以学习小组为单位，看一看究竟能找出多少种方法，周一检查。最后我们发现实验班的学生最多的居然找到了 64 种不同的方法，大大出乎我们的预料，而且不少学生争相报告自己的新方法，于是老师让他们先以小组为单位统计有多少种不同的方法，然后全班交流，最后由数学课代表与学习委员进行不同证法的统计，全班累计竟有100 种不同的方法（限于篇幅省去具体过程，具体分解方法已在《自辅实验文选》上发表）。全班同学异常兴奋，为自己发现如此多的创新证法而激动。

三、具体做法

1. 宣传发动，帮助学生转变观念，树立自学信心

虽然初中学生已经具备阅读能力，但由于小学直观模仿习惯的干扰，众多学生误把数学课本当作习题集。同时，部分学生学习浮躁，依赖思想严重，习惯于听，没有自觉阅读数学书的意识。而不少的学生家长或为养家糊口而奔波，或因家庭子女多（独生子女只占1/5）而无暇顾及子女的学习。针对学生的实际情况，首先，教师在第一节课先向学生提问，假如上帝左手拿着一块黄金，右手拿着"点金术"，如果只允许选择其中的一种时，你会选择哪样？几乎所有学生都回答选择右手的"点金术"，并说出了理由：一块黄金终究有用完的时候，而掌握了"点石成金"的方法，则一生不用发愁。然后，教师再向学生介绍数

学自辅实验的有关情况，列举古今中外靠自学成才的名人和伟人：革命导师恩格斯是个中学毕业生，世界文豪高尔基只读过三年小学，发明大王爱迪生只念过三个月的书，我国著名数学家华罗庚也只读了中学，创造世界科技神话的美国微软公司总裁比尔·盖茨也是一个未读完大学的青年。最后，让学生自由讨论，举出自己或自己身边的亲朋戚友通过自学获得成功的例子，再将"数学自辅教学"的八项要求打印成表，人手一份，逐条解释并让学生学习，使学生了解和认识自辅教学的要求和操作方法，打消心理顾虑，初步转变数学书不用阅读的观念，并树立自学信心：别人能靠自学成才，我也能掌握好阅读数学书的方法，提高自学能力。

2. 示范领读，不走过场

七年级学生阅读能力差、缺少阅读习惯，所以在阅读入门阶段应重点培养学生的阅读习惯、传授阅读方法，放慢速度、保证质量，时间为一个月。在学生模仿着自学课本时，教师要注意巡视，指导鼓励学生，让他们体验到阅读成功的喜悦，让学生逐步产生对阅读的兴趣，从而把阅读当成一种有目的的自觉行动。

3. 精心设计"启发"环节，培养和提高学生的自学兴趣

爱因斯坦说"兴趣是最好的老师"，阅读教材之前的启发对集中学生的注意力，提高学习效率关系甚大。因此，启发既要做到能激发学生的学习兴趣和求知欲，又要注意与知识性、科学性、趣味性和所学知识的连贯性有机结合。常用的方法有：①故事引入式；②设疑激趣式；③竞赛碰壁式；④由旧引新式；⑤问题解决式等。

4. 抓"知"促查，搞好养成教育

"自辅教学"的第四个环节是"知"——对答案。教师要求学生解题时严格按照要求，力求做到准确、规范、认真核对答案，并且对的划上"√"，自我奖赏，错的画上"×"，并在错题旁边写出正确答案，分析错因；教师还要把错题搜集整理，为课堂小结准备资料。同时，在班上成立 4 人学习小组，教师根据学生的平时成绩、表现及学习的四种类型（快而准，快而不准，不快而准，不快又不准，三年的实践证明，创新意识和创新能力最强的是快而不准这种类型的学生，其次是快而准的，成绩进步最大的是不快而准的学生）进行合理搭配，采取组长对组员的督促负责制和组员之间相互检查、相互制约的方式，达到共

同提高的目的。教师每天至少抽查每个小组的一个学生的作业，对做得好的学生加分（每一个学生有一个学习行为习惯评价百分表），对做得差的进行面批并扣该生的学习行为习惯分。另外，在实验班提倡写数学日记，把每天的学习心得、疑难困惑或创新发现及时做好记录，并定期检查、交流。

5. 树立榜样，典型引路

每个自辅实验班，都有一些自学能力及创新能力突出的学生，树立学生们天天看得见的典型（特别是不敏捷而踏实型的）对学生们有较好的鞭策作用。

6. 引进竞争机制

教师根据中学生好胜心强、好奇心强的特点，时常开展学习小组之间、学生与学生之间的数学解题、智力抢答竞赛、难题征解和每周一题等活动，刺激学生的兴奋神经，促进其创新能力的增长。

7. 捕捉课堂上的好素材，激发认知潜能

波利亚指出："数学问题解决是一个复杂的心理过程，其中最关键的是思维。"布鲁纳指出："探索是数学教学的生命线。"数学教学与学习活动的核心是培养学生解决数学问题的思维能力，问题解决的过程是发散思维与聚合思维交互转换的内隐性认知过程。《礼记·学记》所述的"君子之教，喻也。道而弗牵，强而弗抑，开而弗达"，即教师在数学教学中一是要引导、鼓励、激发学生积极思维、主动参与，从而自觉获取知识；二是要通过问题解决的探索活动，激发其内在潜能，使其敢于质疑，动手动脑，发现探索，善于质疑，创新求异，另辟蹊径。所以，我们在平时的课堂教学中要注意捕捉课堂上出现的好素材，创设思维情境，寓"情"于"发现"之中。如在学习三角形的内切圆的性质后，教师让学生做了这样一道题：已知 Rt$\triangle ABC$，三边为 a、b、c，c 为斜边，求其内切圆的半径 r. 大部分学生利用切线长定理求得 $r = \dfrac{a+b+c}{2}$，还有 5 个学生利用面积公式求得 $r = \dfrac{ab}{a+b+c}$，这令大部分学生困惑不解。教师因势利导，把两种答案同时写在黑板上一起分析，两种方法推理都没错，结果为何不一样呢？具体原因留给学生课后去探求。结果一个中午的时间，就有十几个学生得出两个表达式可以相互推出，实质上是一个结果的结论。

8. 注意逆向思维，提倡反思

"数学问题的解决应该是从解题之初的预测，直到一个解法后的延续，这样

一个思维的全过程"。它集中反映了数学认知结构的特征，它是发展数学思维能力的基础，而这一基础的关键则是逆向思维和反思。正如波利亚所说，如果没有反思，"他们就错过了解题的一个重要而有教益的方面，通过回顾所完成的解答，通过重新考虑和重新检查这个结果和得出这一结果的路子，学生们可以巩固他们的知识和发展他们的能力。"这就提醒我们，要完成培养学生创新思维素质的任务，数学教学就必须重视问题解决的全过程，这个全过程既包括解完一个问题后的延续过程，反思的一面。同时还包含着能否利用逆向思维来分析、思考同一问题的另一面。这样的教学活动，既可使学生从反思中检验了解自己学习过程中的成功和不足，又可使教师从反思中获取反馈信息，以便及时调整、完善和补救自己的教学，并可提高学生思维的灵活性、批判性及深广度。如在

一次练习课上，教师要求学生用不等号把下列有理数连结起来：$-\dfrac{4}{13}$，$-\dfrac{6}{17}$，

$-\dfrac{3}{14}$，$-\dfrac{12}{43}$，几乎所有的学生看到此题后都采用一般的思维方式，即将四个数转化为同分母的分数，如此就会变得十分繁难，学生处在"心欲求而不得""口欲言而不能"的"愤""悱"状态。这时，教师提醒学生应变换思维角度，另辟蹊径，为此，可请学生回头看一下后座同学抄写的题目，看到的结果是分子与分母刚好颠倒位置，然后问学生有什么感想，立即就有几位学生从中受到了启发——化为同分子的分数比较其大小。设计这个回头一看，正是为了让学生"触景生情"，诱发瞬间的灵感。

9. 注重实践能力的培养

学以致用是我们不懈追求的目标，也是对创造性思维能力的综合检验，在此过程中的每一步骤、每一环节都有创造的空间。其具体方式既可是文化课上解答实际性应用问题，又可是活动课上动手实践操作，还可是生活中应用数学解决具体的实际问题。如学完一元二次方程后，我们联系学校实际，出了这样一个问题：学校的操场边上有一块长 16m，宽 8m 的矩形空地，现要在它上面开辟一个花坛，美化环境，其面积刚好是矩形空地面积的一半，应如何设计，效果最好？全体学生放学后，实地察看，动手测量设计，兴趣很高。设计方式有十多种，大家讨论后认为较好的有下面 2 种（见图 4）：

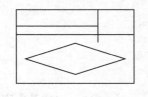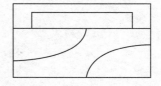

图4

设计方案出来后，我们要求学生在设计图上标出精确的数据，以此培养学生的实践品格；实践中达不到要求的，再进行重新修改。最后，我们要求学生进行总结与反思：一个优秀的设计方案的产生靠什么因素来决定呢？通过讨论，学生小结为下面四点：①要有扎实的数学知识和数学观察能力；②要敢于创新，善于创新，发挥每一个人的主观能动性；③要有协作精神，取长补短，切磋进取，精益求精；④要与实践相结合，用科学的态度和方法完善自己的创造。

四、几点体会

1. 领导的重视与支持是搞好实验的关键

三年来，区教研室教研员梁小贱老师，学校魏国良主任、科组长和级组长等都参与了听课、指导和解决有关实际问题的过程。

2. 广泛宣传、统一认识是搞好实验的基础

从学校领导到科任教师，大家都关心、支持实验工作。大家团结合作，向学生家长宣传实验的重要意义，并取得了家长的支持，为实验工作的顺利完成奠定了基础。

3. 实验教师的积极工作是搞好实验的根本保证

实验教师积极主动地开展工作，争取各方面支持，争做学生的良师益友；我们严格按照实验要求进行操作，灵活处理实验中遇到的问题，及时总结经验教训。在这一课题研究中，实验教师有两篇论文分获第七次、第八次全国自辅会议一等奖，有两篇论文分获《中国教育报》举办的征文竞赛一、二等奖，发表文章三篇。

（课题业务主持人：魏国良　　执笔人：陈光祥）

第三章 "数学小步训练——九年一贯制学校教师教学方式转变的研究与实验" 课题研究

"数学小步训练——九年一贯制学校教师教学方式转变的研究与实验" 开题报告

一、本课题国内外研究现状、理论意义、应用价值和选题的主要理由

（一）本课题国内外研究现状述评

捷克斯洛伐克的伟大教育家夸美纽斯（J. A. Comenius）在 17 世纪创立了班级授课制，适应了兴起的资产阶级需要有大批有文化有技术的工人的要求。但随着社会的发展，班级授课制的弱点凸显了出来。企图打破班级教育的实用主义的代表人物是詹姆斯（James）和杜威（Dewey）。1894 年，杜威发明设计的教学法主张以儿童为中心实行小组活动，提倡从"做中学"。美国柏克赫斯特创立了道尔顿制，彻底否定了班级教育，曾有人以此在北京市第 26 中学进行过实验，但以失败告终。

斯金纳是新行为主义者，是操作性条件反射的发明者，他在从 1930 年开始写的一系列论文中提出了一套关于行为的理论，这种理论是以他在自己独创的一种类型的实验中对动物行为的观察为出发点。他通过观察在他自己特制的"斯金纳箱"里的白鼠按压杠杆的活动，得出了动物学习遵循着"小步子"和"及时强化"两条原则，他认为有机体运用这两条原则就能形成复杂行为，后来他根据这两条原则编写了线性教学教材。之后克劳德（Claude）加以改进，编写了分支程序教学教材，这在 20 世纪 50 年代末和 60 年代初被有些报纸称为"第二次产业革命"。后来凯勒创造了个人化教学，又称凯勒制，CAI 是这种研

究的继续。而中国科学院心理研究所在 1963 年开始用一个研究所的力量来研究程序教学，在卢仲衡教授的主持下，逐步形成了有中国特色的、公认有效的"数学自学辅导教学"。2001 年 9 月我校被批准承担全国教育科学"十五"规划课题二级课题"自学辅导教学——培养学生从会学到创新的研究与实验"。

（二）选题的主要理由

1. 传统的程序教学有效又有限

1972 年伟纳（Weiner）的研究认为，程序化教学的"小步子"，对最初的学习是很有效的，学生自己能学懂，学习就能引起他们的好奇心，但长久地学习下去，学生总觉得是成功的，渐渐地不爱动脑筋了。我们选题就是为了发挥"小步子"的优势，探讨从小步过渡到大步的途径，全面提高学生的数学思维能力。

2.《义务教育阶段国家数学课程标准》的要求

为贯彻第三次全国教育工作会议精神，全面落实《面向 21 世纪教育振兴行动计划》，教育部基础教育课程教材发展中心制定了《义务教育阶段国家数学课程标准》。其基本理念是：数学课程应突出体现义务教育的普及性、基础性和发展性，使数学教育面向全体学生，实现人人学有价值的数学，人人都能获得必需的数学及不同的人在数学上得到不同的发展的目标。

理念并不等于现实，要真正做到课程标准的要求，就必须研究"人人都能获得必需的数学"的可操作性策略，而"数学小步训练"是实现课程标准理念的有效途径。

3. 儿童心理认知规律的要求

奈瑟（U. Neisser）于 1967 年出版了《认知心理学》一书，他认为学习是一个过程，或者说得更明确一些，是一套过程。他认为一个单独的学习动作至少有一个开端和一个结尾，而在一个学习动作的历程中有许多不同的过程在进行着；学习是学习者依赖自身的内部状态对外界情境进行知觉、记忆、思维等一系列认知活动，是导致认知结构发生变化的原因。皮亚杰（J. Bruner）、布鲁纳（J. S. Pruner）都对认知规律进行过研究。而我们的"数学小步训练"正是从儿童的认知规律出发，将"知识问题化、知识技能化、技能层次化"，使不同的学生在数学上得到不同的发展。

（三）本课题预期成果及理论意义和应用价值

（1）本课题预期成果是出版《数学小步训练问题集》，制作部分数学课件，形成信息资源库。

（2）理论上将义务教育数学教学方式多个流派的观点加以整合、验证，形成具有九年一贯制学校数学教学特色的教学法体系。

（3）"数学小步训练"面向全体学生。在全市升学考试中，其优秀率、良好率、合格率、平均分和低分控制率将能经受住检验，此学习方法也将引导学生一生的发展。

二、本课题的重要观点、研究重点和基本内容

（一）本课题的重要观点

义务教育的全面实施使所有小学生全部升入初中，九年一贯制为这种直升提高了保障。学生的认知水平与认知能力参差不齐，学生的学力与理解力千差万别，而教材中的练习与习题等仅根据教材内容编制，不完全符合每一个学生的学力，特别是中下层学生，因此部分学生感到练习题的跨度大，爬不上去。如图1所示。

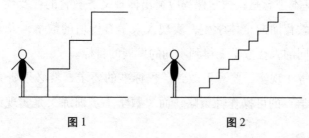

图1　　　　　　　　　　图2

如果我们教师能转变教学方式，根据学生的实际能力，重组教材，帮学生多绘制一些铺垫，我们的学生就可以用小步子，轻松地拾级而上，从而掌握知识、培养能力，达到大步迈进的目的，如图2所示。实际上，小步子训练是根据学生的学力，将学习项目细化，以增加学习项目间的层次数，缩小各项目间的难度差距，此"小步"是相对于"大步"而言的。

（二）本课题研究的重点和基本内容

1. "分"

"分"：即将学生分层次。素质教育要求面向全体学生，让学生全面主动地发展，但学生在知识水平、智力程度和个性差异等方面参差不齐。为了让各层次学生的潜能得到充分的发挥，教师必须尽可能地寻找到各层次学生的学力出发点，让不同层次的学生从较适合的出发点开始学习，从而达到让他们爱学、

会学、学好的目的。所以，在开学初，我们一般会对学生进行一次学力诊断，根据测验结果，将学生分为 4 人合作学习小组，每组分 A、B、C、D 4 个层次，为数学小步子训练的顺利实施做好充分的准备。

2. "编"

"编"：编题，即备课。可以这样说，目前的资料和教材上的练习题，因为层次不甚分明，相对难度大，跨度大，所以不适合中下层学生。这就要求教师深入研究课程标准，吃透教材，了解学生，根据每个章节的知识点依照概念的引入过程、定理（公式）的发现过程、定理（公式）的应用过程以及不同层次学生的教学目标，采取由低级向高级、由简单到复杂、由具体到抽象的循环渐进的方式编写出相应的小步训练题，使各层次学生的学习在各自的"最近发展区"得到最充分的发展。如在进行《代数》第三册的"一元一次方程的根与系数的关系"的教学时，为了让每个层次的学生都能"悟"出韦达定理的数学表达式，我们编拟了练习 1。

练习 1：

表 1　韦达定理练习

方程	两个根		两根的和	两根的积
	x_1	x_2	$x_1 + x_2$	$x_1 \cdot x_2$
$x^2 + 5x + 6 = 0$				
$x^2 + 2x - 3 = 0$				
$x^2 - 5x + 6 = 0$				
$x^2 - 2x - 3 = 0$				
$ax^2 + bx + c = 0$ $(a \neq 0,\ b^2 - 4ac \geq 0)$				

以上是知识形成过程的训练，接着是巩固训练。

练习 2：

方程 $3x^2 + 2x - 2 = 0$ 的两根之和为_____，两根之积为_____。

方程 $2x^2 + 4x - 5 = 0$ 的两根之和为_____，两根之积为_____。

方程 $2x^2 + 2x = 0$ 的两根之和为_____，两根之积为_____。

方程 $3x^2 - 1 = 0$ 的两根之和为_____，两根之积为_____。

方程 $x^2 + px - 1 = 0$ 的两根之和为_____，两根之积为_____。

方程 $x^2 + px + q = 0$ 的两根之和为_____，两根之积为_____。

方程 $3mx^2 - mx + 7 = 0$ 的两根之和为_____，两根之积为_____。

方程 $x^2 + mx - (mx - 1) = 0$ 的两根之和为_____，两根之积为_____。

再接着是知识的应用训练。

练习3：

（1）方程 $2x^2 + 4x - 5 = 0$ 的两根为 x_1 和 x_2，则

$x_1 + x_2 = $ _____ $x_1 \cdot x_2 = $ _____

$\dfrac{1}{x_1 \cdot x_5} = $ _____ $x_1^2 + x_2^2 = $ _____

$(x_1 + x_2)^2 = $ _____ $(x_1 - x_2)^2 = $ _____

（2）方程 $x^2 - 3x - 1 = 0$ 的两个根为 α 和 β，则

$\alpha + \beta = $ _____ $\alpha\beta = $ _____

$\alpha^2 + \beta^2 = $ _____ $(\alpha - \beta)^2 = $ _____

$\alpha - \beta = $ _____

编拟数学小步训练题是关键的一环，是高层次、高标准、高效能的备课，教师劳动的辛苦、创造、智慧集中体现在这个环节。

3."练"

"练"：即将不同层次的小步题给相应层次的学生在课堂上练。教师的主导作用不是在口头上，而是通过小步题寓于学生的操作训练之中，真正体现教师为主导，学生为主体，训练为主线。在课堂上教师显得"无为"，但其落脚却是学生"有为"，正如老子所言："我无为也，而民自化；我好静，而民自正；我无事，而民自富；我无欲，而民自朴。"（《老子》）

4."评"

"评"：每练完一个知识点的小步训练题组，用 $3 \sim 5$ 分钟时间根据学生练习的情况让学生自己归纳总结，或教师自己归纳总结怎样发现结论的？解题思路是如何找到的？并点评易错之处，进行有效的反馈矫正。

（三）本课题研究的基本过程

第一阶段（2002年3月~2002年7月）：启动准备阶段

在原有的实验研究的基础上，结合《义务教育阶段国家数学课程标准》，进

一步明确研究内容，分工负责。

第二阶段（2002 年 9 月 ~ 2003 年 7 月）：研究实施阶段

数学小步训练问题按章节设计编写录入了电脑，部分课件参赛获奖，有个案分析发表或交流，完成了阶段性总结。

第三阶段（2003 年 9 月 ~ 2004 年 7 月）：研究提升阶段

《数学小步训练问题集》打印成册，课件资源信息库建立，个案分析等论文编辑成册，在市、区有一定影响。

第四阶段（2004 年 9 月 ~ 2005 年 1 月）：研究总结阶段

研究内容成熟，成果突出，课题顺利结题并得以推广。

（四）本课题要解决的主要问题及其途径、方法

从 20 世纪 50 年代以来，我国的数学教学受到苏联凯洛夫教育理论影响，基本上采用了五个环节的教学形式，即组织教学、引入新课、讲解新课、巩固练习和布置作业，教学采取讲演式和谈话式为基本方法，以教师为中心。自 20 世纪 60 年代开始我们的数学教学有了中国自己的教学特点，在加强"双基"的要求下，着重讲和练，"精讲多练"遂成为教师普遍采用的数学教学模式。

实行九年一贯制办学模式，对数学教学需要解决如下三个问题：

1. 使中小学数学教学实现衔接

中小学分离办学使课程、教材、师资和教法等呈现阶段性特征。所以小学生升入初中后角色意识的转变和数学教学要求的适应总是需要一个比较长的过程。九年一贯制数学教学将通过数学小步训练形成非线性、螺旋式上升的特征，实现小学与初中的自然过渡。

2. 使数学课堂教学符合素质教育要求

民族创新力的全面提升势必要求课堂创立全新的素质教育机制。因为基础教育实施素质教育的核心在课程，关键在课堂。数学小步子训练通过创设问题情境，有利于学生从观察、实验、猜想、验证、推理和交流等数学活动中获得知识，不断提升能力。

3. 让"人人都能获得必要的数学"的理念变为现实

数学小步训练旨在建立以促进学生全面发展为本，以数学学科知识与人的认知结构的全面整合为中心的素质教育课堂机制，通过"知识问题化，知识技能化，技能层次化"的策略，遵循目标性原则、基础性原则、针对性原则和推进性原则，对不同层次的学生分层指导，分段推进，接受升学考试中对优秀率、良好率、合格率、平均分、低分控制率的检验，让事实证明人人都获得了必需的数学。

"数学小步训练——九年一贯制学校教师教学方式转变的研究与实验"课题研究中期报告

教师专业化发展的方式有许多，如论文及教学设计评选、公开课经历、自我反省、专家点拨、同伴互助和校本研修等，但我们的课堂教学的课题研究是促进数学教师专业化的必由之路。

在 2002 年 3 月，经深圳市教育科学规划小组领导批准，深圳市龙岗区实验学校数学学科组申报的"数学小步训练——九年一贯制学习教师教学方式转变的研究与实验"课题被列为深圳市教育科学"十五"规划课题（课题批准号：ZD–D004）。近十年来，课题进展顺利，研究过程规范，课题的理论探索与实践研究有较好的阶段性成果。自 2003 年 6 月以来的八次中考中，我校九年级学生数学平均分、优秀率、良好率、合格率及低分控制率均稳居全区首位。"数学小步训练"已成为深圳市龙岗区数学课堂教学的一张名片。

下面将我们"以数学课堂教学的课题研究促进数学教师专业化发展"的探索过程向各位代表汇报如下：

一、课题形成的背景

（1）"九年义务教育课程计划"强调，课题教学的中心任务是"提高课堂教学效益，培养学生素质，提高合格率，大面积提高教学质量，使小学初中教育真正成为义务教育"。我们地处教育相对滞后的龙岗区，数学教育较为落后，表现在：①数学中下层学生比例较高，这些人的表现为"教师讲了不一定听，听了不一定懂，懂了不一定会做，会做不一定能按规定时间完成"。②数学教师的思想观念较传统，表现为重教师的信息传递，轻学生的信息反馈；重结论性教学，轻过程性教学；重教法，轻学法。随着教改的推进，又出现了新的误区：以"满堂问"代替"满堂灌"；以少讲多练代替精讲精练；以教参代替教案，这远离了义务教育的培养目标和任务。

（2）《义务教育阶段国家数学课程标准》的基本理念是：数学课程应突出体现义务教育的普及性、基础性和发展性，使数学教育面向全体学生，实现人人学有价值的数学，人人都能获得必需的数学，不同的人在数学上得到不同的发展。

理念并不等于现实，要真正做到新课程标准的要求，就必须研究"人人都能获得必需的数学"的可操作性策略。

（3）深圳市教育局每年进行一次高中招生选拔考试，按标准分统计，学生总体的平均分、优秀率、良好率、合格率、350分以下低分控制率五个指标是衡量一所学校办学质量高低的重要砝码。

基于以上三点，我们提出的"数学小步训练——九年一贯制学校教师教学方式转变的研究与实验"正是课堂教学改革的产物。

二、课题计划执行与进展情况

"数学小步训练研究与实验"大体上经历了以下几个阶段：

第一阶段（1996年9月~2002年3月）：课题形成阶段

大约是1996年6月开始，本人与当时在平冈中学任教初中数学的魏国良、赵大运、贡玉枝三位老师经常在一起探讨如何提高中下层学生的数学成绩问题。我们通过对学生进行问卷调查、试卷分析、个别谈话和个案研究等方式收集到了数据，并查阅了多种数学教法资料。受美国新行为主义者、操作性条件反射的发明者斯金纳的启发，我们开始对教材学术特征的逻辑演绎体系进行反思，试着整合教材，使之接近学生的认知水平，这令学生的学习兴趣有所增强。在负担较轻的前提下，学生中考数学成绩明显优于区内其他学校，使我们信心大增，又吸收了罗新、余孟华等年轻教师参与研究。区数学教研员梁小贱老师对这一研究十分关注，经常深入课堂听课、评课、亲自上课。他在一次教研活动中提出了"小步训练"的构想。作为探讨，我们承办了面向全区的研讨课，反响很好。后来梁小贱老师又将日本公文学习法引进平冈中学，受公文学习法的影响，我们开始对教材练习题进行了全面改编，使教材"冰冷的美丽"变成学生"火热的思考"，学生中考成绩一直在区内遥遥领先。在1998年10月，魏国良、赵大运老师合写的《数学小步训练实验与研究》一文在中国教育学会数学教育研究发展中心举办的全国初中数学教学研讨会第九届年会上被宣读并评为全国二等奖。在2000年8月，魏国良、贡玉枝、罗新和余孟华老师调入龙岗区新创办的九年一贯制学校——龙岗区实验学校，该课题继续进行实验。

第二阶段（2002年3月～2009年7月）：立项研究阶段

在2002年下半年，我们向深圳市教育科学规划领导申请立该课题为市级科研课题，得到了批准，这对我们在课堂教学第一线的教师来说是一个极大的鼓舞。在区教研员梁小贱老师的帮助下，我们做了如下工作。

1. 组建队伍

我们聘请了广东省教育厅研究室吕伟泉为课题总顾问，龙岗区教育局副局长（原教研室主任）袁学锋，深圳市教育局数学教研员李一鸣为顾问，聘请了深圳市教育科学研究所研究员李钧，龙岗区教研室数学教研员梁小贱为课题导师，龙岗区实验学校校长担任课题行政主持人，教学主任魏国良担任课题业务主持人，区数学兼职教研员贡玉枝、罗新为课题业务承担人。课题组成员有梁小贱、魏国良、贡玉枝、罗新、余孟华、卢艺、陈光祥、杨小冬、廖莉华、李建龙和揭淑莉等共11人。

2. 明确分工

为保证课题顺利规范进展，我们的原则是：全员参与，分工负责。由魏国良负责小步训练数学教育理论的探讨与整合；由贡玉枝负责小步训练思想渗透到学生数学竞赛题组中去。课题组成员进行个案收集、分析，在每双周教研活动时交流一次。

3. 开题研究

在2003年5月，由区数学兼职教研员贡玉枝老师在全校市级科研规划课题开课报告上做了开题报告，并邀请了教育科学规划办张波主任，李钧博士到场亲自指导，还专程到北京中国科学院心理研究所请求并得到了卢仲衡教授的亲自指点。

4. 研究实施

课题顺利开题后，我们的研究工作可谓"名正言顺"。区教研室及学校领导非常关注课题的进展，经常深入指导。"在走进新课程"的学校开放周活动中，余孟华和罗新老师用新课程理念、小步训练方法给全区数学教师上了示范课并受到了高度评价。

目前，我们已经改过去"个体备课"为真正意义上的"集体备课"，即将教材按年级、按章节分给任课教师进行主备课，每周二以备课组为单位集体研究，根据学生特点及起点确定教学方案。如今九年级总复习小步训练题已经变成了体系，我校的数学课堂教学特色逐步形成。

三、课题取得阶段性成果

1. 实践研究成果

（1）以 2009 年、2010 年中考为例，区实验学校九年级学生中考成绩居全区首位，数学科成绩居全区首位。

表1　2009 年、2010 年龙岗区实验学校的中考成绩

		考生人数（人）	A＋人数（人）	百分比	A 人数（人）	A 以上比例	B＋人数（人）	B＋以上比例	B 人数（人）	B 以上比例
2009年	龙岗区实验学校	486	37	7.6%	141	36.6%	143	66%	119	90.5%
	龙岗区	7482	231	3.1%	1203	19.2%	2010	46%	2132	74.5%
2010年	龙岗区实验学校	485	31	6.4%	150	30.9%	161	64.1%	126	96.5%
	龙岗区	7355								

（2）数学小步训练问题集已基本形成体系。

（3）课题组教师课堂实录已部分制作光盘。

（4）学校教学处对七年级（初一）学生的问卷调查显示，学生对数学课堂的满意率达到 99%，对数学作业的数量、布置作业的质量的满意率分别达到 100%、99%，这再次显示数学教学及作业的"小步子训练"形式能够增强学生学好数学的信心、培养学生对数学的兴趣。

（5）个案行动研究正在整理中。

2. 理论探索成果

（1）课题组成员对杜威、斯金纳、克劳德、凯勒制和伟纳等人的教学思想方法有了进一步的理解。

（2）数学小步训练的基本思想是遵循学生的认知规律，让学生在做中学，掌握必需的数学。特点是突出教学目标，使学生学习进度与学生学习程度相协调；强化数学思想与方法，形成操作性技能，使学生动脑思维的内部操作技能与动手动口的外部操作技能全面发展，实现由"外塑"向"内生"的转变。方式是将学习项目细化，增加一个学习项目到另一个学习项目的层次数，缩小各项目之间的难度差距，使学生自主地顺着思维的梯级向上运动（如图1所示）。

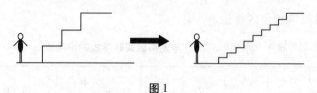

图1

（3）数学小步训练的操作模式如下：

分组：将进行学力诊断后的学生按知识起点分组，建立四人小组合作学习。

备课：Ⅰ.创设情境探究模型验证（证明）运用。Ⅱ.编拟题目：对例题的全方位探索分为基本性练习（模仿性练习）、发展性练习、综合性练习和提高性练习。

下面以"十字相乘法分解因式"为例分析说明：

∵ $(x+a)(x+b) = x^2 + (a+b)x + ab$

∴ $x^2 + (a+b)x + ab = (x+a)(x+b)$

① 模仿性练习：贴近例题，达到理解

A. $x^2 + 3x + 2$

B. $x^2 - 7x + 6$

C. $x^2 - 7x - 18$

② 发展性练习：探求实质，达到掌握

A. $x^4 + 6x^2 + 5$

B. $a^2 b^2 + 7at - 8$

C. $x^2 - 3xy + 2y^2$

D. $x^2 - 9xy + 14y^2$

E. $x^2 + 11xy + 18y^2$

F. $5x^2 + 6xy - 8y^2$

G. $(x+y)^2 - 4(x+y) + 3$

H. $4x^4y^4 - 5x^2y^3 - 9y^2$

③ 综合性练习：灵活掌握

A. $x^3 - 2x^2 - 15x$

B. $(x^2 - x)^2 - 4(x^2 - x) - 12$

C. $(x^2 + 2x)^2 - 14(x^2 + 2x) - 15$

对部分学有余力的同学可增加下列练习：

① 提高性练习

A. $(x + 3)(x + 2) - 6$

B. $(x^2 + 5x - 3)(x^2 + 5x + 2) - 6$

C. $(x - 1)(x + 2)(x - 3)(x + 4) + 24$

② 竞赛练习

A. $a^3 + b^3 + c^3 - 3abc$

B. $x^2 - y^2 - 2x - 4y - 3$

（4）数学小步训练加快了教师课堂教学观念和教学方式的转变，推动了学生的学习观念、行为和习惯的转变，数学小步训练符合"感性——理性——实践"的认知规律，科学地运用了教育学和心理学，如循序渐进、因材施教、自信心等，真正体现了"以学生为主体，以教师为主导，以训练为主线"的"三为主"的教学原则。

四、存在的问题及解决问题的设想

1. 问题

（1）教师层面：如何编拟适合学生起点的题目，需要教师充分了解学生个体的实际。

（2）学生层面：如何在做中学，做中悟，需要非智力因素跟上要求。

（3）研究经费短缺。

（4）事务性工作较多，研究时间难以保证。

2. 设想

（1）加强学习：主要是学习教育学、心理学和数学教学法原理，深刻领会数学新课标的精神实质。

（2）加强研究：主要是研究学生，研究教材、教法和学法以及研究数学教育的一般规律，结合新课程改革，构建实际、实用、实效的课堂教学新模式，向学术专业化发展。

（3）加强总结：针对数学小步训练实施过程中的新情况，不断分析总结，推广成功经验，努力成为义务教育阶段"小步教学"的数学教育流派，在全市起示范作用。

五、对教师专业化发展的再认识

课堂教学为教师专业化搭建了平台，教师在课堂教学中获得教学实践知识是教师专业发展的前提，课堂培养着教师专业化发展的知识和技能，教师应该立足于课堂教学，从课堂教学的实际问题中提炼出课题，进行课题研究，这是教师专业化发展的一个持续不断的过程，是一个发展的形态。课堂教学课题研究一方面强调以教学实际问题为主，以解决教与学的问题推动教师专业化发展；另一方面强调解决教与学的实践问题必须以教师专业化发展为前提。课堂教学课题研究的一项项实践成果与理论成果正是教师专业化发展的重要标志。

"数学小步训练——九年一贯制学校教师教学方式转变的研究与实验"报告

一、"数学小步训练"实验的背景

背景一：义务教育的实施使所有小学毕业生全部升入初中，学生的知识水平、认识能力参差不齐，教学中如果再沿用传统的"一本书，一刀切，一锅煮"的教学方法，有违素质教育的要求。

背景二：《数学教学大纲》指出："由于学生在知识、技能、能力方面的发展和志趣、特长等不尽相同，所以要因材施教。"因材如何施教才有效？这是一个需研究解决的问题。

背景三：深圳市龙岗区教研室在"四段式"教学法的研究与实践中，提出了三个问题："如何在'读'和'练'的两个阶段中实施分类要求，分层指导，由低向高逐层推进？如何引导学生能读得下去，养成习惯？如何编制练习序列，使学生练得有兴趣，学有所得？我们必须要认真地研究。"

背景四：普及九年义务教育，首先就要面向全体学生，近几年的中考命题充分考虑到了这一点，在试卷整体设计上，做到了低起点，以基础题为主，即以人教社课本 A 组题或如 A 组题难度的题为主；同时，试题坡度平缓，不追求技巧性过强的题目，杜绝偏怪的题目。这种命题格局客观上要求调整训练学生的方法。

背景五：学校教学质量评价指标由传统的平均分、良好率、优秀率三个指标组成，之后又增加了标准分 500 分以上的合格率和标准分 350 分以下的低分控制率两个指标，其中有四个指标都要求教师改革课堂训练方法。

二、实验的过程及效果

"数学小步训练"的实验研究分为三个阶段：

第一阶段（1995 年 8 月~1996 年 8 月）：实验阶段

鉴于以上五个背景，平冈中学数学组采用定性与定量分析结合的方法分析了 1994 年和 1995 年中考学生的数学成绩，发现学生基础分得分率低的主要原因是：①大部分学生对数学有畏难情绪，兴趣不浓；②课堂训练方法没有适合学生的认知水平。

为了提高数学教学质量，经研究得到的结论是：面向中下层，抓住基础分。其实，谁都知道要抓基础，而问题在于如何抓基础。区教研室梁小贱同志多次深入平冈中学数学组，组织学习巴班斯基的教学过程最优化理论、认知理论和数学"建构主义"，斯金纳（操作性条件反射学说创始人）首创的经典程序教学和凯勒的个别化教学等理论，并结合龙岗区学生的实际，经过全方位、多层次、多角度地验证、思考，找到了问题的症结：教材是按数学的逻辑演绎体系编写的，与学生的认知过程错位。教师若不能科学、有效地重组处理教材，中下层学生就会感到学习跨度大，爬不上去，如图 1 所示。

图1　　　　　　　　　　　　图2

重组教材后，以小步子，低台阶的方式引导学生拾级而上，掌握一个个知识点，如图 2 所示。我们在初一、初三进行了一年的局部实验，学生的成绩如下表：

表 1　局部实验成绩表

	平均分	合格率	优秀率	区综合名次
初一区统考	68.4	63.4%	31.5%	2
1996 年中考	标准分 532	65.2%	25.2%	1

实验结果表明，小步训练能使学生有一种成就感，激发学生学数学的兴趣和欲望。

第二阶段（1996 年 8 月～1997 年 8 月）：总结阶段

1996 年 8 月，在平冈中学数学科初中组，三个年级实施数学小步训练，总结、归纳了小步训练的方法、原则，并纳入了听课、评课的细则，效果显著，1997 年中考成绩如下表：

表 2　1997 年中考成绩

平均分	合格率	优秀率	500 分以上合格率	350 分以下低分率	综合排名
68.9	49.5	13.1%	48%	3.6%	1

（注：此届学生初一时区排名第九，初二时区排名第四）

在 1997 年"希望杯"全国数学邀请赛中，初二年级获全国二等奖 1 人（144 分）、三等奖 5 人，团体成绩排区第一名。

第三阶段（1997 年 8 月～1998 年 8 月）：课题推广阶段

1997 年 10 月，区教研室在平冈中学进行全区初三数学教师培训，赵大运老师上了一堂"小步训练"示范课。1997 年 11 月，在全区初二数学教师培训班上，魏国良老师作了教学小步训练讲座。1998 年 3 月，贡玉枝老师向平冈中学初、高中教学教师上了一堂小步训练研讨课。1998 年 3 月，区教育局张旅仕局长到平冈中学听了魏国良老师的初三小步训练复习课，认为这种方法适合于中下层学生，不仅数学科要推广，其他学科也要借鉴。

三、数学小步训练的操作程序

"小步"是相对于"大步"而言，在数学学习过程中，真正能"大步"跨进的只有少数尖子生，绝大部分学生只能小步子、低台阶迈进。从学生的实际出发，无论是新授课还是复习课，都要求教师落实"编""练""评"三个环节。

1. **"编"**

"编"，编题，即备课，可以这样说，目前书店的资料和教材上的练习题，因为层次不甚分明，知识点分散、跨度大，所以中下层学生难以适应。这就要求教师深研大纲，吃透教材，了解学生，根据每个章节的知识点依照概念的引入过程、定理（公式）的发现过程、定理（公式）的证明过程以及定理（公式）的应用过程，采取由低级向高级、由简单到复杂、由具体到抽象的循序渐进的方式落实到每个知识点，形成学生的操作技能，使各类学生的学习在各自的"最近发展区"得到最充分的发展。如在进行《代数》第三册的"一元二次方程的根与系数的关系"的教学时，以学生已经掌握一元二次方程的求根公式为起点，完成练习1，"悟"出韦达定理的数学表达式。

练习1：

表3　韦达定理练习

方程	两个根		两根的和	两根的积
	x_1	x_2	$x_1 + x_2$	$x_1 \cdot x_2$
$x^2 - 5x + 6 = 0$				
$x^2 + 2x - 3 = 0$				
$2x^2 - 5x + 2 - 0$				
$4x^2 + 3x - 1 = 0$				
$ax^2 + bx + c = 0$ $(a \neq 0,\ b^2 - 4ac \geq 0)$				

以上是知识形成过程的训练，接着进行知识巩固训练。

练习2：

（1）方程 $3x^2 + 2x - 2 = 0$ 的两根之和为_____，两根之积为_____。

（2）方程 $2x^2 + 4x - 5 = 0$ 的两根之和为_____，两根之积为_____。

（3）方程 $2t^2 + 2t - 2 = 0$ 的两根之和为_____，两根之积为_____。

（4）方程 $3x^2 - 1 = 0$ 的两根之和为_____，两根之积为_____。

（5）方程 $x^2 - 5x + 6 = 0$ 的两根之和为_____，两根之积为_____。

（6）方程 $y^2 - 1997y + 1998 = 0$ 的两根之和为_____，两根之积为_____。

（7）方程 $x^2 + px - 1 = 0$ 的两根之和为_____，两根之积为_____。

（8）方程 $x^2 + px - q = 0$ 的两根之和为_____，两根之积为_____。

（9）方程 $3mx^2 - mx + 1 = 0$ 的两根之和为_____，两根之积为_____。

（10）方程 $x^2 + mx - (m - 1) = 0$ 的两根之和为_____，两根之积为____。

掌握知识的目的在于应用知识，韦达定理应用之一是求代数式的值。

练习3：

（1）方程 $x^2 + 2x - 4 = 0$ 的两根为 x_1 和 x_2，则

$x_1 + x_2 =$ _____ $x_1^2 + x_2^2 =$ _____

$x_1^3 + x_2^3 =$ _____ $(x_1 - x_2)^2 =$ _____

（2）方程 $x^2 - 3x - 1 = 0$ 的两根为 α、β，则

$\alpha + \beta =$ _____ $\alpha \cdot \beta =$ _____

$\alpha^2 + \beta^2 =$ _____ $(\alpha - \beta)^2 =$ _____

$\alpha - \beta =$ _____

2. "练"

"练"，即将小步题给学生在堂上练。教师的主导作用不是在口头上，而是通过小步题寓于学生的操作训练之中，真正体现教师为主导，学生为主体，训练为主线。在课堂上教师显得"无为"，但其落脚点却是学生"有为"，正如老子所言："我无为也，而民自化；我好静，而民自正；我无事，而民自富；我无欲，而民自朴。"（《老子》）

3. "评"

"评"：每练完一个知识点的小步题组，用3~5分钟启发学生结论是怎样发现的？解题思路是如何找到的？教师点评易错之处，并进行有效的反馈矫正。

四、数学小步训练遵循的原则

1. 目标性原则

目标是方向，是任务，无论何种课型，都要求有明确的教学目标，一堂课有多少个知识点，哪些是重点和难点，会以小步题为载体反映出来，如平面直角坐标系这一节，需依不同的知识点训练：①象限内的点；②坐标轴上的点；③对称点等。又如根与判别式的关系一节应抓住：①应用判别式判断方程的根的情况；②由方程的根的情况，确定△的值的符号，从而求方程中参数的值或

其取值范围；③利用判别式进行有关的证明。教学有了明确的目标，训练才会有实效。

2. 基础性原则

在普及九年义务教育的大背景下，中考试题内容的选取、语言的阐述以及解题思路和方法，基本上能贴近课本，贴近考生的实际水平。小步训练以练基础为核心，从学生已知的地方切入，使学生在练中"悟"出道理。如讲授 $\sqrt{a^2} = |a|$ 时按以下训练，水到渠成。

练习：

$\sqrt{2^2} =$ _____ ， $|2| =$ _____。

$\sqrt{3^2} =$ _____ ， $|3| =$ _____。

$\sqrt{\left(\dfrac{1}{2}\right)^2} =$ _____ ， $\left|\dfrac{1}{2}\right| =$ _____。

$\sqrt{\left(\dfrac{1}{5}\right)^2} =$ _____ ， $\left|\dfrac{1}{5}\right| =$ _____。

$\sqrt{0^2} =$ _____ ， $|0| =$ _____。

$\sqrt{(-2)^2} =$ _____ ， $|-2| =$ _____。

$\sqrt{(-3)^2} =$ _____ ， $|-3| =$ _____。

$\sqrt{\left(-\dfrac{1}{2}\right)^2} =$ _____ ， $\left|-\dfrac{1}{2}\right| =$ _____。

$\sqrt{\left(-\dfrac{1}{5}\right)^2} =$ _____ ， $\left|-\dfrac{1}{5}\right| =$ _____。

$\sqrt{a^2} =$ _____。

3. 针对性原则

小步训练重在使学生将知识内化，形成操作技能，针对学习中的难点加以化解，如绝对值概念及运用是初中生的一大难点，在初三总复习课中，可按如下训练化解。

练习：

（1）有理数的绝对值

$|2| =$ _____ ， $|3| =$ _____ ， $|5| =$ _____。

225

$|-2| = $ _____ ， $|-3| = $ _____ ， $|-5| = $ _____ 。

$|1| = $ _____ ， $|2| = $ _____ ， $|0.3| = $ _____ 。

$|-0.314| = $ _____ ， $|-0.34| = $ _____ ， $|0| = $ _____ 。

（2）实数的绝对值

$|\sqrt{2}-1| = $ _____ ， $|\sqrt{3}-1| = $ _____ ， $|\sqrt{3}-\sqrt{2}| = $ _____ 。

$|1-\sqrt{2}| = $ _____ ， $|1-\sqrt{3}| = $ _____ ， $|\sqrt{2}-\sqrt{3}| = $ _____ 。

$|p-1| = $ _____ ， $|3-p| = $ _____ ， $|3.1416-p| = $ _____ 。

（3）三角函数的绝对值

$|\sin\alpha-1| = $ _____ ， $|1-\sin\alpha| = $ _____ 。

$|1-\cos\alpha| = $ _____ ， $|\cos\alpha-1| = $ _____ 。

（4）含字母的绝对值

$a>1$ 时， $|a-1| = $ _____ ， $|1-a| = $ _____ 。

$a<2$ 时， $|a-2| = $ _____ ， $|2-a| = $ _____ 。

$2<a<3$ 时， $|a-2|+|a-3| = $ _____ 。

$3<a<5$ 时， $|a-3|+|a-5| = $ _____ 。

（5）非负数的应用

若 $|x-2| = 0$ ，则 $x = $ _____ 。

若 $|x+3| = 0$ ，则 $x = $ _____ 。

若 $|x+3|+|y+5| = 0$ ，则 $x+y = $ _____ 。

若 $|x-3|+|y-5| = 0$ ，则 $x-y = $ _____ 。

若 $|x|+|y-2| = 0$ ，则 $xy = $ _____ 。

若 $|a+3|+\sqrt{b-2} = 0$ ，则 $a = $ _____ ， $b = $ _____ 。

若 $|a-5|+(a+b)^2 = 0$ ，则 $a = $ _____ ， $b = $ _____ 。

若 $|x| = 2$ ，则 $x = $ _____ 。

若 $|x-1| = 2$ ，则 $x = $ _____ 。

若 $|2x-1| = 2$ ，则 $x = $ _____ 。

（6）数形结合

若 _____ ，则 $|a| = $ _____ 。

若 _____ ，则 $|b| = $ _____ 。

若 ————0—a—b——→ ，则 $|a+b|=$ _____。

若 ——a—b—0————→ ，则 $|a+b|=$ _____。

若 ——b——0—a———→ ，则 $|a+b|=$ _____， $|a-b|=$ _____。

若 ——b—0———a——→ ，则 $|a+b|=$ _____， $|a-b|=$ _____。

4. 推进性原则

小步是形式上的小步，实质上的大步，学生以小步形式掌握一个知识点，实际上是跨进了一大步，这与量的积累必然引起质的飞跃的原理是一致的。通过这种从易至难、由浅入深，灵活运用基本概念、基本技能，层层筑底、点点到位、人人过关的训练，学生思维能力上升空间较大，如初一几何中的"三线八角"是一个基本图形，可通过小步训练推进到竞赛层次。

练习：

（1）如图 3 所示，$EF \parallel MN$，共得同旁内角_____对。

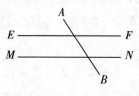

图 3

（2）如图 4 所示，$EF \parallel MN$，共得同旁内角_____对。

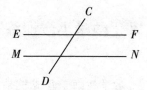

图 4

（3）如图 5 所示，共得同旁内角_____对。

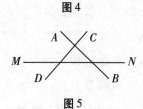

图 5

（4）如图 6 所示，共得同旁内角_____对。

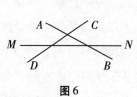

图 6

227

（5）如图 7 所示，$EF /\!/ MN$，共得同旁内角_____
_____对。

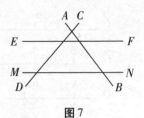

图 7

（6）（1994 年全国初中数学联赛题）如图 8 所示，共得同旁内角_____对。

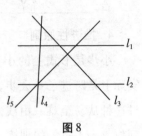

图 8

通过数学小步练习，能磨练学生的专注力、持续力以及攀登高峰的挑战精神，使学生体验成功的喜悦，由"学会"向"会学""喜学""善学"转变，达到使学生掌握知识、运用知识、提高综合素质的目的。

（本文原载《中国教育教学丛书》1999 年第七卷，获 1998 年全国初中数学教研会第九届年会优秀论文二等奖）

以"数学小步训练"课题研究促进数学教师专业成长的探索

数学教师专业成长是指数学教师通过数学教育专业的训练，获得教育学、心理学、教学法通识知识和数学教育专业的数学知识、数学技能和数学思想方法，在教学实践中经历"新教师—合格教师—教坛新秀—骨干教师—学科带头人—卓越教师"的专业成长过程。

教师专业成长的方式有许多，如论文及教学设计评选、公开课经历、自我反思、专家点拨、同伴互助和校本研修等，但结合我们的教学实践过程，我们认为课堂教学的小步训练课题研究，是促进数学教师专业成长的有效之路。

2002 年 3 月，经深圳市教育科学规划小组领导批准，深圳市龙岗区实验学校数学学科组申报的"数学小步训练——九年一贯制学习教师教学方式转变的研究与实验"课题被列为深圳市教育科学"十五"规划课题（课题批准号：

ZD – D004）。近十年来，课题进展顺利，研究过程规范，课题的理论探索与实践研究有较好的阶段性成果，自 2003 年 6 月起十次中考中，我校九年级学生数学平均分、优秀率、良好率、合格率、低分控制率均稳居全区首位。"数学小步训练"已成为深圳市龙岗区数学课堂教学的一张名片。

下面将我们以"数学小步训练"的课题研究促进数学教师专业成长的探索过程向各位专家汇报如下：

一、实践呼唤理论——数学小步训练的理论背景

捷克斯洛伐克的伟大教育家夸美纽斯（J. A. Comenius）17 世纪创立了班级授课制，适应了兴起的资产阶级需要有大批有文化有技术的工人的要求。但随着社会的发展，班级授课制的弱点凸显了出来。企图打破班级教育的实用主义的代表人物是詹姆斯（James）和杜威（Dewey）。1894 年，杜威发明设计的教学法主张以儿童为中心实行小组活动，提倡从"做中学"。美国柏克赫斯特创立了道尔顿制，彻底否定了班级教育，曾有人以此在北京市第 26 中学进行过实验，但以失败告终。

斯金纳是新行为主义者，是操作性条件反射的发明者，他在从 1930 年开始写的一系列论文中提出了一套关于行为的理论，这种理论是以他在自己独创的一种类型的实验中对动物行为的观察为出发点。他通过观察在他自己特制的"斯金纳箱"里的白鼠按压杠杆的活动，得出了动物学习遵循"小步子"和"及时强化"两条原则，他认为有机体运用这两条原则就能形成复杂行为，后来他根据这两条原则编写了线性教学教材。之后克劳德（Claude）加以改进，编写了分支程序教学教材，这在 20 世纪 50 年代末和 60 年代初被有些报纸称为"第二次产业革命"。后来，凯勒创造了个人化教学，又称凯勒制，CAI 是这种研究的继续。而中国科学院心理研究所在 1963 年开始用一个研究所的力量来研究程序教学，在卢仲衡教授的主持下，逐步形成了有中国特色的、公认有效的"数学自学辅导教学"。2001 年 9 月我校被批准承担全国教育科学"十五"规划课题二级课题"自学辅导教学——培养学生从会学到创新的研究与实验"，此课题已于 2004 年 10 月顺利结题。

二、理论彰显魅力——本课题的数学教育价值

1. 改进传统的程序教学

1972 年伟纳（Weiner）的研究认为，程序化教学的"小步子"，对最初的学习是很有效的，学生自己能学懂，学习就能引起他们的好奇心，但长久地学习下去，学生总觉得是成功的，渐渐地不爱动脑筋了。我们选题就是为了发挥"小步子"的优势，探讨从小步过渡到大步的途径，全面提高学生的数学思维能力。

2. 落实《义务教育阶段国家数学课程标准》的要求

为贯彻第三次全国教育工作会议精神，全面落实《面向 21 世纪教育振兴行动计划》，教育部基础教育课程教材发展中心制定了《义务教育阶段国家数学课程标准》。其基本理念是：数学课程应突出体现义务教育的普及性、基础性和发展性，使数学教育面向全体学生，实现人人学有价值的数学，人人都能获得必需的数学及不同的人在数学上得到不同的发展的目标。

理念并不等于现实，要真正做到课程标准的要求，就必须研究"人人都能获得必需的数学"的可操作性策略，而"数学小步训练"是实现课程标准理念的有效途径。

3. 符合儿童心理认知规律

奈瑟（U. Neisser）于 1967 年出版了《认知心理学》一书，他认为学习是一个过程，或者说得更明确一些，是一套过程。他认为一个单独的学习动作至少有一个开端和一个结尾。在一个学习动作的历程中有许多不同的过程在进行着。学习者依赖自身的内部状态对外界情境进行知觉、记忆、思维等一系列认知活动，是导致认知结构发生变化的原因。皮亚杰（J. Piaget）、布鲁纳（J. S. Pruner）都对认知规律进行过研究。"数学小步训练"正是从儿童的认知规律出发，将"知识问题化、知识技能化、技能层次化"，使不同的学生在数学上得到不同的发展。

三、理论变为操作——数学小步训练的主要操作点

1. "分"

即将学生分层次。素质教育要求面向全体学生，让学生全面主动地发展，

但学生在知识水平、智力程度和个性差异等方面参差不齐。为了让各层次学生的潜能得到充分的发挥，教师就必须尽可能地寻找到各层次学生的学力出发点，以便让不同层次的学生从较适合的出发点开始学习，从而达到让他们爱学、会学、学好的目的。所以，在开学初，我们会对学生进行一次学力诊断，根据测验结果，将学生分为 4 人合作学习小组，每组分为 A、B、C、D 4 个层次，为数学小步子训练的顺利实施做好充分的准备。

2."编"

编题，即备课。可以这样说，目前的资料和教材上的练习题，因为层次不甚分明，相对难度大，跨度大，所以不适应中下层学生。这就要求教师深入研究课程标准，吃透教材，了解学生，根据每个章节的知识点依照概念的引入过程、定理（公式）的发现过程、定理（公式）的应用过程以及不同层次学生的教学目标，采取由低级向高级、由简单到复杂，由具体到抽象的循环渐进的方式编写出相应的小步训练题，使各层次学生的学习在各自的"最近发展区"得到最充分的发展。如在进行"一元二次方程的根与系数的关系"的教学时，为了让每个层次学生都能"悟"出韦达定理的数学表达式，我们编拟了练习 1。

练习 1：

表 1　韦达定理练习

方程	两个根		两根的和	两根的积
	x_1	x_2	$x_1 + x_2$	$x_1 \cdot x_2$
$x^2 + 5x + 6 = 0$				
$x^2 + 2x - 3 = 0$				
$x^2 + 5x - 6 = 0$				
$x^2 + 5x + 6 = 0$				
$ax^2 + bx + c = 0$ $(a \neq 0,\ b^2 - 4ac \geq 0)$				

以上是知识形成过程的训练，接着是知识的巩固训练。

练习 2：

方程 $3x^2 + 2x - 2 = 0$ 的两根之和为_____，两根之积为_____。

方程 $2x^2 + 4x - 5 = 0$ 的两根之和为_____，两根之积为_____。

方程 $2x^2 + 2x = 0$ 的两根之和为_____，两根之积为_____。

方程 $3x^2 - 1 = 0$ 的两根之和为_____，两根之积为_____。

方程 $x^2 + px - 1 = 0$ 的两根之和为_____，两根之积为_____。

方程 $x^2 + px + q = 0$ 的两根之和为_____，两根之积为_____。

方程 $3mx^2 - mx + 1 = 0$ 的两根之和为_____，两根之积为_____。

方程 $x^2 + mx - (mx - 1) = 0$ 的两根之和为_____，两根之积为_____。

接着是知识的应用训练。

练习3：

(1) 方程 $3x^2 + 4x - 5 = 0$ 的两根为 x_1 和 x_2，则

$x_1 + x_2 =$ _____ $x_1 \cdot x_2 =$ _____

$\dfrac{1}{x_1 \cdot x_2} =$ _____ $x_1^2 + x_2^2 =$ _____

$(x_1 + x_2)^2 =$ _____ $(x_1 - x_2)^2 =$ _____

(2) 方程 $x^2 - 3x - 1 = 0$ 的两个根为 α 和 β，则

$\alpha + \beta =$ _____ $\alpha\beta =$ _____

$\alpha^2 + \beta^2 =$ _____ $(\alpha - \beta)^2 =$ _____

$\alpha - \beta =$ _____

编拟数学小步训练题是关键的一环，是高层次、高标准、高效能的备课，教师劳动的辛苦、创造、智慧集中体现在这个环节。

3. "练"

即将不同层次的小步题给相应层次的学生在课堂上练，堂上无声，但"此时无声胜有声"。教师的主导作用不是在口头上，而是通过小步题寓于学生的操作训练之中，真正体现教师为导，学生为主体，训练为主线。在课堂上教师显得"无为"，但其落脚点却是学生"有为"，正如老子所言："我无为也，而民自化；我好静，而民自正；我无事，而民自富；我欲不欲，而民自朴"。（《老子》）

4. "评"

每练完一个知识点的小步训练题组，用 3 - 5 分钟时间根据学生练习的情况或让学生自己归纳，或教师自己归纳总结结论是怎样发现的？解题思路是如何找到的？并点评易错之处，进行有效的反馈矫正。

四、实践检验理论——数学小步训练的探索成果

从 20 世纪 50 年代以来，我国的数学教学受到苏联凯洛夫教育理论影响，基

本上采用了五个环节的教学形式，即组织教学、引入新课、讲解新课、巩固练习和布置作业，教学采取讲演式和谈话式为基本方法，以教师为中心。自 20 世纪 60 年代开始中国的数学教学有了自己的教学特点，在加强"双基"的要求下，着重讲和练，"精讲多练"遂成为普遍采用的数学教学模式。

实行九年一贯制的办学模式，数学小步训练的课堂教学基本形成如下成果：

1. 中小学数学教学实现了衔接

因为中小学分离办学使课程、教材、师资和教法等呈现阶段性特征，所以小学生升入初中后角色意识的转变和数学教学要求的适应总是需要一个比较长的过程。九年一贯制数学教学通过数学小步训练形成了非线性、螺旋式上升的特征，实现了小学与初中的自然过渡。

2. 数学课堂教学符合素质教育要求

民族创新力的全面提升势必要求课堂创立全新的素质教育机制。因为基础教育实施素质教育的核心在课程，关键在课堂。数学小步子训练通过创设问题情境，变教材"冰冷的美丽"为"火热的思考"，有利于学生从观察、实验、猜想、建模、验证、推理和交流等数学活动中获得知识，不断提升思维能力。

3. 让"人人都能获得必要的数学"的理念变为了现实

数学小步训练旨在建立以促进学生全面发展为目的，以数学学科知识与人的认知结构的全面整合为中心的素质教育课堂机制，通过"知识问题化，知识技能化，技能层次化"的策略，遵循目标性原则、基础性原则、针对性原则和推进性原则。对不同层次的学生分层指导，分段推进，让学生摆脱了"苦学"的束缚，走入了"乐学"的天地，自信心大大增加。在九年级升高中考试中，我校的优秀率、良好率、合格率、平均分、低分控制率的成绩指标在全区领跑，这一事实证明了人人都获得了必需的数学。

4. 教师专业成长结硕果

深圳市龙岗区实验学校数学教研组师资力量雄厚，教师业务水平高。在职的 24 名教师中，有高级教师 7 人，市学科带头人 1 人，市中青年骨干教师 1 人，区学科带头人 3 人，区骨干教师 7 人，中层以上管理者 3 人。在"数学小步训练"课题的旗帜下，教研组科学务实，历年来屡创佳绩，被评为"深圳市优秀教研组"。组员罗新、闫娟、李云珠在全国、市、区教学大赛中分别获得了一、二等奖，承担课题三项，发表了教学论文多篇。教研组帮扶区、市、省、全国薄弱学校 12 所，指导了一批青年数学教师。

五、实践永无止境——对教师专业成长的再认识

课堂教学为教师专业成长搭建了平台，教师在课堂教学中获得的教学实践知识是教师专业成长的前提，课堂教学培养着教师专业成长的知识和技能，教师应该立足于课堂教学，从课堂教学的实际问题中提炼出课题并进行课题研究，这是教师专业成长的一个持续不断的过程，是一个发展的形态。课堂教学小步训练课题研究一方面强调以教学实际问题为主，以解决教与学的问题推动教师的专业化成长；另一方面强调解决教与学的问题必须以教师专业成长为前提。课堂教学小步训练课题研究一项项的实践业绩与理论成果正是教师专业成长的重要标志。

（本文发表于《学苑新报》2010～2011 学年教研第 47 期并获优秀论文一等奖）

"数学小步训练——九年一贯制学校教师教学方式转变的研究与实验"教学理论初探

"数学小步训练"为数学教学理论注入了新鲜血液，在数学教学实践中产生了一定反响。

"训练"一词，其实已经包含了师生双向活动的意思："训"指教师的教导、指导；"练"则指学生为获得某种特长或技能而在教师的指导下进行的操作实践。特别值得强调的是，小步子的"训练"，并不等同于我们习惯上所认为的"练习"，小步子的"训练"强调组织教学过程的效益。教师讲授，学生获取知识，这样的信息传递是单向的，学生虽然也完成了一些作业，但由于教师指导过细，学生思维活动的余地很狭小，整个教学结构是"平面化"的。而"数学小步训练"则由学生经过自读、质疑、思考、讨论和练习等一系列训练而获取知识，在这一训练过程中，学生的思维是活跃的，信息传递是多向的。训练的结果是学生不但获得了知识，而且发展了智力，教学呈现出多面的"立体化"结构。

"数学小步训练"教学理论的基本思路给数学教育工作者以耳目一新的

感觉：

（1）小步训练像一条红线贯穿于理论的始终。它以小步题为起点，促使学生自学课本；再以小步题为手段进行课堂练习，激发学生相互讨论的愿望；最后通过教师讲解达到训练成功的目的。

（2）它以培养学生的创造能力为教学目标，而小步子恰是创造力的基本品质，这具有强烈的时代性，因为社会转型期需要的正是敢于由小步到大步的创造型公民。

追根溯源，与其表明"数学小步训练"在教学理论方面走过一条合乎逻辑的发展道路：斯金纳的操作性条件反射—初中数学小步训练教学法——小步训练教学法——有指导的训练原则——深度教学理论；与其描述"数学小步训练"在教学实践方面辐射出一个愈来愈大的影响范围：龙岗区—深圳市—广东、上海、湖北、内蒙古、贵州、浙江、江苏、青海、辽宁、香港，倒不如阐明它具有科学的理论基础，大量研究表明：

（1）小步训练既反映了认识过程的普遍性，又表现出在教学过程中的特殊性，是二者的有机统一。

（2）小步训练教学理论是创造性继承了国内外典型教学法的结晶。国外教学法为小步训练教学理论奠定了理论依据，国内教学环境则为其提供了实践基础，二者的有机结合使小步训练教学理论的构建具备了充分条件，从而使它理所当然地成为当代中国区域内初中数学的教学流派之一。

鉴于此，本文主要剖析以下三对关系：

（1）方法渗透原理与"数学小步训练"教学理论。

（2）创造思维模型与"数学小步训练"教学理论。

（3）典型教学法与"数学小步训练"教学理论。

一、方法渗透原理为"数学小步训练"教学理论提供了科学的方法论基础

所谓方法渗透，即将某些领域的研究方法渗入到其他领域去，成为探索新领域的理论工具，从而导致新学科的创立。"数学小步训练"教学理论正是遵循此原理，将哲学、科学中的小步渗透其中，又牢牢扎根于数学教师的教学实践的沃土之上，从而初步完成其自身的构建工程。

二、创造思维模型为"数学小步训练"教学理论奠定了一定的教学模式基础

"数学小步训练"教学理论的宗旨是培养学生的训练态度和创造能力，故其教学模式与创造思维模型具有较大的关系。

（1）三万天学习论与"数学小步训练"教学理论的年龄阶段观。

"数学小步训练"教学理论从诞生起就把目光投向创造型人才的培养上。学生一踏进学校大门，就训练其学习方法，培养其学习态度，可行否？价值何在？日本教育家杜边茂提出的三万天学习论可使"数学小步训练"教学理论从年龄阶段的角度得到宏观上的启示。

（2）珀杜教学模式与"数学小步训练"教学理论的教学模式观。

珀杜教学模式由美国创造学家、珀杜大学教授菲尔德豪森提出，他将教学过程分为三个阶段：第一阶段，由教师编题给学生进行创造性思维练习，旨在开发学生的发散和收敛思维能力；第二阶段，由教师指导，学生更为主动，目的在于促进学生创造性思维和解题策略的开发；第三阶段，学生主导，教师辅助，根据学生自己的兴趣进行个人或小组活动，旨在培养学生独立学习的能力。对照"数学小步训练"教学理论，就会看到二者具有惊人的相似之处，此为教学流派的"趋向现象"：一个从教育学角度出发，一个从创造学角度出发，却殊途同归，这更证明"数学小步训练"教学理论的合理性。"数学小步训练"与其阶段对应，小步训练题对应其第一阶段，教师未讲，学生先练，正是驱使学生进行"独创性练习"，"由教师带领"突出教师的主导作用，为训练成功奠定了基础；小步训练对应其第二阶段，学生在自学课本的基础上，发挥"强制联想"能力，运用创造思维获得各种解题策略，"数学小步训练"教学理论就是提倡一题多解、一题多变；学生讨论对应其第三阶段，此阶段的学生畅所欲言、各抒己见，可淋漓尽致地展现其主体作用。不同的是，"数学小步训练"的学生讨论的落脚点为教师讲解，这是保证"数学小步训练"成功的关键。

三、当代典型教学法为"数学小步训练"教学理论提供了教学理论与实践上的直接佐证

孕育时代精神的当代国内外一些典型的教学法大都提到了"体验"或"自

学"或"讨论"等环节。"数学小步训练"教学理论不仅与布鲁纳的发现学习有一定联系，更是吸取了我国当代典型教学法之精华的结晶。以下拟择取对我国较大影响的教学法加以比较分析。

（1）魏书生的六步教学法。

（2）六课型单元教学法。

（3）八字教学法。

（4）卢仲衡的自学辅导教学实验。

（5）顾泠沅教改实验。

以上将五种典型教学法分别与"数学小步训练"教学理论加以比较，其用意不在于品头论足，须知不同特色的教学法才是教学理论生机盎然的标志。事实表明，五种典型教学法所具有的个性特色和明显的实践效果，足以使其在教学理论界占有一席之地。我们比较的目的只是论证：从小步训练的角度考察教学过程，"数学小步训练"教学理论具有存在的合理性。通过与五种典型教学法的比较，我们发现，"数学小步训练"教学理论正是吸收了典型教学法的精华才发展成今天的样子，因为创造包含着继承。

在我国的典型教学法中，卢仲衡的数学自学辅导实验、顾泠沅的数学教改实验和邱学华的尝试教学实验，同为我国数学界乃至教学理论界成功的教学实验，它们皆萌芽于中小学最重要的工具学科——数学。3 人又有着大致相似的经历：卢仲衡是中科院心理研究所的研究员，自 1956 年开始进行实验，在教育理论和教育实践方面皆有举世瞩目的成果；顾泠沅是 20 世纪 90 年代的教育博士，又有扎实的教育功底，其成果已得到教育部的肯定；邱学华毕业于华东师大教育系，历经了四十余年小学中学的教改实验，其成果亦得到教育部的认可。相似的经历使得他们的教育理论与教学实践凝聚成一个有机的整体，因而他们的教学总结可以逼近教学规律。3 大实验中最闪光、最有特色的东西一是"自学"，一是"尝试"。"数学小步训练"教学理论正是吸取了他们的精华，强调自学环节，培养学生的自学能力；重视训练过程，激发学生的创造思维。而自学能力与创造思维恰是 21 世纪公民所应当具备的基本素质，因此，如何将这两个环节反映到教学过程中去，到了加以研究的时候了。

第四章 龙岗实验学校"每日一数"学习 学生综合能力统计分析报告

为激发学生对数学的学习兴趣及培养其高层次思维能力与综合能力，同时响应教育部"十五"计划提出的要求，参与教育部的"应用信息技术实现家庭教育和学校教育相结合"的实验课程，学校就素质教育下的教学形式、方法的改革尝试等问题，携手尊科教育集团共同推出"每日一数"学习实验课题项目，该项目由英国政府教育及技能部（DfES）辖下权威机构——英国课程与资格署（QCA）创办，其多媒体题库资源由英国著名的利兹大学、诺丁汉大学、德汉姆大学与美国 MARS 等著名数学评测机构联合全球顶尖教育心理专家及知名大学教授制作开发，由国内专家教授作后期整理及翻译而成。

"每日一数"（MAD）学习计划旨在通过数学运算与解析疑难问题，挑战学生的高层次思维能力并增强其学习积极性，培养学生从多角度观察及思考的习惯与思维方式，期望他们在日积月累中将数学运算技巧灵活运用于日常生活中；该计划项目适用于 8~14 岁的所有学生。

2005 年 6 月 12 日，学校与尊科教育集团在龙岗实验学校教学楼二楼举办了首次"每日一数"学习项目家长见面会与学生体验活动，此次活动加深了家长、教师和学生三者之间对"每日一数"学校项目的了解，同时也为学校教学改革的走向提供了一些参考信息。学校在 3~6 年级的每个年级中选拔年级成绩前十名与年级成绩后十名学生参与了此次体验活动。此次活动共有 96 位家长、83 名学生出席了该见面会，其中 77 名学生体验了"每日一数"当中的题目，在场的学生及家长对"每日一数"学习计划对孩子学习带来的帮助表现出极大的兴趣。

图 1 为 6 月 12 日体验活动的成绩统计分析表，图 2 为 6 月 12 日体验活动问卷调查分析表之一。

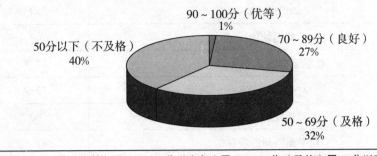

图1

问题：您对这样的比较或练习感兴趣吗？

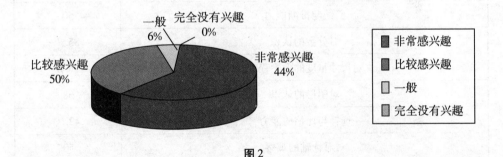

图2

经过这次"每日一数"学习项目家长见面会与学生体验活动及对龙岗区实验学校教学改革的深入了解，家长与学生就学校引入"每日一数"学习项目进入课堂，辅助教学等做法持肯定、赞许的态度，同时也验证了"个别学生的高层次思维能力与潜能在传统教育下是无法很好地被发掘"这句话。

本次"每日一数"学习调查由尊科教育集团协助完成，具体操作步骤为：从参与"每日一数"学习实验课程的学员中抽查10名学员作为此次抽查对象，抽查年龄段为8~11岁组别，抽查时间段为7月4日~9月25日，历时12周。以下数据列表是被抽查学员总体能力汇总分析表，见表1。

表1 被抽查学员总体能力汇总分析表

知识点考察	平均分
数据处理	69
数学运算的灵活程度	68.3
对数字的认识	72.9
对数线的应用	80
对平面空间的观察	81.3
对立体空间的观察	42.1
对规律的观察	83.3
对代数的认识	88.6
对比例的熟悉程度	68
归纳与推断能力	50
对分数的认识	85.7
对尺寸量度的熟悉程度	75.6
对图形的认识	68
选择与评估的能力	42.7
对对称轴的观察	50
对数形和序列的观察	66.7
对分数的观察	100

从上表数据分析来看，学生在"对立体空间的观察、归纳与推断能力、选择与评估的能力、对对称轴的观察"等方面相对比较薄弱，同时也在提醒学校教师在这些学生相对薄弱的方面应该有针对性地下功夫；学生的其他能力相比于以前，能力略高一些，但整体水平还欠佳。这些数据结果对学校的整体教学水平的提高具有很高的参考与实质价值。

表2是2005年6月份学生体验测试能力统计分析与时间段为7月4日~9月25日"每日一数"学习个别能力统计分析对比，见表2。

表2 体验测试与 MAD 学习后的部分学习能力对比分析表

体验测试	MAD 学习	知识点考察
55	69	数据处理
60	63.8	数学运算的灵活程度
68	81.3	对平面空间的观察
39	50	归纳与推断能力
86	100	对分数的观察
61.60%	72.80%	

从对比分析表可以看出学生在首次接触"每日一数"题目类型时的能力与经过一段"每日一数"学习后的能力发生明显变化。经过一段"每日一数"学习后，学生在"数据处理、数学运算的灵活程度、对平面空间的观察、归纳与推断能力、对分数的观察"等方面的能力较首次"体验测试"时各能力总体提高 11.2%，可见"每日一数"学习实验课题对于学生综合能力的提高具有实质性的帮助，因为"每日一数"学习是以网络为基础的，这对学生在提高信息技术与正确掌握通过互联网搜索、查找、学习及数据处理的能力方面具有很大帮助。

"每日一数"实验课题是一个持续性与长久性的以学生自我练习为主，家长参与、教师辅导为副，三者互动的一个学习项目．此次抽查题目总数为 600 道，完成题目数量为 492 道，学生坚持完成"每日一数"学习题目数量占整个数量的 82%。

"授人以鱼，不如授人以渔"我们的教学过程不能再是以单纯的"灌输"为主，而应该是教学生一种方法、一种思维方式，这正是当前素质教育所提倡的教学方法；学校以"教学质量、教学方法"著称于龙岗区教育界，如何继续保持龙岗实验学校在教学的领先地位？如何使龙岗实验学校成为整个龙岗区的窗口校？创新——是保持学校活力的源泉。

第五章 "基于初中数学六类课型学案设计的研究"开题报告

一、课题提出背景

承蒙深圳市龙岗区教育局教研室教研员梁小贱对笔者的信任，笔者多次随同他到区内一些学校进行初中数学教学视导。在观课中，笔者发现一些教师的课堂教学学案设计欠规范；在议课中，有些教师的发言浮于表面，欠深度，难操作。于是，梁老师和笔者萌发了对初中数学课型的学案设计研究的责任感与兴趣。经过多次研讨，最终将初中数学课分为概念课、命题探究课、解题课、复习课、试卷讲评课、活动课六大类型。根据学生中心论，通过对教师在课堂中使用的学案进行分析，发现了其如下问题。

1. 教师教育理念落后

一些教师没有认识到以导学案为载体的教学改革的真谛：充分发挥学生的主体性，形成民主开放的学习文化。他们仅仅被这一教学模式的某个实际效益（考试成绩的大幅提升）所吸引，仅仅是为了提高学生学习成绩而进行教学改革。在这样的认识下，其设计的学案难免将学生的学习窄化为单纯的"学科知识学习"，教学实施中更为关注具体学案中内容的完成，至于思维方式、学习方式的变革毫不在意，这样的教学改革所产生的效果可想而知。基于这种认识下设计的学案，成了"练习卷"，学生的学习基本上是课前"做习题"，课中交流"做题结果"，课后"再做习题"进行巩固，以及预习下一个"导学案"上的习题，这样的学习已经演变为"习题循环"，已经沦落为"习题操练"，与学科核心素养要求渐行渐远。

2. 教师学案设计能力不够

这场以学案导学为特征的教学改革，开始于我国的薄弱学校。由于学生、教师、资源等多方面的先天不足，薄弱学校很难有傲人的"成绩"，也就少了一些改革的包袱，多了一些改革的动力，因而成为改革的先行者。但由于师资等方面的原因，教师的学案中难免出现学习资源不合理、学习方法不科学、学习进程不流畅的现象，还有教师的学案中出现学习重点不恰当的现象。这样的学案起不到好的导学作用，不仅不能切实帮助学生学习，反而可能将学生引向歧途。

如讲解"线段、射线、直线"一节的内容，很多教师没有认识到这是平面几何图形研究的起始课，应关注揭示图形研究的内容、顺序、方法等，以进行一定的学法渗透。他们往往误认为一些图形中直线、射线、线段的个数是学生学习的难点。因此，他们以此为重点教学，甚至进行图形特征的挖掘和一般性规律的研究，而这些内容属于计数的范畴，显然偏离了本课时的重点。

3. 学案定位不对

学案是引导学生学习的一个方案，其对象是学生。受长期以来撰写教案的"惯性"影响，多数学案并没有真正将对象定位于学生，或者说没有很好地落实这一定位。如，学习目标这一环节，个别学案中还是教学目标；一些学案中虽然将栏目名称换成了学习目标，但具体内容仍然直接套用教学目标，"通过教学……""引导学生……"这一类的语言屡见不鲜；多数学案中，已经将学习目标的主体变成学生了，但常常只是简单地进行主语转换，对学生而言，学习目标这一文本的可读性、可接受性差，如只是将"通过……活动，发展学生的空间观念"转换成"在……活动中，发展空间观念"，至于"空间观念"为何物，学生能否理解，学案中尚没有提及。

4. 导学性难以体现

学案导学，顾名思义，是以学案为载体进行导学。因此，学案只是一个载体，引导学生学习才是学案设计的目的。但多数学案没能很好地体现导学性。笔者收集的学案中，多数学案给人的第一感觉就是一个习题单，既没有初中数学课型各个环节意图的解释，也没有适度的提示、感悟和发展；个别学案中题目超多，简直是例题、习题的堆砌，难免被人讥为"满堂做"。实际上，深入到课堂后，我们不难发现，很多学案中各个环节之间有着内在的联系，教师设计这些环节的时候应该有所考虑，但问题是，连内行都不一定能感受到你的这种考虑，学生怎么能够感受到呢？这样的学案又如何引导学生学习呢？总之，多数学案设计时没有关注到导学，至少没有将有关导学的想法外显出来。

正是由于教师教育理念落后、设计水平不高、学案定位不准确、导学性未能外显等多种原因，很多优秀学校的一线教师直言"看不上这样的学案"。这就影响了外界对于"学案导学"这种教学方式的评价，影响了学案导学教学模式的推广。

引领实践者设计更为优秀的学案，成为现阶段的一个重要问题。为此，我们提出了初中数学教师如何根据初中数学六类课型思维体系，尽快提高学案设计水平的课题研究。

二、国内外学案研究现状述评

"学案"，在我国历史上，原指一种以编纂和研究传统思想史的著述方式而撰写的学术史专著。"学"，即学者、学术；"案"，即评论和考订。一般认为，明清之际黄宗羲《明儒学案》的出版，是学案体形成的标志。梁启超说："中国自有完善的学术史，自梨洲之著学案始。"黄宗羲被学者尊称为梨洲先生。"学案"的体例，一般是每一学派设立一案，前有"序录"，叙述学术渊源、学术特点；其次是案主"小传"；传后是案主的"语录"及重要学术观点"摘要"，以下再根据与案主的关系，分列流派中人的传记和语录。这类图书被称为"学案"体著作。

本课题所说的初中数学六类课型学案设计，自然是指作为学习方案的学案。作为学习方案的学案，是 20 世纪 90 年代末我国一线教师在教学改革过程中，为了突出学生的学习而提出的。与学案类似的术语还有"讲学案""导学案""教学案""讲学稿""学讲练"等。

中国期刊全文数据库显示，在教学中，最早使用"学案"一词的是福建省寿宁南阳职业中学的周啸翔老师。他所设计的"学案"是为学生自学设计的表格，其栏目有自学课题、自学目的、本节重难点、自学需复习的知识和参考资料、自学中存在的难题以及课后存在的问题等，主要是用来记载学生的"自学过程"，只是起到一个"备案"的作用，还不能算是真正意义上的学案。

一般认为，最早提出用"学案"进行教学改革的是浙江省金华市第一中学。金华市第一中学于 1997 年秋在全国首次提出了一种用以帮助学生的、相对于教案的"学案"，把借助学案进行教学的方法称为"学案教学法"，并开展了"学案导学教学模式"的教学改革实验。

利用学案取得显著教学效果的是江苏省东庐中学。1999 年江苏省溧水县东庐中学开展了"讲学稿"教学改革实验，获得了极大的成功，取得了全国瞩目的成绩。操作流程如下：上课前一天将"讲学稿"发至学生，学生阅读其中的学习目标、重点概览部分和教材，完成课前预习题；第二天上课前，教师抽批部分"讲学稿"以了解学习情况；师生共用这一文稿实施课堂教学；课后，教师在"讲学稿"上填写"课后记"；学生填写"学后记"，用作下次集中备课交流时的补充。这次改革的创新之处在于，设计了一个师生共用的讲学稿，形成了集体备课的教师工作机制；同时学生课前学习任务明确，形成了良好的预习习惯；讲学稿同时也是作业本，是学生复习的很好的载体。正如该校教师所言："讲学稿"就是教案、学案与作业的结合体，是"纸质"的多媒体。

21 世纪以来，全国各地自发开展了大量促进学生自主学习、合作学习、探究学习的教改实验，更是将学案导学推向了高潮。其中具有标杆意义的是杜郎口的"三三六自主学习模式"。第一个"三"指的是课堂教学的三个追求："关注个体差异；鼓励主动参与；促进和谐发展"；第二个"三"指的是"预习—展示—反馈"三个环节；"六"是指"六个教学步骤"，分别是预习交流、明确目标、分组合作、展现提升、穿插巩固、达标测评。和东庐中学讲学稿一样，杜郎口的"三三六自主学习模式"同样关注学生的预习，同时注重以小组为单位进行讲解、展示。这就使得更多的学生参与到课堂交流活动中来（教室里布满了黑板），提高了学生交流展示的参与度。

在美国的中学课堂，教师同样是设计一张活动纸引导学生学习。

三、本课题研究的主要内容（含核心概念界定、解决的问题，研究目标和内容）

（一）核心概念界定

初中数学六类课型学案设计主持人在 30 多年的教学实践中，根据课程标准、教材要求提炼出了六种授课课型，包括概念课、公式定理探究课、解题课、复习课、试卷（作业）讲评课、活动课，其中体现了初中数学课型特征是其创新点。

基于六类课型思维体系的学案设计与传统教案是相对而言的。所谓学案，是学生学习活动设计，学习过程设计，学习内容设计的行为设计、流程设计和方法设计。学案是引导学生学习的方案，不是教材、阅读材料、练习、试题。教案与学案的根本不同在于学案研究的是怎样让学生的思维动起来。

注意，引导学生学习，并不仅仅是引导学生获得具体某个课时的具体知识技能，理解这一课时具体的思想方法，也就是说，引导学生学习绝不是仅仅是引导学生习得知识，而更需要发展学生的学习思维能力，形成自主学习的能力。从这个意义上讲，学生学习思维能力的发展，既是学案编写的出发点也是学案运用最终的归宿。

（二）解决的问题、研究目标和内容

初中数学六类课型学案设计，是教师针对学生实际设计的学生自主学习方案。这样的学习方案，自然应满足教学设计的一般要求，并且要与初中数学六类课型相匹配，要让学生从事更有价值的思维活动。我们针对很多教师在学案编写和使用中所遇到的各类问题，对初中数学的六类课型进行研究、总结、归纳，得出相应课型学案的基本编写操作点。

1. 重难点要把握恰当

教师应从学科发展的大背景和学生长远能力发展的高度准确把握学习重点。

2. 学习进程要科学流畅

遵循学生的认知规律和学科教学的基本原理，设计科学而流畅的学习进程。

3. 学习要求要切适可行

准确了解学生的认知基础和生活基础，选择适切的学习素材和学习要求，使多数学生都能获得成功的学习体验，以激发其学习数学的乐趣。

4. 文本的可读性要强

学案是写给学生看的，因此，要求教师的学案不仅能让学生看懂，而且还要激起学生的学习兴趣。具体的要求如下：

（1）语言简洁明了。学案要令学生一读就懂，能清晰地感受到各个环节的意图和要求，避免出现理解障碍。如学习目标这个环节，尽可能使用学生容易理解的语言，少用专业术语，如遇到专业术语，设法将其简明化；对于具体的要求，尽可能简单明确，如"理解幂的乘方的意义"，可以转化成"能写出一个具体的式子，表示幂的乘方"，对学生而言，后者更加明确直白。学习结束后，学生可以对照目标，看看自己是否达到本课时的学习目标。

（2）语言生动有趣。学生的学习兴趣直接影响着学生的学习效果。为此，学案设计中也应给予学生一些激励与指引。比如，可以设计一些激励性导语，不时穿插一些卡通、诙谐的儿童语言，或者向学生推荐相关拓展读物等，还可以给出评价量表引导学生自主评价。

5. 学法指引要适切

初中数学六类课型学案设计导学的最终目的是提高学生的自主学习思维能力。因此，学习方法的指引显得尤为重要，学案中应外显这些学习方法。下面列举几种不同内容、不同形式的学法指引。

（1）阅读指引。不管教师采用哪一种导学模式，都应关注学生的自主学习，而其中较为常见的是学生自主阅读学案（教科书）等文本资料。然而学生的阅读理解能力需要教师的指引。在课堂教学中，教师可以现场引导学生如何阅读材料，如何寻求材料的重点，如何挖掘材料中的细节问题等，这样的引导具有很好的生成性、针对性，是十分有效的。因此，在学案导学模式下，教师仍应通过检测发现学生阅读中存在的问题，并在课堂上进行示范、引领，以提高学生的阅读理解能力。这里仅仅聚焦于如何在学案这个文本上更好地引导学生进行阅读理解，提高阅读的质量和水平。

（2）解法指引。学生面对具体的问题，可能存在一定困难，所以教师的帮助更应该关注方法层面、策略层面。老师的帮助不仅仅是指向本题的解决，而是教会学生解决问题的一般策略与方法，是属于方法论层面的帮助。关于解决问题的策略与方法，有很多研究与论述，如波利亚的《怎样解题》中给出了简单的四个步骤，特别对理解题意与拟订计划有很多论述，这些论述实际上为我们提供了一般的解决问题策略。

（3）反思指引。很多学生虽然能解决问题，但没有挖掘解题过程中蕴含的思想方法、数学活动经验的自觉性和主动性。因此，问题解决后，教师需要有意引导学生思考问题解决的过程，自觉外化解题过程中的活动经验；提醒学生进行问题的扩展延伸，思考问题之间的联系，从结构的高度思考问题；提醒学生思考其中蕴含的思想方法，迁移运用于其他情境等。实际上，一些优秀教师已经具有这方面的优良传统，如所谓的一题多解、一题多变、多题一法等，但作为学案，需要将这样的过程更为清晰地外显出来，促使学生经历这些活动过程，感受这种学习方法，形成这种思考习惯和思维能力。

6. 学习结构的外显

布鲁纳在《教学过程》中指出："获得的知识，如果没有完满的结构把它联系在一起，那是一种多半会被遗忘的知识。一串不连贯的论据在记忆中，仅有短促得可怜的寿命。"因此，教师应引导学生感知数学的结构，从结构、整体的高度认识数学，从而形成自主学习的思维能力。

数学学习有一定的规律，初中数学六类课型学案设计旨在充分揭示这种数学学习规律，如概念的研究性学习，一般会经历一个"现实原型的感知—概念的抽象—概念的辨析与实现原型的再寻求—概念的情境运用"这样一个大致的过程；命题的探究学习，一般也会经历一个"情景引入—探究发现—验证证明—理解与巩固运用"的过程。引领学生感知这样的学习结构，可以迁移运用到后续相关内容的学习，甚至可以产生自主建构学习系统的能力。当然，这些都有待于在学案中揭示，如通过字体、字号的改变和适当的文字语言引导，以引领学生感知或者总结这种学习结构。

四、研究思路、技术路线和重要观点

根据以美国卡耐基教学促进主席舒尔曼（LeeS. Shulman，1986）为代表的"学科取向"的教师知识研究，以艾尔巴茨（FreemaElbaz，1981）及康纳和克兰迪宁（F. MichaelConnelly&D. JeanClandinin，1985）为代表的"实践取向"的教师知识研究，初中数学六类课型学案设计涵盖了初中数学教育的全部课型，是《义务教育数学课程标准（2011 年版)》的理念、思想、方法在教学实践中的载体，既承载学科内容知识，包括一般教学知识、课程的知识、学科教学法知识、学生知识、教育环境的知识、教育宗旨与目的知识，又体现教师的情境性、实践性、综合性等特点的实践性知识，是初中数学教师专业发展的基础课题，是从事初中数学教育必须掌握的操作方法。

通过本课题的学习研究，使教师进一步领会《义务教育数学课程标准(2011 年版)》的精神实质。能够以较高的视野分析，处理重组初中数学教材，能够熟练进行六类课型的学案设计，按照数学教育的一般规律组织课堂教学工作，充分发挥教师的主导作用和学生的主体作用，提高教学效率，帮助教师顺利实现"新手到熟练""熟练到成熟""成熟到卓越"的三次跨越，帮助学生成为自主学习、合作学习、探究学习的现代人。

五、依托理论、研究方法、研究阶段和实施步骤

1. 概念课学案设计（概念的获得与概念的发展）

布鲁纳认为，掌握一门学科就是要掌握这门学科核心的根本概念。数学概念教学是数学基础知识和基本技能教学的核心，要掌握概念教学的一般过程以及每个过程有哪些不同的处理方式，哪些因素影响这些方式的选择，备课时应注意什么问题。教师可根据美国的杜宾斯基等人创立的数学概念学习的 APOS 理论模型构建概念课教学学案的一般模式。

2. 公式定理课学案设计

抽象出来的数学概念并非零散、杂乱地储存在人们的头脑中，而是以一定的方式彼此联系着。命题正是反映概念相互联系的一种思维形式。

本书选择反映数学基本事实具有一定认识功能、逻辑功能、实用功能的真命题，如"公式、定理、原理或法则"等。可运用萨其曼（Suchman）的探究理论，让教师体验命题教学设计的策略。

3. 解题课学案设计

例题是帮助学生理解、掌握和运用数学概念、定理、公式和法则的数学问题，是教师用作示范的具有代表性的典型数学问题；习题则是教师有意识设计的，交由学生完成的，希望通过学生的完成促进学生知识理解的一些数学问题。根据美国波利亚和陕西师大罗增儒教授的解题学理论，科学运用"数学小步教学"的原理编制例题、习题。

4. 复习课学案设计

根据艾宾浩斯的"遗忘曲线"规律，通过复习课思维导图将知识条理化、综合化、系统化，使学生自主建构学科知识体系，揭示知识之间内在的本质和必然的联系，从纵横两方面加深对知识的理解；牢固掌握，灵活运用；弥补学习上的缺陷，减少记忆负担，防止遗忘，促进学生认知结构的形成，提高学生对知识的梳理能力。根据教学进度，复习课学案设计可分成单元复习、期中复习、期末综合复习、中考总复习。

5. 试卷讲评课学案设计

试卷具有巩固知识技能、检测教与学状况、调整教学进度等功能，而试卷讲评着重于复习巩固所学知识，加深学生的理解，澄清学生的模糊认识以查漏

补缺；着力拓宽问题解决的思路，揭示内蕴于问题中的思想方法，提升解题经验。此部分学案设计主要落实两个环节：典型错误的分析和典型试题的拓展。

6. 活动课学案设计

教学活动课是教材中的"综合与实践"，是以学生的兴趣和需要为主要依据，在教师指导下，通过学生的自主活动，以获得直接经验和实践能力为主的课程。活动课程强调"做"的体验，让学生在"做"中学，在"做"中发现问题、提出问题假设，并进行实验证明，最后形成结论。

教学活动课的教学组织形式有以下七种：数学兴趣小组、数学讲座、数学游戏、数学故事、数学探究、课外阅读、数学竞赛。每种形式应有独具特色的学案设计。

第一阶段（2016 年 7 月—2016 年 8 月）：启动准备阶段

在原有的初中数学六类课型教学学案设计实验研究的基础上，结合《义务教育数学课程标准（2011 版）》和学生数学学科核心素养，进一步明确研究内容，组织团队，分工负责，购买学习资料。

第二阶段（2016 年 9 月—2017 年 7 月）：研究实施阶段

初中数学六类课型教学学案设计，按教材章节编写录入电脑，制作配套课件。有个案分析论文发表或交流，完成阶段性总结。

第三阶段（2017 年 8 月—2017 年 9 月）：研究总结阶段

《初中数学六类课型学案设计案例集》，每个年级形成上下册，建立课件资源信息库，个案分析等论文编辑成册。承担市、区公开课，课题顺利结题。

第四阶段（2017 年 9 月—2018 年 7 月）：研究提升阶段

制作初中数学六类课型学案微课程，制作码课、码书，利用互联网＋数学学案，研究内容成熟，成果突出，并在全市推广。

六、预期成果成效

自 20 世纪 50 年代以来，我国的数学教学受到苏联凯洛夫教育理论的影响，基本采用了五个环节的教学形式，即组织教学、引入新课、讲解新课、巩固练习、布置作业。教学以教师为中心，采取讲演式和谈话式的教学方法，20 世纪 60 年代开始我国有了自己的教学特点，在加强"双基"的要求下，着重讲和练，于是"精讲多练"成为普遍采用的数学教学模式。

初中数学 6 类课型学案设计的研究，对于数学课堂教学预期有如下 3 个成果成效：

（1）中小学数学课堂教学实现有效衔接。中小学分离办学，课程、教材、师资、教法等呈现阶段性特征。所以小学生升入初中后角色意识的转变、数学课堂教学要求的适应需要一个比较长的过程。初中数学六类课型学案设计，将有效操作数学小步教学法形成非线性、螺旋式上升的特征，实现小学与初中的自然过渡。

（2）数学课堂教学符合学科核心素养的要求。民族创新力的全面提升，势必要求课堂创立全新的提升学生核心素养机制。因为基础教育学科核心素养的核心在课程，关键在课堂。初中数学六类课型学案设计体现以学生为中心，通过创设问题情景，有利于学生从事观察、实验、猜想、验证、推理、交流等数学活动而从中获得知识，并不断提升创新思维能力。

（3）让"人人都能获得必要的数学"的理念变为现实。初中数学六类课型学案设计旨在建立以促进学生全面发展为本的，以数学学科知识与人的认知结构的全面整合为中心的学科核心素养课堂机制，通过"知识问题化、问题技能化、技能层次化"，遵循目标性原则、基础性原则、针对性原则、推进性原则。对不同层次的学生分层指导、分段推进，接受九年级升高中考试，通过优秀率、良好率、合格率、平均分、低分控制率的检验，证明人人都获得了必要的数学。

七、完成课题的可行性分析

（1）已取得相关研究成果的社会评价（引用、转载、获奖及被采纳情况）及实践效果。

我们将初中数学课型分为概念课、命题探究课、解题课、复习课、试卷讲评课、活动课六大类型。期望从理论研讨与实践操作两个层面引领初中数学教师的专业发展。根据梁小贱老师的理念与要求，魏国良虚心请教了石永生、魏显峰、王庆军、李一鸣、薛石峰等数学教育专家，查找了相关数学教育科研资料，形成了初中数学教师专业培训课程。此培训课程分为 18 个学时，每个课型 3 个学时。"初中数学六类课型教学设计"学科专业培训课程，借助深圳市魏国良名师工作室这个平台，对青年教师进行了学科培训，受到了大家的一致好评。2013 年 5 月，笔者将六类课型的文本进行整理，上报深圳市教科院，经专家评审，此课程被命为深圳市首批教师继续教育课程。2013 年 11 月 30 日—12 月 1 日，笔者在深圳城市学院给 80 位教师上了 12 学时的继续教育课，教师们的评价很高，影响力不断扩大。随后笔者被观澜中学、宝安中学、坪山新区、龙华中学、新梓学校、坂田新城学校、贵州三都县、汕头市教研室、河源教育局、浙江江山市教育局、江苏张家港教育局等多地邀请去当地为教师进行培训。可操作、有实效是本课程的优势。2014 年 12 月 13 日、14 日、20 日，笔者在深圳城市学院又给 81 位教师上了 18 学时的继续教育课；2014 年，经专家评审此课程入选为深圳市教师继续教育精品课程。学术影响力逐渐扩大，笔者又先后受邀到上海、湖北、内蒙古、贵州、云南、浙江、江苏、广东等地讲学。2015 年 4 月 26 日、5 月 9—10 日，笔者在深圳城市学院又给 47 位教师上 18 学时继续教育课；社会影响力再扩大，随后被邀请讲学到青海、福建、辽宁、江西、河北等地，成了国家教育行政学院云南师大培训基地国培课程。

"初中数学六类课型教学设计"学科专业培训课程，根据成人教育培训的特点，通过教学设计案例的归类分析，提出一些相对稳定的教学设计模式，简单、易学、好用、有效。

初中数学六类课型教学设计在研究风格上，注重理论联系实际，以 16 个学案设计案例为解析理论的引子，从具体学案设计案例入手，拓展有关理论的分析，并迁移运用于相关的教学学案设计中，体现了杜威的"做中学"理念。

本课题呈现的学案设计案例是与现场上课、学科专业培训 PPT 讲座配套使用的，设计案例是载体，承载着课型教学学案设计的思想与方法。只阅读学案设计案例而没有现场观课和参与 PPT 讲座互动体验培训，虽得到一点"技"，可难以悟出初中数学六类课型教学学案设计之"道"。

（2）主要参加者的学术背景和研究经验、组成结构（如职务、专业、年龄等）。

魏国良，华南师范大学在职研究生，中学数学高级教师，中共党员，深圳市龙岗区实验学校副校长，党总支委员，深圳市中学数学学科名教师，深圳市首批名师工作室主持人，深圳市初中数学兼职教研员，深圳市中学高级教师评审委员会专家库专家，深圳市数学学会常务理事，深圳市首批教师继续教育课程开发专家库专家，深圳市人民检察院监督员，中国数学教育研究发展中心会员，国家教育行政学院云南培训基地授课专家库专家，龙岗区首届学科带头人，龙岗区优秀专家，龙岗区人民法院陪审员。他在教学一线30余年，着力高质量课堂，着重数学"四基"，着眼数学文化。此外还参与了北师大版数学教材的修订研讨。他主持了国家级课题《自学辅导教学——培养学生从会学到创新的实验研究》、市级课题《数学小步训练实验研究》、校级课题《成功考试研究》。参与了国家级课题《基于知识建构和学生集体认知责任培养研究》、市级课题《义务教育九年一贯制学校实验研究》、区级课题《龙岗区新教师培训体系的开发与实施研究》的研究工作。在《中学数学教学参考》《中学数学月刊》等杂志发表和撰写论文20余篇，参与编著《数学课外活动辅导》《初中数学同步阶梯作业本》《中考数学复习指导》专著三部。其中辅导的学生在数学竞赛中多人获奖。他热心教学帮扶，受邀到上海、湖北、内蒙古、贵州、云南、江苏、浙江、青海、辽宁、江西、福建、广东等地讲学。龙岗区教研室聘请他任初中数学中心组成员、区初中数学骨干研修班指导教师。龙岗区进修学校聘请他任初中数学名师工作室组长、区新教师"田园式"培训数学组长、在编新教师指导教师、区民办初中数学教师研修区域的负责人。

课题主要业务主持人朱际生、杨静、廖利华等都是本科学历、中级职称，是教学、教研、竞赛、教管的内行，从事过高中、初中数学教学，教学成绩一流，是深圳市魏国良名师工作室的骨干成员。

课题组成员学历高，经验丰富，合作意识强，敬业精神强，有事业心，平均年龄为37.5岁。其中朱际生教师是龙岗区数学中心组成员、骨干教师、区教育局督导室兼职督学，曾多次获得"希望杯"全国邀请赛优秀教练；曾多次参加市教育局举办的"名师送培到河源、汕尾"活动，在活动中面向两市数学骨干教师做了4个讲座和4节示范课，获得一致好评，并在《南方教育时报》报道。2014年应江苏省张家港教育局邀请，朱际生教师在张家港外国语学校作有关数学六类课型讲座，获得一致好评。并先后赴坪山中学、坪山实验、观澜中学、龙华中学、新梓学校等执教专题复习课或讲座。而杨静教师为龙岗区首批教坛新秀，在微课、码课上很有造诣。整个团队教师合作意识浓，少有旧观念束缚，之前参与课题相关的讲座被评定为深圳市首批教师继续教育精品课程，编写的初中数学六类课型学案设计已多次在初中毕业班进行过实验，中考数学成绩一直名列全区前茅。

（3）完成课题的保障条件（如研究资料、实验仪器设备、配套经费、研究时间及所在单位条件等）。

龙岗区实验学校是高起点规划、高标准设计、高效能管理的全市第一所九年一贯制实验学校，得到了市政府的肯定和支持，得到了市教育局的指导和帮助；学校是龙岗区龙头学校，领导重视，经费充足，承担了多学科、多层次的科研课题，观念前沿，思想活跃，科研风气浓厚，研究人员势力雄厚，本科学历人数比达到100%，2016年学校被评定为广东省中小学教师培训实践基地，为本课题的提升提供了有力保障。

（4）主要参考文献：

[美] BruceJoyce，MarshaWell，EmilyCalhoun. ModelofTeaching ［M］. 北京：中国轻工业出版社，2011.

罗增儒. 中学数学解题的理论与实践[M]. 南宁：广西教育出版社，2008.

邱卫平. 解小题亦须深究[M]. 贵阳：贵州科技出版社，2012.

张奠宙. 数学教育研究导引[M]. 北京：中国青年出版社，2000.

张奠宙. 数学教育心理学[M]. 北京：中国青年出版社，2000.

张奠宙. 数学方法论[M]. 北京：中国青年出版社，2000.

张奠宙. 数学素质教育教案精编[M]. 北京：中国青年出版社，2000.

陈宏伯. 初中数学典型课示例[M]. 北京：教育科学出版社，2001.

卢仲衡. 自学辅导心理学(第二版) ［M］. 北京：地质大学出版社，1998.

章飞. 数学教学设计的理论与实践[M]. 南京：南京大学出版社，2009.

张顺燕. 数学的源与流（第二版）［M］. 北京：高等教育出版社，2003.

马复. 数学（七、八、九年级）[M]. 北京：北京师范大学出版社，2013.